- 大数据战略重点实验室重点研究项目
- 基于大数据的城市科学研究北京市重点实验室重点研究项目
- 北京国际城市文化交流基金会智库工程出版基金资助项目

DATA RIGHTS LAW 1.0
数权法 1.0
数 权 的 理 论 基 础
The Theoretical Basis

大数据战略重点实验室 著
连玉明 主编

社会科学文献出版社
SOCIAL SCIENCES ACADEMIC PRESS (CHINA)

数权法是人类迈向数字文明的新秩序，是时代进化的产物。

——全国科学技术名词审定委员会

编委会

总　　顾　　问	陈　刚　　闫傲霜　　李再勇
编委会主任	赵德明
编委会常务副主任	陈　晏　　李　忠
编委会副主任	聂雪松　　徐　昊　　刘本立　　连玉明
主　　　　编	连玉明
副　主　编	宋希贤　　龙荣远
核心研究人员	连玉明　　朱颖慧　　武建忠　　张　涛
	宋　青　　胡海荣　　宋希贤　　周　猜
	龙荣远　　张俊立　　虎　静　　张龙翔
	邹　涛　　陈　曦　　罗立萍　　翟　斌
	杨官华　　王倩茹　　田　润　　罗　荣
	郑　婷　　陈　威
学术秘书	李瑞香　　江　岸

序

数字经济正在全球兴起。数字经济的发展必然促进世界各国携手共建网络空间命运共同体。2015年12月，国家主席习近平在第二届世界互联网大会开幕式上发表主旨演讲强调，互联网是人类的共同家园，各国应该共同构建网络空间命运共同体，推动网络空间互联互通、共享共治，为开创人类发展更加美好的未来助力。2017年12月，习近平主席在致第四届世界互联网大会的信中再次强调，尊重网络主权，发扬伙伴精神，共同搭乘互联网和数字经济发展的快车。今年5月26日，2018中国国际大数据产业博览会在贵州省贵阳市开幕，习近平主席向会议致贺信进一步指出，以互联网、大数据、人工智能为代表的新一代信息技术日新月异，给各国经济发展、国家管理、社会治理、人民生活带来重大而深远的影响。把握好大数据发展的重要机遇，促进大数据产业健康发展，处理好数据安全、网络空间治理等方面的挑战，需要各国加强交流互鉴、深化沟通合作。

党的十八大以来，随着中国特色社会主义进入新时代，我国大数据发展也进入新时代。习近平主席亲自担任中央网络安全和信息化领导小组组长，提出了努力把我国建设成为网络强国的战略目标，并与"两个一百年"奋斗目标同步推进。2016年10月9日，中共中央政治局就实施网络强国战略进行第三十六次集体学习时，习近平主席进一步提出了"六个加快"的要求，其中包括"加快提升我国对网络空间的国际话语权和规则制定权"。这应该说为我国法治建设指明了新方向，对我国法学理论研究提出了新期待。因此，法学法律界有必要在大数据、互联网等领域积极开展广泛而深入的理论研究和立法探索，包括对数权、数据安全以及数据主权等法学前沿问题的关注和研究，积极开展相关立法规划制定、立法项目安排以及互联网领域法律原则确立、价值平衡、执法体制机制设计，积极参与国际规则制定，充分发挥法律所具有的推动、规范、引领、保障等作用，使互联网法治更好地为网络强国建设保驾护航。

今年5月，欧盟颁布实施了一部具有明显宣示意义的《一般数据保护条例》，成为全球数字经济秩序构建的引领者。事实上，自20世纪80年代以来，欧美各国都在不遗余力地向全球推行各自的个人数据保护政策，并开始影响和输出数据保护规则。这说明，在数字经济时代，谁首先实现了对数据的有效治理，谁就掌握了信息全球化的主动权和话语权。欧盟立法者基于对新技术发展的前瞻性思考，站在人类更高文明程度上制定新规则，这对我们来说也是一种倒逼。我们要尽快明确网络空间法治建设的重点和主要任务，提高互联网法治建设的全面性和系统性，在完善数权法的体系建设中形成具有主导性的数权规制国际话语权。

21世纪初最大的国际政治变化就是中国的持续和平发展。对于一个国家来说，真正的和平发展是为世界提供一种文明。改革开放让中国的综合实力迅速提升，逐渐在国际社会上确立了大国地位，树立了大国形象。但同时，长期以来中国一直是现行国际法的学习者、追随者、适应者、遵循者，在国际法律规则制定方面还没有发挥应有的作用。当前，中国正在调整其姿态和形象，从国际秩序的参与者走向体系内的建设性贡献者角色，加强数字经济方面的立法对建设完善的符合我国国情的数字治理体系与推动创新发展的新动能框架具有重要意义。在这方面我们可以预见，中国的法律要走向世界，最有可能的是数字经济方面的法律。我们要立足于国家长远发展战略，以中国智慧来解决未来的难题，尤其是着眼于数字文明这一崭新的文明形态，在数字经济的深刻变革中寻找价值与秩序重建的路径。

法律规则是对现实社会关系的反映，需要稳定和可预期。在互联网时代，大数据技术的发展一日千里，对法治工作和法学研究提出了新的课题和新的要求。只有持开放包容的态度，才能积极回应现实的需要；只有及时有效的立法、执法、司法、循法活动，才能填补法律的真空；只有实现规则的稳定性与社会的不断变化之间的平衡，才能突破传统法律理念、手段、制度、技术等去迎接新的挑战。正是从这个角度，我们期待，关于数权法的研究能够助力数字中国的建设，在数字文明时代发出中国声音、反映中国观点，能够为世界数字文明的发展提供更为出色的学术体系和话语体系。这是一次既立足现实又面向未来的开创性理论探索，相信一定可以成为构建未来数字文明时代"法律帝国"这个"方圆"世界的基本材料。

是为序。

黄　进

中国政法大学校长、教授

2018 年 10 月 25 日于北京

目 录

主编的话　　　　　　　　　　　　　　　　　1

绪　论　　　　　　　　　　　　　　　　　　1

第一章　数权对人类共同生活的意义　　　　　9
　　第一节　重混时代　11
　　第二节　块数据范式　28
　　第三节　数权与秩序的重建　41

第二章　人权、物权与数权　　　　　　　　　61
　　第一节　人与人权　63
　　第二节　物与物权　86
　　第三节　数与数权　105

第三章　数权观　　　　　　　　　　　　　123
　　第一节　几种数权学说　125
　　第二节　数权的界定　140
　　第三节　数权的属性　160

目 录

第四章 数权制度 177
    第一节 数权法定制度 *179*
    第二节 数据所有权制度 *190*
    第三节 用益数权制度 *201*
    第四节 公益数权制度 *209*
    第五节 共享制度 *220*

第五章 数权法与数字文明新秩序 233
    第一节 数权法的价值 *235*
    第二节 数权法与其他社会控制力量 *245*
    第三节 数权法：新秩序，新文明 *263*

术语索引 281

参考文献 287

后 记 307

主编的话

从认识大数据的第一天开始，我们往往把它看作一种新能源、新技术、新组织方式，或者把它看作一种即将改变未来的新力量，希望通过数据的跨界、融合、开放、共享创造更多价值。但是，开放数据和数据流动又往往带来更多风险，个人信息的过度收集和滥用给数据主体的隐私、企业的信息安全和社会乃至国家的安定带来巨大的挑战，从而引发人们对数据共享、隐私保护与社会公正的广泛关注和深层忧虑，并成为全球数据治理的一大难题。

这个难题引起我们更深层次的思考，并试图提出一个"数据人"的理论假设来破解这一难题。我们把基于"数据人"而衍生的权利，称为数权；把基于数权而建构的秩序，称为数权制度；把基于数权制度而形成的法律规范，称为数权法，从而建构一个"数权—数权制度—数权法"的法律架构。这正是本书所研究的重点。

如果把数据看作一种权利，并基于这种权利建构新的秩序和新的法律，那么，这种建构将对人类未来的生活赋予更加崭新而深刻的意义。哲学家康德说，一切立法，都涉及两个因素，第一是法则，第二是动机。法则主要讲客观必然性，形成义务；而义务经由法则的关系又决定了动机。不论是哪种立法，最终指向的都是权利，包括天赋的权利和获得的权利，以及自然的权利和实体法规定的权利等。康德又说，问一位法学家"什么是权利"，就像问一位逻辑学家"什么是真理"一样使他感到为难。数据作为一种未来的权利，它是什么，它来自哪里，这个问题同样使我们为难。但我们把它提出来，也许问题比答案本身更值得我们思考。

一 人权、物权、数权是人类未来生活的三项基本权利

从法律上证明"我的和你的"，是权利关系的首要问题。其中涉及数权，也涉及人权。经过几百年的发展，人类社会正进入大数据时代，数据人将从假设变成现实，数据关系反映在个人生活、企业运作和国家安全等方方面面。一个新的既有别于传统的物，又超越了传统的人的东西开始进入法律关系的视野，这就是"数"。数因时代而生，时代又被数创造。它跳出了传统法律意义上的权利义务关系，体现出一种跨界和融合的特征。它不再是传统的"反对所有占有者占有它的权利"。数据的流动和共享，正成为这个时代的本质。更为重要的是，基于保护人类固有的尊严的原则，数权是人权层面上一项新的基本权利。按照欧盟《一般数据保护条例》（GDPR）的表述，自然人在个人数据处理方面获得保护是一项基本权利。这

一精神激励我们透过"人权论""物权论"的语境去探讨数权的基础理论，并通过对人权、物权的观照，揭示数权在法哲学上的正当性依据，进一步说明数权、数权制度和数权法创设的可能性、必要性和必然性。这里所说的数权，突破了人格学说、隐私学说、物权学说、债权学说、知识产权学说对数据保护的局限，成为数据语境下的新权益。这种新权益包括数据主权、个人数据权和数据共享权。数权与人权、物权构成人类未来生活的三项基本权利。

二　数权是人格权和财产权的综合体

数据既具有人格属性，又具有财产属性，但同时又与人格权、财产权有所不同。数据人格权的核心价值是维护数据主体——人的尊严。大数据时代，个人会在各式各样的数据系统中留下"数据脚印"，通过关联分析可以还原一个人的特征，形成"数据人"。承认数据人格权就是强调数据主体依法享有自由不受剥夺、名誉不受侮辱、隐私不被窥探、信息不被滥用等权利。同时，"数据有价"已成为全社会的共识，因而有必要赋予数据财产权并依法保护。数据财产作为新的财产客体，应当具备确定性、可控制性、独立性、价值性和稀缺性这五个法律特征。数据人格权和数据财产权共同构成数权的两大核心权利。

三　数权的主体是特定权利人，数权的客体是特定数据集

在具体的数权法律关系中，权利人是指特定的权利人。数权拥有不同的权利形态，如数据采集权、数据可携权、数据使用权、数据收益权、数据修改权等。因此，需要结合具体的数权形态和

规定内容确定具体的数权人。对于数权的客体而言，单一独立存在的数据不具有任何价值，只有按一定的规则组合成具有独立价值的数据集才有特定的价值，不能将数据集中的单个数据作为分别的数权客体对待。因此，数权的客体是特定的数据集。

四 数权突破了"一物一权"和"物必有体"的局限，往往表现为一数多权

"一物一权"是物权支配性的本质特征。物的形态随着科技的进步逐渐丰富，伴随物权类型的不断增加，所有权的权能分离日趋复杂化。"一物一权"在现实中受到了"一物多权""多物一权"的冲击。人类对物的利用程度和形式不断变化，"一物多权""多物一权"在审判实践中也取得法律上的一些间接默认与模糊许可。随着时代发展和科技进步，当物的成本下降甚至接近零时，物的独享变得不再必要。对于富足而零边际成本的数据资源来说更是如此，其天然的非物权客体性和多元主体性决定了"数尽其用"的基本原则。

五 数权具有私权属性、公权属性和主权属性

数权天然地具有一种利他的、共享之权的属性，是私权和公权冲突与博弈中的一种存在。数权一旦从自然权利上升为一种共有和"公意"，那么，它就必然超越它本身的形态，而成为一种社会权利。大数据时代，人们都作为一种数据人而存在的话，那么，这个由数据人组成的主权者群体，必然需要一种制度，保证人人都能以数据公民的自由的形式在私有权利确获保障的过程中重新获得因放弃自然权利而失去的那些东西。亦如 GDPR 中所述："保护个人数据的权利不是一项绝对权利，应考虑其在社会的作用并应当根据比例性原则与其他基本权利保持平衡。"换句话说，保护数据主体权利的同时仍应为技术创新和产业发展留下空间，这也恰恰是民法"物尽其用"的精髓所在。既然数据已经成为数字经济的关键生产要素，那么我们就需要明确数据所有权和使用权如何分离。数据权利、数据权属是核心问题，是一个比数权保护本身更重要的问题。在民法的眼睛里，每个人都是国家本身。这就是界定数权非常重要的一个哲学框架。个人的主权，社会的主权，互联网企业巨头的主权，以及国家的数据主权，都应该是同样的一种善，但它们也会发生冲突，在西方政治思想史上它们被视为同等重要，但是更重要的是法律人会捍卫的个人主权。

六 数权制度的五个基本维度

法律制度是社会理想与社会现实这两者的协调者，或者说它处于规范和现实之间难以明确界定的居间区。数权制度更是如此。其意义不仅在于维护和实现正义，而且在于致力于创造秩序，即通过数权关系和数权规则结合而成的且能对数权关系实现有效的组合、调节和保护的制度安排，最大限度地降低数据交易费用，提高数据资源配置效率。这就要求我们围绕数权构建一套制度体系与运行规则，包括数权法定制度、数据所有权制度、公益数权制度、用益数权制度和共享制度。这五大维度的核心，则是基于安全、风险防范等价值目标而确立的个人数据保护制度。但个人

5

数据保护不能只考虑私权的保护，需要超越"同意"或"知情"模式，兼顾对产业发展和社会公正更加开放、包容和友好的态度，保持规则的动态和弹性，更好（但不是更多）地通过自下而上、分布式的规则产生机制，建立起更加符合特定价值目标的配套制度，形成更加符合现实需要的数据保护规制和法律体系。

七　共享权是数权的本质

重混是人类未来生活的时代特征。而重混对权力结构和权利结构的冲击使人们不得不重新审视社会，以及重构新的数字秩序。数权是数字秩序内在活力的源泉，数权的主张是推动秩序重构的重要力量。这种力量标志着传统权力的衰退、新型权利的扩展和个人主权的让渡。利他主义越来越成为人类未来共同生活的共识。个人的"自然权利"是法治社会的基石。但我们总是要在保护不可剥夺的个人权利的同时，更进一步探索在一种主权性的集体"公意"（general will）的至高无上性中寻找数字社会生活的终极规范。数权作为基于数据人假设的未来之权，它也具有这样一种"公意"。当数据人走下经济的象牙塔，共享成为数字秩序的核心时，数权的本质才能得到彰显。

八　数权法是调整数据权属、数据权利、数据利用和数据保护的法律规范

数据确权是数权保护的逻辑起点，是建立数据规则的前提条件。数据权利是数权立法的重要组成部分，一部没有权利内容的法律无法激起人们对它的渴望。在立法中，应当赋予数据主体相

应的权利，如数据知情权、数据更正权、数据被遗忘权、数据采集权、数据可携带权、数据使用权、数据收益权、数据共享权、数据救济权等。不仅要有数据的所有权人控制、使用、收益等权利的规定，也要有他人利用数据的权利的规定，如用益数权、公益数权、共享权等。数据的价值在于利用，在坚持数尽其用原则前提下，开发数据政用、商用、民用价值，催生全治理链、全产业链、全服务链"三链融合"的数据利用模式。保护责任是法律、法规、规章必不可少的重要组成部分，如果一部法律缺乏保护责任的规定，该法律所规定的权利和义务就是一些形同虚设的规则。数据采集、存储、传输、使用等环节都需要强化安全治理，防止数据被攻击、泄露、窃取、篡改和非法使用。此外，数据事关国家安全和公共利益，需要在国家层面对数据主权加以保护。

九 数权法重构数字文明新秩序

数字文明时代是一个基于大数据、物联网、人工智能、量子信息、区块链等新兴技术的智能化时代。这个时代，数权思潮空前活跃，数据的实时流动、共享构成一个数据化的生态圈，整个社会生产关系被打上了数据关系的烙印，政治、经济、文化、科技等得以全面改造，这将引发整个社会发展模式和利益分配模式前所未有的变革和重构。表面看来，现有法律体系外部框架的搭建已经取得非凡成就，从《查士丁尼国法大全》《拿破仑法典》到《德国民法典》等立法创制，法律制度在芸芸众生眼里已相当完备，似乎已完备到可以满足人类对有秩序有组织的生活需要，满足人

7

类重复令其满意的经验或安排的欲望以及对某些情形做出调适性反应的冲动。然而，在涉及民法、经济法、行政法、刑法、诉讼法、国际法等诸多领域，数权法究竟如何跨界，这基本上还处于一个三岔口的状态。但无论如何，数权法是数据有序流通之必需、数据再利用之前提、个人隐私与数据利用之平衡，是构造数字世界空间的法律帝国这个"方圆"世界的基本材料。数权法将是数字文明时代规则的新坐标、治理的新范式和文明的新起点，必将重构数字文明新秩序。

十 数权法是工业文明迈向数字文明的重要基石

从农业文明到工业文明再到数字文明，法律将实现从"人法"到"物法"再到"数法"的跃迁。数字文明为数权法的创生提供了价值原点与革新动力，数权法也为数字文明的制度和秩序的维系提供了存在依据。数权法的意蕴凝结在数字文明的秩序范式之中，并成为维系这一文明秩序的规范基础。从这个意义上，数权法是文明跃迁的产物，也将是人类从工业文明向数字文明迈进的基石。

人们常说，经济学家是一个最不容易形成共识的职业群体。从一定意义上看，法律学界要达成某种共识可能更是难上加难，尤其是在面对类似数权这样跨界、边缘性问题的时候。如果我们把包括数权法在内的思考引申到法律哲学的层面，就会发现，透过数权折射出来的人、自然和社会在法律架构下的关系，人或法律人与法律在知识上的关系以及法律权威的正当性等问题异常纷繁复杂。数权是一种相对独立的权利。数权、数权制度、数权法及更多相关问题已经成为一个紧扣时代且叙事宏大的法学命题。数权法研究是一项具有开创性、划时代的工作，是无论如何都绕不开的社会或学术之重大问题，即使我们现在不去触碰，后人也必须要去研究。因此，我们将保持这样一种初心、一种战略定力；不是基于现在，而是基于未来；更多地从假设出发，大胆假设、小心求证、跨界融合。当然，我们现在所做的工作只是一个学理的探索，仅仅为学者们提供了一个可能的法学命题或一些研究的思想资源。就像世界上第一台蒸汽机拿出来肯定用不了，第一台汽车肯定也不能上路，新的东西绝对是不完善的东西。但我相信这样一个判断："中国的法律要走向世界，最有可能的就是数字经济方面的法律。"我们正在做这方面的努力，虽然艰难，但我确信，科技智慧之光与法律理性之光，将在数字文明时代交相辉映。

连玉明

大数据战略重点实验室主任

2018 年 8 月 10 日

绪　论

（一）

权利是权力的本源。按照马克斯·韦伯的观点，权力是"迫使他人按照权力拥有者的意愿行事的能力，而被迫者在其他情况下并不会如此行为"。美国社会学家帕森斯认为，就政治现象的思考而言，权力是伟大的西方传统中的一个核心概念。目前在我们的法理学研究中，更多的是针对法律权利的研究。因而从政治学上的"权力"到法律上的"权利"，主要是通过法律的规范属性明确两个基本问题，一个是通过立法或者制定规则直接对权力的限制，使得掌权者知道自己手中权力的界限；另一个是明确公民的权利界限，使得公民的权利，特别是公民的基本权利具有权威性，从而使得掌权者不能逾越。法学最关键的研究方法是确定法律关系，而法律关系的内容就是权利与义务，法学也因此被称为权利义务之学。但正如福柯所认为的，权力已经成为一种战略形势，成为社会生活中的一种态势,一种基本决定社会力量对比的效果,一种不再拘泥于法律制度,而是弥漫在整个社会生活中的形势。这时,权利的保护也要适应这种变化了的社会生活的态势,并在新的社会力量对比中加以有效的维护,进而形成更加完善的法律制度。

表面看来,现有法律体系外部框架的建立已经取得非凡成就,从《查士丁尼国法大全》《拿破仑法典》到《德国民法典》等立法创制,法律制度在芸芸众生眼里已相当完备,似乎已完备到可以满足人类对有秩序有组织的生活需要,满足人类重复令其满意的经验或安排的欲望以及对某些情形做出调适性反应的冲动。但随着人类进入数字文明时代,权力与权利关系的变化正在深刻改变社会发展的态势,数据权力和数据权利交织碰撞,数据权利关系成为生产力和生产关系矛盾的主要方面。"数据人"正从假设变为现实,数据关系反映在个人生活、企业运作以及国家安全等各个方面。这时,一个新的既有别与传统的"物",又超越了传统的人的东西开始进入法律关系,这就是"数"。在涉及民法、刑法、刑诉法等诸多领域,数权问题跳出了传统法律意义上的权利义务关系,它不再是传统的"反对所有占有者占有它的权利"。相反,数据的流动和共享,正在成为一种时代特征,而与此同时,我们又迫切需要平衡数据收集、存储、传输和处理过程中个人数据保护和数据商业利用之间的关系,这恰恰是全球网络空间治理面临的共同课题。

正如康德所认为的，一切立法，都涉及两个因素，第一是法则，第二是动机。法则主要讲客观必然性，形成义务；而义务经由法则的关系又决定了动机。不论是哪种立法，最终指向的都是权利。包括天赋的权利和获得的权利，以及自然的权利和实在法规定的权利等。但康德又说，问一位法学家"什么是权利"，就像问一位逻辑学家"什么是真理"，一样使他感到为难。数据作为一种未来的权利，它是什么，它来自哪里？这些问题同样使人们感到为难。任何理论主张都以概念的清晰性为前提，而目前关于数据相关权利的阐述众说纷纭。但现在我们把这个问题提出来了，这也许比答案本身更值得引起人们思考。

（二）

数据权利是和人权、物权具有相同时代价值的新型权利体系的核心。但由于数据资产所有权的归属和边界一直处于模糊和争议状态，数据主体、数据处理者以及数据实际控制者各自的权利、责任和义务难以清晰界定，使数据治理成为国家治理中最明显的短板。"我的信息我做主"的个人权利本位难以获得法律的有效支持，造成数据资产所有权决定的数据权益分配以及对数据质量、安全责任的划分无法落实，进一步导致数据价值利益被强势者垄断，成为新的社会不公平的起源。

个人的"自然权利"是法治社会的基石。在迄今为止的各派权利理论里，自然权利理论是源远流长的经典学说。该理论认为，每个人在作为人的意义上都享有某些权利，这些权利与生俱来、不可转让、不可剥夺。与此同时，从目前法学界的观点来看，由于对数权的界定不清，相关的保护也存在很大争议。即使是经过同意，网上买卖个人信息也属于违法行为。也就是说，即使账号注册者（出售人）同意出卖自己的公民个人信息，也不影响"叫卖者"和后手购买人侵犯公民个人信息罪的成立。这是因为，在法理上，民事有效与刑事违法，属于两个不同层面的评价。公民个人信息首先是一种人格权，人格、身份具有强烈的人身属性，不能随意买卖。换句话说，数权或说信息自决权只是出卖者无罪的理由，但并不能否定"叫卖者"、后手购买者的刑事责任。因此，从法律上进一步清晰界定数权，并把数权放置于与人权、物权同等重要的地位，才能实现对数据权益的有效保护。与此同时，我们还需要在保护不可剥夺的个人权利的同时，在一种主权性的集体"公意"（general will）的至高无上性中探寻社会生活的终极规范。数权作为基于数据人假设的未来之权，它也具有这样一种"公意"。数权天然地具有一种利他的、共享之权的属性，是私权和公权冲突与博弈中的一种存在。数权一旦从自然权利上升为一种共有和"公意"，那么，它就必然超越了它本来的形态，而成为一种社会权利。亦如 GDPR 中所述："保护个人数据的权利不是一项绝对权利，应考虑其在社会的作用并应当根据比例性原则与其他基本权利保持平衡。"换句话说，保护数据主体权利的同时仍应为技术创新和产业发展留下空间，这也恰恰是民法"物尽其用"的精髓所在。

互联网带来了超越空间的数据传递、共享与价值交换、增值，却也面临着无界、无价、无序的挑战。从人人传递数据到人人交换价值再到人人共享秩序，互联网也经历着从信息互联网到价值互联网再到秩序互联网的演进过程。这种从低级到高级、从简单到复杂的演进，正是把数据的不可拷贝变成可拷贝的状态，本质上是以人为中心的数据流在虚拟空间中的表现状态。这种表现状态的无边界，让我们对数据流不可确权、不可定价、不可追溯，也不可监管。从某种意义上讲，互联网让我们处于无序和混乱之中。数据在网络上的流动就像一匹野马快速地奔跑在没有疆界的原野上，野马变良驹就需要套上规则的缰绳。这种规则的建立既需要技术的支撑，也更需要制度的保障。

在我国的立法体系中，在平衡个人数据权和数据自由流动价值的基础上，加强数据主体权利的保护及对数据控制者、处理者义务的法律界定，是数权立法面临的首要和迫切问题。这种迫切，不仅仅表现为如何面对和规制日新月异的新技术、新业态和新模式，而且也面临着如何在进行个人数据保护的同时推动而不是阻碍技术创新和社会发展。但无论如何，欧盟 GDPR 的出台以及数据跨境流动、网络空间治理等方面的挑战日益严峻，对数据权属及权利的本源、边界和属性等根本问题即"数权"的法理基础的清晰表述和共同认定显得更为重要，这也是我们真正把握好大数据发展的重要机遇，推进国家治理体系和治理能力现代化的题中之义。

（三）

尤瓦尔·赫拉利在《人类简史》中写道，"探究现代社会的特色，就如同追问变色龙的颜色一样困难。我们唯一能够确信的是，它会不断改变，是一场永远的革命。"与以往多次来华宣扬科技福祉的国外大咖不同，如果说尼古拉斯·尼葛洛庞帝带来的是想象空间，凯文·凯利带来的是启发的话，尤瓦尔·赫拉利给我们带来的更多是一种被时代抛弃的焦虑。但他们有一个共同的特点，在互联网砸碎旧秩序、旧规则、旧格局、旧世界的问题上达成了前所未有的共识，但是，对互联网如何重构一个新世界并没有给出答案。数权法的提出，给我们提供了一个以法律为尺度重新审视这个世界的全新视角。

现代性不是固定的状态，而是各种力量较量的力场。其中任何原则、力量、要素的霸权倾向都会造成对其他权利主体的侵害，任何主张和方案的自我证成也都必须与他者进行沟通和对话。这种"复杂现代性"决定了数权的提出和数权立法实践对人类进入数字文明的重要意义。面对变得日益复杂的数字文明及其社会秩序变革，面对数字经济的巨大体量和影响力，我们需要有一个相对明晰的数权的概念体系，形成对具有复杂性特征的数字秩序内在规制的总的认知框架。推动数权从应然到法定再到实然，这是一种包容审慎的法律实践的过程，其所表现出的未被法律承认的数权与已被法律承认的数权之间的关系、制度化的数权与已实现的数权之间的关系，既是一种基于历史经验的反思和批判意识，同时也是基于规范和信念的建构意识。只有尊重现代性的普遍规范和价值，我们才能逐步走出数字经济时代的无序和混沌。只有形成科学合理的数据保护规则，才能在保证个人尊严与自由的前提下，实现对数据的充分流转和使用、促进经济增长和社会进步，这也是人类迈向数字文明共同体的共同追问。

尤瓦尔·赫拉利在《未来简史》中对未来之法进行了预测，他认为，在未来人工智能将获得统治地位，我们的法律将变成一种数字规则，它除了无法管理物理定律之外，将规范人类的一切行为。对过去而言，法律是文明的一种产物；对现在而言，法律是维系文明的一种工具；对未来而言，法律是增进文明的一种手段。数权法是数据有序流通之必需、数据再利用之前提、个人隐私与数据利用之平衡，是构造数字空间的法律帝国这个"方圆"世界的基本材料。而科技智慧之光与法律理性之光，将在数字文明时代交相辉映。

第一章

数权对人类共同生活的意义

重混是一种混沌和秩序共生对立、相互转换的内部结构和运动过程，它不是旧方式与新方式的硬性混合，而是构成要素的整合与排列方式的重构。世界在混沌与秩序中的演化让人们认识到重混的力量，而块数据诠释的就是这样一种充满力量的重混。从解构到重构，块数据作为重混场域中的一种思维范式，帮助人类更好地把握规律、预测未来。人类正在进入一个重混的时代，也是一个共同生活的时代。共同生活的人类发自本性地需求秩序，而重混对权利结构的冲击让人们重新审视社会，以及新的数字秩序的构建。数权是数字秩序内在活力的源泉，数权的主张是推动秩序重构的重要力量。

第一节　重混时代

我们正处于，并将长期处于一个重混的时代。在人类社会发展的进程中，文明的增长来源于重混、经济的增长来源于重混、数据的增长也来源于重混。"重混"是一股必然而然的改变力量，给法律规则与权利秩序带来了前所未有的冲击。

（一）重混与人类社会

1. 混沌、秩序与重混

宇宙诞生于一片混沌之中。在东方，中国古代有关混沌的传说里，以盘古于混沌中开天辟地最为著名。混沌，在古人的意识里，代表了天地未分之前宇宙模糊一团的形象。在西方，古希腊人也认为，混沌是天地未成形时横贯宇宙的物质。《圣经·创世纪》写道：原始的宇宙空虚混沌，渊面黑暗。世界由洪水和深深的黑暗组成。混沌，在古人最初的认知里，成了混乱和无序的代名词。

直到20世纪70年代，随着科学的重大发展，人们逐渐认识到混沌更深刻的本质——无序和有序的结合。笼罩在人们头顶数千年的迷雾渐渐被科学的春风吹散。风轻云淡之后，在一片真理的辽阔之地上，是令人目旷神怡的混沌理论和随之衍生的复杂系统。非线性动力学、蝴蝶效应、分形理论等复杂系统的研究应运而生，不仅注入了新的思想和活力，带来广阔的应用前景，更让人们愈发认识到易变性、不确定性、复杂性和模糊性才是世界运行的本质。

与混沌经常相提并论的是"熵"。"从前，一个奇点在街上走着走着，突然就炸了。"这是物理学关于宇宙大爆炸的形象描述。在统计物理学中，"熵"即等价状态在所有可能的状态中所占的比例。玻尔兹曼把"熵"定义为某种条件下等价状态的个数。实际上，熵并不是用来衡量混乱程度的量词，而是用来衡量状态的多重性，高熵值的状态极有可能是无序的[1]。在138亿年前宇宙大爆炸开始之前，一切都是有序的。然而，在大爆炸之后，宇宙向混沌大步行进。随着万物变得分散，粒子变得混乱。宇宙的有序度一直在降低，熵一直在增加，直至今天依然如此。

作为宇宙大爆炸的产物，时间是热力学第二定律所指的"熵增定律"画出来的单向箭头，"熵增定律"的不可逆，也代表着时间不可倒退。时间的不可逆性为我们在混沌中带来了秩序[2]，而秩序和混沌是相互对立且可以融合的。混沌和秩序共生对立、相互

1　[美]塞萨尔·伊达尔戈：《增长的本质》，浮木译社译，中信出版社，2015，第18页。

2　[美]塞萨尔·伊达尔戈：《增长的本质》，浮木译社译，中信出版社，2015，第29页。

转换的内部结构和运动过程叫作重混。重混不是旧方式和新方式的硬性混合，而是构成要素的整合和排列的方式发生了改变。在最基本的层面，新价值往往来自于将不同来源的思想和要素组合在一起，如劳动和资本、技术和品牌、硬件和软件、全球和区域。

2. 重混即创新

重新组合是重混与创新的内在机理。重新组合是未来创造、创新的一个基本方式。乔布斯曾说："创新就是把各种事物整合到一起，有创意的人就是看到了一些联系，然后总能看出各种事物之间的联系，再整合形成新的东西。这就是创新。"因此，创新是把已经建好的各种制度、流程等稳定的结构重新打破，让它又重新变成一个混沌状态，让这些原有的元素进行重新组合。所谓的"创新"都是打破原有的模式和结构，重新组合，而不是完全的从无到有，包括 iPhone、微信的诞生，都是对原有格局、行业、做法、模式、思想的一种突破和重构。

重混是至关重要的颠覆性方式。通过颠覆才能创新，以新的方法组合是创造价值强有力的途径。通过重混和匹配资源，可以创造出新价值。重混是创新的本质，在自然世界中，最软的石墨和最硬的金刚石，都是由碳原子构成的，它们的巨大差异是组合方式不同，人类需要重混才能释放个体的智能，重构我们的组织方式、生活方式、创造方式，从而获得群体智慧。

重混包含三大法则。首先要能识别潜在共同价值。重混相比单独使用资源能创造出更多的价值，即挖掘出"1+1>2"的价值预判。其次要达到协调统一关系。组合在创造价值方面必须作为一个整体运行,也就是常常提到的协同创新。当进行重新组合时,共同价值不会自动产生价值创造和分配,通常其取决于如何在初步达成协议后建立和管理组合。最后要共享价值。共享价值是重混的最终目的,也是最重要的原则之一。确定收益分配方式和估计共同价值一样困难。如果重混的价值不能共享,那么分配方式不公将会使重混这一历程功亏一篑。

3. 消失的边界与重混时代的来临

重混意味着旧边界的消失。互联网带来的边界消失有很多,如企业和市场边界的消失、行业和行业边界的消失等。通过重新排列组合,原要素之间的边界被打破。随着旧边界的消失,有序开始走向无序,但重混并不是混杂一堆胡乱重合,而是有序的排列组合,所以无序之中又贯彻着有序。因此,重混是追求有序与无序之间的一种平衡状态。

现实世界与虚拟世界的重混。互联网的发展为人类创造了一个新的空间域态——虚拟世界,生存空间由现实空间向虚拟+现实混合态共存发展。全球经济都在远离物质世界,向非实体的比特世界靠拢[1]。世界也在从现实世界向虚拟世界靠拢。虚拟世界和现实世界互相嵌入,人类正在形成一种超越虚拟和现实的数字逻辑。与现实世界相比,虚拟世界主要有几个方面的显著变化。一是时间的可逆化与空间的共享化;二是时间的即时化与空间的流动化;三是时间的弹性化与空间的压缩化。虚拟世界的出现,使人类告别

---

[1] [美]凯文·凯利:《必然》,周峰、董理、金阳译,电子工业出版社,2016,第242页。

单一的现实物理空间结构，转而出现了现实与虚拟的双向度空间形式。虚拟世界反映了人的开放性和共享性的本质力量，虚拟空间中蕴涵着人文意蕴是毋庸置疑的。但它把人从一种束缚中解放出来的同时，又在一定程度上使人和社会的发展脱离了现实世界。

世界正从传统的"分工时代"迈向"合工时代"。在一个重混的世界里，跨界随时发生，一个领域的资源跨界与另一个领域的资源重新排列组合，就可能产生创新。伴随文明的不断演进、科技的不断进步以及人类对世界认知的不断增长，世界呈现在人类面前的面貌越来越清晰。然而，随着重混时代的到来，眼前的世界依旧充满着不确定性，时常伴有难以预见的风险与变革，人类仍然在模糊认知中踽踽独行。很多时候我们并不能精准地度量、预测与控制。价值、法律、规则存在不确定性，权利也是如此。这些不确定性意味着复杂与无序，给人类社会带来混乱与迷茫，给人类共同生活带来风险与挑战。

（二）增长来源于重混

1. 文明的增长来源于重混

人类社会的发展来源于一次次重混。在过去的几万年里，人类社会的发展经历了从扩散到分成不同群体到最后再次合并的过程，但合并并不是回到了原点。"过去的多元族群融入今天的地球村时，各自都带着思想、工具和行为上的独特传承，呈现一路走来的收集与发展成果。在现代的食品柜里，就有中东的小麦，安第斯地区的马铃薯，新几内亚的糖，以及埃塞俄比亚的咖啡。同样,我们的语言、宗教、音乐和政治,也充满着来自地球各地的传世宝藏。"[1]

人类文明的演变进程不过是思想上的一次次重混。人类思想的黄金时代是公元前500年左右,学者称之为轴心时代,这一时期,各个文明都出现了伟大的精神导师——古希腊的先哲,以色列的犹太教先知,古印度的释迦牟尼,中国的诸子……他们提出的思想塑造了不同的文化传统,也影响着人类的生活。两千多年来,每一次社会的进步,并非发现了新的思想,而是对轴心时代某一种思想的重新认知与实践,比如文艺复兴之于欧洲的进步,新教伦理之于美国的崛起,儒、释、道之于中国的意义等。

新兴技术的产生演化不过是早期原始技术的重混。技术是伴随着人类的发展而产生的,技术也起源于人类生存的需要。拉里·唐斯在《颠覆定律》一书中说,科技的发展是指数式的。圣塔菲研究所的经济学家布莱恩·亚瑟认为,"所有的新技术都源自已有技术的组合"。现代技术是早期原始技术经过重新安排和混合而成的合成品[2],我们可以将数百种简单技术与数十万种更为复杂的技术进行组合,那么就会有无数种可能的新技术,而它们都是重混的产物。

新型媒介的创新发展不过是旧形式的重混。"重混"的历史渊

---

[1] [以色列]尤瓦尔·赫拉利:《未来简史》,林俊宏译,中信出版集团,2016,第592页。

[2] [美]凯文·凯利:《必然》,周峰、董理、金阳译,电子工业出版社,2016,第223页。

源还体现在对音乐的再创造上。19世纪末,录音机的创造使得人们可以重新安排正常的聆听顺序,这是最早的音乐上的重混。在过去的几十年里,数百种新媒介形式的诞生都是由旧的形式重混而来的。先前的媒介依然存在,比如,一篇报纸文章或者一段30分钟的电视情景喜剧,又或者一首4分钟长的流行歌曲。经过我们的重组之后,出现了微博、动态图、短视频等新的很有吸引力的媒介形式。未来,报纸文章、长篇小说、电视情景剧或一首4分钟的流行歌曲,将会以基本构成元素的方式重混,并在未来重新组合成其他的新形式。

2. 经济的增长来源于重混

从古典经济学开始,经济增长的动力问题一直是人类亘古不变的研究热点。关于经济增长的决定性因素到底是什么,理论界的认识并不统一。在经济学上,用生产要素(比如资本、劳动力)来描述其本质有着悠久的历史传统。不同的经济增长理论对动力问题的解释主要集中在对生产要素贡献的分析上,对其他影响要素的关注不多。同时,由于时代特征不同,研究者选取的研究要素对象也不尽相同。

经济学鼻祖亚当·斯密《国富论》一书研究的主题是"一国国民财富的基本性质和增长的原因是什么"[1],也就是研究"如何实现一国的经济增长"。亚当·斯密把经济分解成土地、劳动力和机

---

[1] 周跃辉:《经济新常态的本质是增长动力的转换》,《行政管理改革》2015年第8期。

器，他将机器或者固定资本与人们生产能力的增长画等号，因此他将物质资本的积累视作经济增长的决定性因素，他认为，"固定资本的目的是为了提高劳动的生产力，或者是为了使相同数量的劳动力做更多的工作。"斯密将机械的进步视作人们生产能力的进步，"机械的进步……使相同数量的工人运用更便宜和更简单的机器做相同数量的工作。"[1]此外，在亚当·斯密的理论体系里，他认为劳动分工促进经济增长。劳动分工是提高经济效率、促进经济增长的最好途径。同为古典经济学派的大卫·李嘉图在其著作《政治经济学及赋税原理》中也指出，资本积累、促进利润增长为经济增长提供了有利条件，保持经济增长动力的手段有提升劳动生产率、压缩必要劳动时间、降低工人工资等。

现代经济增长理论认为，经济增长不仅仅取决于资本、劳动力以及资本和劳动对产量增长的相对作用程度，最重要的动力因素是技术进步[2]。奥地利学派经济学家约瑟夫·熊彼特在《经济发展理论》一书中提出了关于经济增长的独特理论。在熊彼特看来，"仅仅是经济的增长，如人口和财富的增长所表明的，在这里也不能被称作是发展过程。因为它没有产生在本质上是新的现象，

---

[1] [美]塞萨尔·伊达尔戈:《增长的本质》，浮木译社译，中信出版社，2015，第168页。

[2] 美国未来学家阿尔文·托夫勒在其《未来的冲击》一书中也提到，在这些惊人的经济现象之背后，隐藏着一种巨大的变革动力：技术，但这并不表示其是推动社会变革的唯一动力。事实上，大气中化学成分的改变、气候的变化、土壤肥力的改变及其他种种因素都会导致社会动荡，但不可否认，技术仍是加速冲击的主要力量。

而只有同一种适应过程,象在自然数据中的变化一样。"[1]熊彼特认为,只有创新活动才是推动经济发展的根本力量。他将创新归结为五种情况:一是生产新产品;二是使用新技术;三是开辟新市场;四是发现和控制原材料的新供应来源;五是实行新的企业组织形式。熊彼特进一步强调,创新、生产要素的新组合与经济发展的组织者是企业家,促使他们进行创新活动的是"企业家精神",这种创新活动能够将一种从来没有的关于生产要素和生产条件的"新组合"引入生产体系中,以实现对生产要素或生产条件的"新组合"。因此,在熊彼特的理论体系中,经济增长的动力来自于创新活动以及促进这种创新活动的"企业家精神"。

在创业领域,熊彼特认为企业日常事务可因业务的新组合而颠覆。企业家实现了这些新组合——现有和新的制造工艺的组合、市场和新的供应来源的组合、新产品和新技术的组合,甚至新的公司结构和战略的组合,它们是熊彼特创新理论的核心。熊彼特的观察结论现在仍然适用,只不过组合类型不仅仅是创业者当初遇到的那些。如今,公司的高管们也正在推动这一创新过程。在过去的十年里,从公司内外部进行资产和资源组合的战略得以广泛实施和推广。这些组合的实施细节各不相同,暂时或永久、松散或严格、排他或包容等。但就其本质,都是试图通过重新组合或资源再利用来创造价值[2]。

---

1 [美]约瑟夫·熊彼特:《经济发展理论》,何畏、易家详等译,商务印书馆,1991,第71页。

2 [美]本杰明·戈梅斯-卡塞雷斯:《重混战略》,徐飞、宋波、任政亮译,中国人民大学出版社,2017,第7页。

无独有偶，经济学家保罗·罗默认为，"真正可持续的经济增长并非源于新资源的发现和利用，而是源于将已有的资源重新安排后使其产生更大的价值。"这与熊彼特的"技术创新理论"侧重以"新结合"或者"新组合"的方式提出如出一辙。《连线》杂志创始主编、被誉为"硅谷精神教父"的预言家凯文·凯利在《必然》中提道："经济增长来源于重混"。至此，对于经济增长的研究逐步从对要素本身的关注转至要素的重组上来，重组成为数字社会创新和财富的唯一动力源泉[1]。

3. 数据的增长来源于重混

人类文明的进步经历了知识、信息、数据的双向演进。从人类思维范式发展的进程看，每个阶段的认知体系和由此产生的思想工具是不同的。第一个阶段，知识就是力量，知识是人脑思维的产物。第二个阶段，信息就是能量，信息是电脑技术的产物。第三个阶段，数据就是变量，无边界的数据聚合是人脑和电脑的思维范式无法完成的，必须是人、智能机器和云计算的融合，是一种云脑思维。换句话说，人类的思维范式也分为三个阶段，即人脑时代、电脑时代和云脑时代。

数据既是自变量也是因变量，在自身变化的同时，也会引发外部世界的变化，并且数据的自变与因变的过程是同时发生作用的。数据是一种客观存在，是对现实世界的映射。数据自身处于

---

[1] [美]凯文·凯利:《必然》，周峰、董理、金阳译，电子工业出版社，2016，第242页。

运动变化之中，是信息通信技术按照自身发展逻辑，从提高生产效率向更高级智能阶段的自然生长[1]。从数量来看，大数据不仅是庞大的，而且是不断变化的。国际数据公司（IDC）发布的《数字宇宙》报告，对全球的数据存量和增长趋势进行了定量评估。报告显示，全球IP（网络之间互联的协议）流量达到1EB（艾字节），在2001年需要1年，在2013年仅需1天，到2016年则仅需半天，至2020年，数字宇宙规模将增长10倍，每年产生的数据量由当前的4.4万亿GB（吉字节），增长至44万亿GB。

数据跨界是形成大连接的重要前提。所有的人、事、物都处在一个巨大的社会网络中，我们的相互连接关系不仅仅是生命中与生俱来的、必不可少的一个组成部分，更是一种永恒的力量[2]。即便社会分工将不同领域和行业的数据以条的形式分割开来，但网络技术的发展一直在倒逼各行各业进行跨界，这种跨界实质上就是在事物之间建立新连接，特别是在冗余数据间建立有效的连接，从而发现新的价值。例如，万科与淘宝建立合作关系，从而获得大量的客户资料；阿里巴巴不仅专注电子商务，同时也在物流、影业、人工智能等领域有所涉足。跨界吸引人之处，是将不同的元素进行连接与整合，从而发现潜藏的价值。

数据的重新组合对于数据量的持续增长至关重要。从性质上

---

[1] 大数据战略重点实验室：《块数据2.0：大数据时代的范式革命》，中信出版社，2016，第15页。
[2] ［美］尼古拉斯·克里斯塔基斯、［美］詹姆斯·富勒：《大连接》，简学译，中国人民大学出版社，2013，第1页。

看,跨界、跨领域的关联和重组是数据自身发展的天性,它能够打破时空的界限进行快速流转和聚合,把同一类型、同一领域的数据聚集成类,相互作用,并形成更高层级、跨领域的持续集聚,进而在新的条件下形成新的数据集。数据的多种形式、多种来源以及数据之间的多种复杂的联系,都使数据世界变得更加神秘也更加激动人心[1]。单个数据没有意义,经过重新组合形成新的数据集,通过关联分析,产生更多的数据子集才有特定的价值。

数据增长是数字社会增长的核心。马云在第四届世界互联网大会上谈道,"未来30年数据将成为生产资料,计算会是生产力,互联网是一种生产关系。如果我们不数据化,不和互联网相连,那么会比过去30年不通电显得更为可怕"。处于"沉睡"状态的数据集需要通过与另一些数据集的重混,才能创造出新的价值,不同数据集的组合总是会比单个数据集更有价值。数据的重组使用成为增长的核心。

(三)重混的法律要义

1. 重混是一把双刃剑

就创作而言,重混创作有别于传统创作形式,它以混音、混搭等方式在原作品的基础上创造新作品。在大数据时代,人们可以通过重混、合作的方式创作大型作品,这在以前是无法想象的。

---

[1] 大数据战略重点实验室:《块数据2.0:大数据时代的范式革命》,中信出版社,2016,第15~16页。

例如，维基百科全书以重混的方式汇集全球网民智慧，其丰富程度是传统百科全书创作无法比拟的。可以说，重混创作有助于文化发展。就重混创作而言，它涉及公众表达自由权、著作权和表达自由权的关系，"可以视为同一枚硬币的相对两面，前者是所有权，后者则是社会的政治权利。它们被联系在一起，是因为二者都涉及信息的流动，一个为了营利，另一个为了自由。这就像运河之闸，它可以促进信息流动，也可能阻碍流动"[1]。重混创作中的著作权人对作品享有专有权，公众享有表达自由权。公众有权获得作品并进行利用，这当然包括利用原作创造重混作品，但公众在行使表达自由权时不得违反相关法律。

重混时代创新的门槛更低。技术的革新使得创新的可能性发生了变化，数字化和互联网的发展让人们随时随地可以创新。在过去，专业人士才是创新的中流砥柱；而现在，每个人都有这种可能性。在过去，只有少数人才能出版、成名；而现在，只要有手机、电脑、互联网，人人都有可能。创新的环境发生了改变，重混时代下创新的途径更易获得，门槛也更低，人们越来越多地选择利用重混的方式表达自己的创新力和展现欲。因为随着门槛的降低，重混给人类带来价值的同时也带来了许多法律风险。

"重混文化"面临法律的困境。美国学者劳伦斯·莱斯格在《重混经济：侵权与原创之间的新商业形态》（2008）一书中就探讨过

---

[1] L. Ray Patterson & Stanley W. Lindberg, "The Nature of Copyright: A Law of Users'Rights," *The Library Quarterly: Information Community Policy*, 1991: 123-124.

"重混"所带来的法律问题。维基经济现象、搜索引擎的数据收集和买卖……"重混文化"的门槛之低和普遍之广,在带来商业机会的同时,侵权纠纷也日益凸显。当"重混"用于描述文化现象时,创意和照搬的边界变得模糊。一些"重混"的作品已经超出"和版权边界模糊"的初级创作水准。比如很火爆的同人文或同人小说[1],再如凯文·凯利在《必然》一书中提及的转化问题。"转化是'形成'的另一种表述。承认'转化'意味着我们如今创作的作品今后将会,也应该会生成别的事物。"那么,到底如何界定"转化"与"形成"之间的界限,解决同人小说涉及的侵权问题,都是当前亟须解决的法律问题。

2. 重混对秩序的冲击

重混时代,人类共同生存和生活决定了这个时代必须存在起码的社会秩序。社会活动秩序的核心是每个社会共同体都需要解决如何利用共同的社会资源或财富以延续自身发展的问题。这要求每个社会选择和确立一个谁(个人、集体还是其他组织形式)和如何利用(享有什么性质的权利等)数权的秩序。这一秩序通常是以权利制度设计为核心的,这便是以数权为核心的权利体系。

这一权利体系基本包含:第一,分配或确认社会主体可拥有的数权范围;第二,确认这些主体拥有的权利和行使权利的一般规则;第三,保护主体权利的行使和禁止或惩罚危害这一秩序的

---

[1] 在中国,《著作权法》并没有明确规定同人小说的版权归属问题。但在日本,原作者拥有与第二次作品作者(即同人小说的作者)相同的权利。

行为[1]。这三类权利规范即数权制度对重混时代数据权利进行规范的基本内容。通过这三种规范或权利安排，达到社会资源为社会主体共同有序利用的目的。

数权是重混时代人类社会的第一秩序，它界定数据资源的权属，构建整个社会的资源利用秩序。数权界定个人与个人之间的数权范围，赋予个人独立支配所享有的数据的自主权，因而保障个人免受其他人的奴役和剥削，保障个人平等和自由地生活。数权是社会组织联结的纽带，人类为了生存总是要结合成不同的社会组织体，从以血缘为纽带的家庭，到以经济利益或合同为纽带的合伙、公司等其他经济组织，都是实现各种目的的社会组织体，并以清晰的数权为基础，社会中的单个主体很难联结为具有共同目的的经济组织。数权维系着一个社会共同体的生存边界，每个人都生活在社会共同体中，从自然村落、城镇到国家，都是人类生活的各个层次的共同体。这种地域共同体的边界在未来将延伸至以数权来界定。因为社会的首要秩序是维护个人、家庭和各类社会共同体活动范围的稳定和安全，互不侵犯。

3. 重混对法律的挑战

在现实世界与虚拟世界的重混之中，人们对数据的权利逐步呈现从拥有权到使用权的转移。数据的权利正远离所有权，向使用权靠拢；也正远离复制价值，向网络价值靠拢；同时奔向一个

---

[1] 参见高富平《物权制度的功能——从社会角度分析》，2004年6月26日，http://www.jcrb.com。

必定会到来的世界，那里持续不断发生着日益增多的重混。尽管步伐缓慢，相关的法律还是会逐渐跟上[1]。那么在一个重混的世界里，新的法律应该支持什么？这是数字社会面临的争议和难题。

重混是对已有事物的重新排列和再利用，这对传统的财产观念和所有权概念产生了巨大的挑战和破坏。如果一段旋律是你的财产，就像你的房子一样，那么未经授权或支付相应报酬的话，其他人对于它的使用权就会受到极大限制。而早在1813年，托马斯·杰斐逊就认识到观点并不能被完全视作财产，或者说即使它们是财产，也与不动产有所区别。他这样写道："一个人从我这里获得了一个观点，他在接受这个观点指导的同时并没有对我造成损失；就像是借用我的烛火点亮他的蜡烛一样，他收获光亮的同时并没有让我变得暗淡。"就大部分情况而言，我们的法律系统还停留在农耕时代的准则上，即将财产视为实体。这已经落后于数字时代的发展。

现行的知识产权制度和所有权概念也制约着重混的发展。对于非实体物资的拥有（例如音乐、文字、观点等）究竟该如何定义，究竟完全复制算侵权，还是只要加上转化、改变就不算一个完全的"复制品"，还有待社会观念和制度的进一步释放。关于人们以音乐片段为样本进行重混是否合法的争议始终存在，尤其是在作为样本的歌曲或者借用的歌曲获利很多的情况下，争议更甚。

---

1 [美]凯文·凯利:《必然》，周峰、董理、金阳译，电子工业出版社，2016，第241页。

关于谷歌能否使用扫描书籍得到的书中片段还存在法律争议，使得谷歌不得不停止它的"图书扫描"计划。知识产权就是这样一个变幻莫测的领域。

重混创作的出现，引发了关于著作权问题的争议，重混可能会危害著作权人的利益，主要表现在以下几个方面。首先，重混创作可能会损害在先作品作者的精神权利。重混作品的创作往往会对在先作品进行增删、修改，可能会破坏在先作品的完整性。其次，重混创作可能会损害在先作品著作权人的财产利益。一些重混作品的作者在创作中大量抄袭在先作品，从而与在先作品形成了竞争关系。最后，重混创作不属于合理使用行为。一些人认为，重混创作是一种侵犯版权的行为，而不是合理使用行为。基于上述原因，相当多的美国重混音乐创作人因担心卷入诉讼而不敢公开出版重混音乐作品[1]。因此，尽管重混创作对文化发展具有促进作用，但对于重混创作的合法性人们存在较大矛盾和分歧，如果这一问题得不到有效解决，将阻碍重混创作的健康有序发展。

1　胡开忠:《论重混创作行为的法律规制》，《法学》2014年第12期。

第二节　块数据范式

重混，即融合内外部资源共创新价值，数据的价值在于重混。块数据通过特定平台融合数据资源，发挥聚合作用，多元融合、关联分析，从而揭示事物的本质和规律，创造新价值。从某种程度上说，块数据是重混场域中的一种思维范式。必须指出的是，海量数据经过汇聚、重混后，数据失序、数权模糊等问题愈加凸显，需要"技术＋制度"的多维治理。

（一）重混：数据的价值体现

1. 万物皆可数据化

人类文明的发展史，也是浩瀚数据产生、迭代与进化的历程。如果说世界的意义在于刷新，那么数据则是这种刷新的根本属性和存在形式。不管我们心中是否还带着对旧时代的眷念和对新时代的惶恐，一个"一切都被记录，一切都被分析"的数据化时代已经到来。"在大数据时代，在数据构成的世界，一切社会关系都可以用数据表示,人是相关数据的总和。"[1]在这个时代,虚拟数字空间与现实世界平行存在、精准映射、深度交融。哈佛大学社会学教授加里·金说:"这是一场革命,庞大的数据资源使得各个领域开始了量化进程,无论学术界、商界还是政府,所有领域都将开始这种进程。"以量化方式表达万物,或世界的本质就是数据,不仅仅是如今的时代才具有的特征。只是今天因为技术的发展,更接近了这一本质而已。

数据定义万物。当一切关系皆可用数据表征,一切趋势皆可用数据预测,那么通过数据化手段洞悉人类行为和人类社会,探索如何从社会微观行为的随机与无序中揭示社会宏观行为的共性特征,则人类看待世界的方式可能会因此转变,将会重构自然、经济、社会变化下的社会秩序、社会规则、社会行为、社会治理……一个崭新的数字社会就会诞生。

数据连接万物。数化万物的结果即万物互联,"连接"成为数字时代最基础和最重要的特征。人类历史的发展过程就是一个不断拓展和深化与万物联系的过程。借助互联网、大数据、人工智能等现代信息技术,不仅人与人之间可以连接,人与物之间、物与物之间都可以形成连接,从而导致一个连接无处不在的万物互联时代的到来,而且交互更加频繁有效,这种关联已经超越时空、地理甚至是种类边界。

1　李国杰:《数据共享:大数据时代国家治理体系现代化的前提》,《中国信息化周报》2014年8月25日,第7页。

数据量化万物。当世间万物都变成了数据，实现了"世间万物的数据化"，也就是实现了"量化一切"，世间一切事物就都可以作为"变量"，接受数据分析，实现潜在价值。英国物理学家开尔文勋爵说："当你能够量化你谈论的事物，并且能用数字描述它时，你对它就确实有了深入了解。但如果你不能用数字描述，那么你的头脑根本就没有跃升到科学思考的状态。"数据作为一种新型的表征世界的方式，正在深刻变革人类社会的沟通方式、组织方式、生产方式、生活方式，驱动着人类迈入数字文明新时代。

2. **数据的价值在于重混**

人类对于数据价值的认识可以分为三个阶段：一是以计算机为基础，追求数据精细化的小数据时代；二是以系统性数据资源为基础，深入挖掘数据关系的大数据时代；三是以数据大爆炸为标志，数据拥堵的超数据时代。数据无处不在，它们躲在暗处嘲笑不会善加利用的人们，真相往往隐藏在数据的排列组合里。

大数据之大在于其大容量，更在于其大价值，大容量与大价值基于大融合。数据是新的生产力，但数据具有割裂性，只有通过聚集，让各种数据产生聚合效应，才会发挥真正的价值。数据的价值不是海量数据的简单集合，而是要找到数据之间的关联关系，发现数据背后的规律与原理。也即是说，数据的价值不在于数据有多大，而在于其关联度有多高，通过多维度、多层次的数据以及关联度分析，找到规律，发现价值。数据的价值也并非静止状态的数据组合，数据碰撞与聚合才能释放内在价值。处于休眠状态的数据集需要通过与其他不同的数据集结合，其潜在价值才能释放出来。如同矿藏一样，数据也有贫矿富矿之分。应对分布散乱、组织无序的数据进行有机组合与融合裂变，以此演化出颠覆式的分析逻辑，从而重塑传统行业，创新社会治理、政府监管和法律制度。

融合是大数据的价值所在。未来的时代是一个跨界融合的时代，数据创造价值，创新驱动未来。通过跨界重混，一加一产生远大于二的价值才是数据的精髓。按照法国后结构主义哲学家雅克·德里达的解释，"每一次解构都表现为结构的中断、分裂或解体，但是每一次解构的结果又都产生新的结构。"数据、数据集、数据关系的解构与产品的解构类似，产品解构后的每一个"原件"，通过流动与新的产品一起进行重新组合，以实现新的用途与价值。重构就是对解构后的数据进行全局化改造，构成一个不同于以往的全新价值集合。

3. 数据的重混：组合、整合与聚合

数据重混的价值就是新规律新价值的发现。数据重混的方式从交互程度角度讲，可分为数据组合、数据整合和数据聚合三个层次，从低到高逐步实现分散、无序数据的深度聚合（见图1-1）。

数据组合由各方数据的简单组合构成，能够展现事物的全貌。该数据的重混产生的是物理反应，数据属性本质没有改变。如一份征信报告，有交易数据、通信数据、购物数据等，只是简单拼装而成。数据整合由多方的数据共同存在才能够实现价值。该数据的重混产生的是化学反应，有价值产生。如黑名单，要通过金融数据和通信行业数据进行关联才能判断是否进入黑名单，若用

户有异常金融行为,再加上该用户频繁换手机和停机次数多,基本可判断为黑名单用户。数据聚合由双方数据聚合孵化产生新的价值,该数据的重混产生的是核反应,产生的是新模式。如分期贷款,通过大数据风控能力,不仅可以减少审核流程,而且能进行贷中监控和贷后管理,还能够对失联用户进行定位和催收,是一揽子计划。

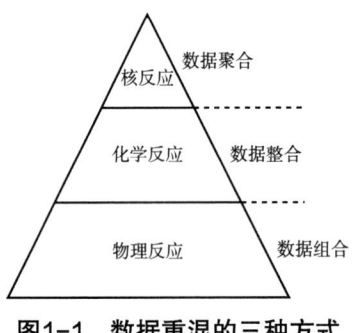

图1-1 数据重混的三种方式

数据的重混并不是一件简单容易的事情,也不是一蹴而就的,数据独裁、数据标准、数据权属、数据安全等问题仍待解决。其中三个较为重要的问题:一是数据安全问题,如何保证数据安全,保护个人隐私和知情权,以及保障符合法律规定的数据主体的变现要求?二是数据定价问题,数据产权评估、定价还未形成机制,市场价格如何确定以及最终定价权由谁主导?三是权属界定问题,数据的法律地位如何确立、权利归属如何界分、利益分配如何界定等问题极为重要,目前尚无定论。数据秩序问题凸显,涉及数据的纠纷和案件日益增多。在相关法律制度不完善的情况下,对数据进行挖掘、交易、应用会使生态系统进入侵权、失控甚至犯罪的黑洞。

（二）块数据：重混场域中的思维范式

大数据开启了一次重大的时代转型。就像望远镜让我们能够感受宇宙，显微镜让我们能够观测微生物一样，大数据正在改变我们的生活以及理解世界的方式，成为新发明和新服务的源泉，而更多的改变正蓄势待发……[1]

1. 从大数据到块数据

海量数据激增的同时，不确定性也在增加。数据爆炸面临数据垃圾泛滥的隐忧，人类的这种问题和困扰被称为"海量数据的悖论"，破解这个难题需要全新的数据科学方案。正是在这样的时代大背景下，块数据应运而生。块数据是以人为原点的数据社会学范式，更加强调用数据技术分析人的行为、把握人的规律、预测人的未来。从条数据到块数据的融合，从条时代向块时代的迈进，整个人类社会的思维模式和行为范式将产生根本性、颠覆性变革。

点数据：离散系统的孤立数据。随着信息技术和人类生产生活交汇融合，互联网快速普及，全球数据呈现爆发式增长、海量集聚的特点。但是，规模庞大的数据独立存在着，没有连接桥梁，

---

[1] ［英］维克托·迈尔－舍恩伯格、［英］肯尼思·库克耶：《大数据时代：生活、工作与思维的大变革》，周涛等译，浙江人民出版社，2013，第1页。

形成了一个个离散的孤立点数据。点数据是大数据的重要来源，具有体量大、分散化和独立性的特点。点数据是来源于个人、企业及政府的离散系统，涉及人们生产生活的各个领域、各个方面和各个环节，这类数据已经被识别并存储在各种相应的系统中，但是没有与其他数据发生价值关联，或者价值关联没有被呈现，导致未被使用、分析甚至访问。

条数据：单维度下的数据集合。无论是传统行业所汇聚的内部数据，还是各级政府所掌握的卫生、教育、交通、财政、安全等部门数据，再或者是互联网企业存储的电子商务、互联网金融等新型行业数据，都可以被定义为条数据，即在某个行业和领域呈链条状串起来的数据。目前，大数据的应用大多是以条数据呈现的。条数据在一定程度上实现了数据的指向性聚集，提高了数据使用的效率，但条数据将数据困在孤立的链条上，形成了一个个"数据孤岛"和"数据烟囱"。

块数据：特定平台上的关联聚合。块数据就是把各种分散的点数据和分割的条数据汇聚在一个特定平台上，使之发生持续的聚合效应。块数据内含一种高度关联的机制，这种机制为数据的持续集聚提供了条件。块数据的关联聚合是在特定平台上发生的，并不局限于某个行政区域或物理空间。块数据的关联性聚合可以实现不同行业、不同部门和不同领域数据的跨界集聚。块数据的平台化、关联度、聚合力特征，推动大数据发展进入块数据融合发展的新阶段，打破"条"的界限，让数据实现在"块"上的"条"融合。通过数据的多元融合和关联分析对事物做出更加快速、更加全面、更加精准和更加有效的研判与预测，从而揭示事物的本质和规律，创造新的价值。

2. 块数据的解构与重构

块数据的本质是跨界、融合、开放、共享。从数据到数聚、从解构到重构、从多维到共享三位一体，促进数据流动、建立数据连接、发现数据价值和再造数据价值。

从数据到数聚是块数据的起点。数据是以分散、孤立、碎片化的点数据和条数据形式存在的，将这些点数据和条数据汇聚到特定的平台，也就是通过"数聚"形成了块数据。块数据是多维、无限的变量。多维是将辩证法引入数据的分析和使用中，形成块数据的辩证思维；无限不仅代表大数据带来的巨大数据体量，还反映数据在时间和空间上的辩证性质；变量是未知性，在多变量中探寻一些更为根本的，但又无法直接感知的隐形变量，把握事物发展的扰动因素，使不可预知变为可预测、可预警、可预案。

从解构到重构是块数据的机制。开放、共享、连接是块数据形成的基本机制，把块数据开放、共享、连接起来，又会产生更大的块数据网状结构，这种网状结构不是简单的堆砌，而是具有明显的网格、节点、脉络以及其自身内在的逻辑运行规律。之所以要对已有数据进行解构，并在此基础上进行重构，原因在于已有数据在解构之后通过重混可以产生更多的价值。

从多维到共享是块数据的价值。概括地说，大数据时代带给我们最大的好处就是多维和共享，就是每一个人在大数据时代能够快速分享人类最先进的文明成果,这种多维和分享是任何时间、任何地点、任何人、任何事、任何方式获得任何信息,这就是共享的魅力。共享是大数据时代对人类最大的贡献,我们过去不知道的事现在可以知道,我们过去不能获得的信息现在可以获得,过去少数人拥有的东西,现在大多数人都能拥有,这就是共享。共享正在成为新时代的标志。

3. 块数据:大数据时代的解决方案

块数据与大数据相伴而生,是大数据时代的解决方案。大数据强调关联性,而块数据强调融合性;大数据强调技术支撑,而块数据强调平台支撑;大数据强调信息化,而块数据强调自流程化;大数据强调以数为中心,而块数据强调以人为中心。这就是块数据与大数据的区别,块数据是大数据的核心价值,是大数据发展的高级形态,是大数据时代的高度融合。

块数据是大数据的核心价值。"大数据时代的经济学、政治学、社会学和许多科学门类都会发生甚至是本质上的变化和发展,进而影响人类的价值体系、知识体系和生活方式。"[1]舍恩伯格认为,发展大数据不仅是为了挖掘数据的价值,更重要的是颠覆、创新和重构世界。块数据将各类数据组合、整合、聚合,形成一个共享、开放的"数据池",使数据与人能够进行充分的互动、关联和融合,解构和重构数据与人、事、物之间的关系,为商业、

---

[1] [英]维克托·迈尔-舍恩伯格、[英]肯尼思·库克耶:《大数据时代:生活、工作与思维的大变革》,周涛等译,浙江人民出版社,2013,第V页。

社会甚至政府创造相应的解决方案，为产业发展、公共服务和政府治理提供一个更大的价值系统——块数据价值链。块数据价值链可以发掘出超越数据本身的崭新的价值组合。

块数据是大数据发展的高级形态。块数据不是大数据的分支，更不是大数据的翻版，而是大数据发展的高级形态。如果说大数据是因为"物"而出现，那么，块数据则是围绕着"人或组织"而产生。大数据是通过人的思维观察和解释数据，而块数据则是运用数据的思维去观察和解释人的行为。相对于大数据的数据容量大、数据类型繁多、商业价值高和处理速度快的"4V"特征，块数据最明显的区别是从大数据的"4V"升级到了"5V"，即增加了多维变量特征。数据的多维变量改变了传统的数据使用和分析的角度，从原本静止和孤立的状态逐渐过渡到运动和联系的状态。正如"数学中的转折点是笛卡尔的变量"一样，大数据时代的转折点在于块数据的多维变量的出现。

块数据是大数据的高度融合。目前，人类对大数据的应用，更多的是对特定领域或行业类纵深数据的集合。垄断程度高、融合能力差、共享难度大、应用价值低以及安全风险大等一系列制约因素严重阻碍了大数据的发展。解决数据单一、数据封闭和数据垄断等问题正是块数据发展的价值所在。块数据形成的开放、共享和连接机制，可以实现数据的高度关联聚合。此外，块数据自身所具有的集聚力强、关联度高、价值密度高等特点，决定了块数据可以打破"数据孤岛"和"数据垄断"，解决大数据时代的诸多难题，成为重混时代数据哲学的新范式。

（三）数据失序与数据治理

在块数据聚集的过程中，包含了数据空间的填充、空间数据的重构、集合过程中的组构及组构过程中的聚合，同时还有新数据的汇集和原有数据组合后的衍生数据。通过块数据的聚合重混，可以挖掘出更高、更多的数据价值。由此，数据安全、数据权属、数据秩序等问题也愈加凸显，需要对数据进行治理。

数据安全失防。在数据开放、数据流通和数据应用的过程中，解决数据风险问题迫在眉睫，尤其是风险意识和安全意识薄弱、关键信息基础设施的安全可靠性差、黑客攻击、数据恐怖主义、技术环节薄弱和管理漏洞以及法律的缺失和滞后加剧了风险的发生频率和危害程度。这种风险和危机的核心是颠覆，颠覆的本质是"破坏"，直接导致结构和功能的变化，这会加剧社会的不确定性、不可预知性和不可控性。数据高风险的背后是人性失落、道德失范和行为失序。强化数据安全治理，亟待加强数据立法等外部约束性机制的建设，需要从一个更加系统的框架，从技术、伦理、法制等多个层面加以解决。

数据利用失衡。从数据控制角度说，指数据控制不平衡。一些企业控制海量数据，因此在某一相关市场形成支配地位，这种市场支配地位的滥用将会造成利用失衡。从数据流动角度看，指"不共享数据"。数据共享是一个重要问题，涉及多方利益调整。不共享数据是造成数据孤岛、数据鸿沟的重要原因。从个人信息保护角度看，指"控制个人数据"。企业收集或共享个人信息，却不履行告知义务或得到个人授权,对个人而言,企业就像黑箱,个人信息被控制、被"垄断"。从数据收益角度看,指"独占数据收益"。数据收益如何分配,是一个在目前争议很大的问题[1]。从数据利用率角度看,政府、企业掌握了海量的数据,但开发、利用数据的技术难以支撑,加上个人对大数据利用的意识还不到位,导致了数据利用不平衡、不充分。

数据规则失序。随着大数据时代的开启,人类对数据价值的认识越来越一致,数据被大量发现、启封和挖掘。一方面,人类欣喜地看到数据的价值;另一方面,也把太多的无用数据呈现在社会面前。在数据匮乏的小数据时代,数据的采集、搜索等技术手段落后,导致人类只能获得有限的数据,难以对事物做出准确的判断和预测,如同处在黑暗中,辨不清方向。进入超数据时代,数据短缺变成数据过剩。信息爆炸与数据爆炸,带来海量信息和垃圾数据泛滥,使得人类被无边界的数据层层包裹,最终缺失认知。我们把这种问题和困境称为"数据拥堵"。在小数据时代,数据越大,越有价值;在超数据时代,数据越大,价值越小。维克托·迈尔-舍恩伯格所说的量、价值、速度等大数据特征,都将成为致命的弱点。无边界的数据垃圾会给人类造成认知障碍,数据拥堵将会是未来发展的重要问题。因此,治理数据拥堵将成为超数据时代的重大议题。

---

1 杨建辉:《关于"数据垄断"的几点思考》,2017年6月20日,http://www.ftchinese.com。

基于块数据的数据观,通过数据科学、生命科学、社会科学、智能科学的融合,探索治理数据的新范式。这种有机融合不是简单的融合,而是以人为中心,实现人类与技术、技术与制度、规则与秩序的交融,进而实现人、技术与社会的全面重混,为人类社会清除认知障碍、平衡利益矛盾提供解决方案。

第三节　数权与秩序的重建

秩序是根植在人类心底的需求，对有序的热衷根植于人类对秩序的依赖中。网络空间的崛起给人类带来了新的挑战，也带来了重建秩序的机遇。在新一轮秩序变革中，互联网的力量凸显，历史上秩序的重构从来没有过像今天这样由数权起到如此重要的作用。人类文明的本质是秩序的建立，网络空间秩序的建构成为数字时代重要的命题，而数权的主张推动着这种秩序的重构。

(一) 秩序与秩序需求

1. 人类文明的本质是秩序的建构

从法理学角度看，美国法学家博登海默认为，秩序"意指在自然进程和社会进程中都存在着某种程度的一致性、连续性和确定性"[1]。简言之，秩序就是事物之间关联的状态。亚里士多德在《形而上学》中写道："世界上所有的事物，鱼、鸟、植物，都以某种方式形成秩序，但不是以相同的方式。对于整个系统而言，情形却并非如此，事物与事物之间并不是没有什么关联，而是确确实实地存在着明确的关联。所有事物都是为着一个目的而形成秩序的。"[2] 抽象地说，社会秩序表示在社会中存在着某种程度的关系的稳定性、进程的连续性、行为的规则性以及财产和心理的安

---

[1] "秩序"很早就进入研究者的视野，具体的含义因为研究者的视角不同而有所差别。直到今天，对秩序包含的意义并没有一个完整、准确的论述。康芒斯认为秩序是"集体行为的运行规则（它的一个特殊的实例是'合法程序'）"，"集体行为控制个体行为"，"有时候一种秩序似乎可以比作一座建筑物，一种法律和规章的结构，正像房屋里的居住人那样，个人在这个结构里活动，有时候它似乎意味着居住人本身的'行为'"，"这种运行中的机构有业务规则使得它们运转不停；这种组织，从家庭、公司、工会、同业协会，直到国家本身，我们称之为'秩序'"，"它们指出个人能或者不能做、必须这样或必须不这样做、可以或不可以做的事，由集体行动使其实现"。哈耶克认为秩序指"这样一种事态，其间，无数且各种各样的要素之间的相互关系是极为密切的，所以我们可以从我们对整体中的某个空间部分或某个时间部分所作了解中学会对其余部分做出正确的预期，或者至少学会做出颇有希望被证明为正确的预期"。诺斯把秩序定义为"一个社会的博弈规则，或者更规范的说，他们是一些人为设计的、型塑人们互动关系的约束。从而，秩序构造了人们在政治、经济或社会领域里交换的激励"。正式规则、非正式规则与实施的形式与有效性三者构成秩序的三个层面。在哲学上，秩序是一个系统的范畴，它指事物存在的一种有规则的关系状态。在一个系统中，组成系统的各个要素都有自己的不同的存在和运行特点。如果要素之间的关系总是能表现出某种恒定的规则性或协调性，即系统的协同性的话，我们就说这个系统或事物是有序的。

[2] 转引自[美] C. I. 巴纳德《经理人员的职能》，孙耀君译，中国社会科学出版社，1997，第2页。

全性[1]。正如马斯洛（Maslow）所指出的，"我们社会中的大多数成年者，一般都倾向于安全的、有序的、可预见的、合法的和有组织的世界；这种世界是他所能依赖的，而且在他所倾向的这种世界里，出乎意料的、难以控制的、混乱的以及其他诸如此类的危险事情都不会发生"。[2]

秩序是人类社会的黏合剂，秩序的存在与否与实现的程度如何是衡量社会文明程度的重要价值尺度。纵观人类文明发展进程，对秩序的建构与追求是贯穿始终的主线。秩序是文明的关键词[3]。秩序具有价值指引与文明标尺功能[4]，秩序是人类社会的"北斗星"，它指引但不明确干涉人类社会，也不对人类社会的基本结构做出明确的规定，只是为人类社会划定一个可能的空间，人类只能在这个空间里活动。在古代社会，巫术、宗教等支配着整个

---

[1] 张文显主编《法理学》（第四版），高等教育出版社、北京大学出版社，2011，第260页。

[2] 转引自［美］E·博登海默《法理学：法律哲学与法律方法》，邓正来译，中国政法大学出版社，2004，第239页。

[3] 学者刘仲敬认为，文明就是产生剩余秩序输出的能力。原始部落大体是秩序自给自足的，随着秩序生产力的升级而进入文明。多国体系是自发秩序扩展的顶峰，对应于孔子时代和近代西方。文明的繁荣是消耗秩序生产力的结果，如果消耗超过生产，就会盛极而衰。没落意味着秩序出现赤字，对应大一统帝国需要蛮族输入秩序，而以前的多国体系向蛮族输出秩序。输入秩序的蛮族一般不是原始部落，而是刚刚进入文明的新人，有剩余秩序可以向没落文明输出，在表面上延迟了后者的灭亡，但可能因此浪费自己创造新文明的机会和资源。

[4] 冯凡彦:《作为文明秩序之根据的价值秩序——舍勒对价值秩序的现象学揭示》，《哲学动态》2016年第5期。

人类社会，人类养成的敬畏神明、不尚竞争的心性结构使人类在价值追求上更加注重神圣价值，这也是古代文明尽管物质匮乏但仍富有神性和魅性的重要因素。现代社会经过"祛魅"后，生产、竞争成为人类生活的核心内容，追逐利益成为人类生活的基本逻辑，人类养成的无所敬畏、乐于竞争的心性结构使人们在价值追求上更加注重实用价值。从某种意义上说，古代文明和现代文明似乎是"瘸腿"的文明，价值追求的偏颇是根源所在。从这个意义上说，价值秩序是社会文明状况的"晴雨表"。

与秩序相对的是失序或无序，"当无序状态出现时，关系的稳定性消失了，结构的有序性混淆不清了，行为的规则性和进程的连续性被打破了，偶然的和不可预测的因素不断地干扰人们的社会生活，从而使人之间信任减少、不安全感增加，为了保护正常的社会秩序，人类必须采取措施消除无序状态或预防其发生。在文明的社会中，法律是消除无序状态或预防无序状态的首要的、经常起作用的手段"。[1]但法律调整具有滞后性，主要表现为法律目的形成的滞后、法律规范形成的滞后、调整机制形成的滞后。

2. 秩序的分类

自然界和人类社会存在着各种结构、排列、组合，形成了各种秩序，每种秩序都有其特定功能和价值，深刻影响着人类的生

---

[1] 张文显主编《法理学》（第四版），高等教育出版社、北京大学出版社，2011，第260~261页。

产生活。秩序主要分为自然秩序和人为秩序[1]，实体秩序和虚拟秩序[2]，单一秩序和多维秩序[3]，单纯秩序和混合秩序[4]，显性秩序和隐性秩序[5]，通用秩序和特定秩序[6]，固定秩序和可变秩序[7]，初始秩序

---

1. 自然秩序是指宇宙、世界、自然界万物和人类社会发展的规律，是我们认识的对象，人类通过对自然秩序的认识形成了知识。人为秩序是指人类为了满足某种特定需要而建立的各种秩序，如规则制度、行为方式、风俗习惯等。
2. 实体秩序是指对物质世界和实体本身进行排列组织形成的某种结构。如商品陈列、图书排架、文件整理、邮件分类等。虚拟秩序是指脱离实体世界或物质世界而存在于我们头脑中的观念秩序，如我们通过语言和符号系统设计的分类体系，规则制度、行为方式、风俗习惯等。
3. 单一秩序是指一维秩序，从事物的某一个特征出发、满足某一特定需要而形成的秩序。如图书按分类号在书架的排列、学生在班级中的座位排列。所有的物质和实体一次都只能按照单一秩序进行排列组合。多维秩序是指从信息的不同特征出发、满足某些特定需要而形成的秩序。如理性秩序中的信息可以按照分类、主题、字顺、时间、地域等秩序进行有限多维排列组合，数字秩序中的信息可以根据需要进行无限多维排列组合。
4. 单纯秩序是指一次只用一种秩序排列组合，如单纯的数字或字母秩序。混合秩序是指一次可用多种秩序排列组合，如图书分类号是由字母与数字组成的混合秩序，分类体系是由本质特征和一系列辅助特征组成的混合秩序。有时候用一种单纯的秩序无法有效地区分事物，必须用混合秩序才能将事物逐步聚类。
5. 显性秩序是指表现出来的、能够发现的秩序。我们可以利用的各种秩序都是显性秩序。隐性秩序是指潜在的、难以发现的秩序。由于我们认识的局限性，许多自然的隐性秩序我们无法发现和揭示出来。
6. 通用秩序是指能够满足大家共同需要的秩序，如知识组织中的字顺排列、自然数字排列，生活中约定俗成的秩序。特定秩序是指满足某种特定需要的秩序，如知识组织中的时间排列、地域排列、文学体裁等。
7. 固定秩序是指不可变动、更改或逆向的秩序，许多自然的、实体的秩序是固定的。如宇宙的运动、时间的秩序、人的生命轨迹等。可变秩序是指可变动、更改或逆向的秩序，许多人为的、虚拟的秩序是可变的。如机械运动、思维运动、规则的更改、制度的变迁等。

和衍生秩序[1],实体秩序、理性秩序和数字秩序[2]等。[3]在人类社会的不同历史阶段,所需要的秩序是不同的。

农耕社会的秩序模式是一种自然秩序,农耕文明的简单性使人类的一切活动都具有较高的确定性,表现出一种静态特征,此时的"自然秩序"也表现出较高的确定性。人类进入工业化社会后,社会复杂性程度逐渐提高,自然秩序逐渐无法适应人类生产、生活活动的需要。20世纪后期,人类社会开始逐渐进入后工业化的历史进程,与之相伴随的则是人类社会复杂性与不确定性的快速增加,进而对创制秩序提出了新挑战。工业社会仅仅用了几百年的时间迅速提高了社会的复杂程度,把社会推进了一个高度复杂的时代,创制的秩序与规则面临失灵的窘境。在历史的坐标中,我们可以清晰地看到这样一条线索:农耕社会向工业社会的发展呈现复杂化的进程,这种复杂化打破了农耕社会的自然秩序并提出了重建秩序的要求。进入数字社会,随着社会复杂性的指数级

---

1 初始秩序是指伴随事物而生的、本来的、自然的秩序。如自然秩序和实体秩序大多为初始秩序。衍生秩序是指在初始秩序的基础上衍生的秩序。如理性秩序是自然秩序和实体秩序的基础上衍生而来的,中图分类法就是在知识载体(图书或文献实体)排列秩序的基础上衍生的秩序。

2 实体秩序是指物质世界和事物本身的秩序,如家庭生活和工作中满足自己习惯的实物整理或排列(书房的秩序、厨房的秩序、办公室的秩序等)。理性秩序是指人为的、反映实体秩序的概念秩序,是实体秩序在人大脑中的虚拟呈现,是用语言或符号描述的实体秩序,是实体秩序的衍生秩序。数字秩序是指数字信息的无序状态,也指数字信息的多样、多元、多维秩序,可以根据需要自由排列和组合形成的秩序。

3 文庭孝、刘璇:《戴维·温伯格的"新秩序理论"及对知识组织的启示》,《图书馆》2013年第3期。

增长，在高度复杂性和高度不确定性条件下，人类需要一种新的秩序。需要通过一场变革，建构一种能够适应高度复杂性和高度不确定性条件下的秩序。考察人类社会发展的历史过程，自脱离茹毛饮血的时代、走出混沌蒙昧的时代以来，人类社会大抵沿着从低级到高级、从简单到复杂的螺旋式有序演进，体现出一种内在的"进步"秩序。

创制秩序与权利意识有着密不可分的关系。在工业化过程中，公民的权利意识逐渐觉醒，财产权、普遍性人权等得到增益的要求使创制行为不断得到强化。一定社会秩序的存在是人类活动的必要前提。某种意义上，创制规则是一切社会活动的前提。当创制的规则能够维系社会和对人的行为做出有效规范时，这个社会的创制秩序是良好的。一旦创制规则不足以维系社会和规范人的行为，那么创制秩序就会受到严重挑战。后工业化所呈现出来的恰恰是对这一创制秩序的挑战，后工业化使创制秩序面对公共生活的实质性要求显得无能为力，面对瞬息万变的社会显得无比僵化[1]。

3. 秩序需求是人类的瓶颈需求

秩序是根植在人类心底的需求。人类的社会性生物特征决定了人类生存必需具备的三个基本需求，即满足生物本能的物质资料、维系社会架构的秩序规则以及透视生存价值的意义建构，其中对社会秩序要件的需求是整个秩序需求的主要内容。实践证明，

---

1 张康之、张乾友：《论复杂社会的秩序》，《学海》2010年第1期。

因为"无序即存在着断裂（或非连续性）和无规则性的现象，亦即缺乏知识所及的模式——这表现为从一个事态到另一个事态的不可预测的突变情形"[1]的存在，所以秩序就成了一种需要。人类对秩序的天然向往使得人类会本能地用有序代替无序，代替方式主要有宗教教条、道德规范以及法律规则等。其中，法律规则的强制性对无序的替代最为彻底，最能满足人类对于秩序的需求。例如，对于经济领域内的秩序而言，在宏观上有经济法对其进行调整，而对于微观层面的具体交易或市场主体，则有合同法与商法对其进行规范，一旦出现秩序失范，法律的强制性足以保证有序性的延续。

秩序是人类共同生活的需要。秩序是由人类在生产、生活实践中有意或无意形成的各种原则、规则、规范决定的，也一定会随着各种原则、规则、规范的变化而变化。"因而人类社会的秩序必须是社会历史性的秩序，即处于形成、维持、解构与重建过程中的秩序。"[2]人类追求良好的秩序，就是追求属于自己"好"的生活方式。人类寻求秩序，"当然不是为了'秩序'本身，而是为了人自己顺利地、和平地生存与发展。秩序不过是人们正常地生存与发展所表现出来的有序性、协调性和可持续性等良性状态，因而也是人们过'好生活'的价值观的体现。所以，人类才以秩序

---

1 ［美］E·博登海默：《法理学：法律哲学与法律方法》，邓正来译，中国政法大学出版社，2004，第228页。
2 张曙光等：《价值与秩序的重建》，人民出版社，2016，第130页。

作为追求的重要目标,并作为对个人及其相互关系的行为标准。"[1] 人类对秩序的需求构成了法律得以产生和运行的基本生存土壤。

秩序需求是人类社会发展的内在动力。在文明的社会,法律是消除无序状态或预防无序状态首要的、经常起作用的手段[2]。在我国现有立法体系中,大数据处于法律和监管的"灰色地带",涉及数据方面的纠纷和案件日益增多。这些问题源于我国数权法理基础的薄弱,尤其是对数权时代背景缺乏动态诠释、对数权理论体系缺乏系统建构、对数权保护秩序缺乏立法规制。特别是随着科技的发展,越来越体现出我国数权保护法律的滞后性、欠缺性和不完备性,相应的解决无序状态就存在一定的困难。从当前状况看,人们的温饱问题已基本解决,物质文化需要不再是迫切需要满足的,而美好生活需要必须在秩序需求得到基本满足后才得以更好的满足。因此,秩序需求才是瓶颈需求,是当前最紧迫、最稀缺的一种需求。

(二)秩序互联网与互联网治理

互联网打破时空限制,虚拟空间成为人类生活的新空间、新场域,虚拟与现实、数字与物质的边界正日渐消融。虚拟世界是一个独特的"生活世界",它的意义和秩序都是在相对独立的过程中产生的,它与现实社会共同组成完整的人类社会。互联网创造

---

[1] 张曙光等:《价值与秩序的重建》,人民出版社,2016,第165~166页。
[2] 张文显主编《法理学》(第四版),高等教育出版社、北京大学出版社,2011,第261页。

了一个全新的生活空间，即虚拟空间，以此为基础，"虚拟"成为人类一种全新的实践方式，而虚拟秩序正是对这种实践方式是否有序的一种量度。

如果说，互联网是一条通往未来的高速公路，那么，大数据就是行驶在这条高速公路上的一辆辆汽车，区块链则是让这些汽车在高速公路上合法且有序行驶的制度和规则。互联网为我们带来了一个不规则、不安全、不稳定的世界，区块链技术的应用则让这个世界变得更有秩序、更加安全和更趋稳定。在区块链的支撑和推动下，互联网的发展将完成从信息互联网到价值互联网再到秩序互联网的阶段演进。人类将进入秩序互联网阶段，不仅是金融秩序，还包括社会秩序、人们的生活秩序等，这些秩序的形成，需要在信任和规制的基础上进一步明确数权。如果说信息互联网解决了无界的问题，价值互联网解决了无价的问题，那么，秩序互联网则解决了数据的无序问题。

信息互联网。混沌理论认为，"一切事物的原始状态，都是一堆看似毫不关联的碎片，但是这种混沌状态结束后，这些无机的碎片会有机地汇集成一个整体"。在信息互联网时代，海量的碎片化的信息使得互联网处于一个混沌的状态，尤其是免费效应所带来的信息无效、信息泛滥以及信息扭曲等一系列问题影响了人们对价值信息的获取，也增加了人们进行信息分析和预测的难度。网络空间秩序是现实社会空间共时性社会秩序的投射、重构和超越，作为独立存在的社会运行系统，网络空间具有调节自身秩序的功能，却经常失灵。网络空间的无中心、无边界、分散、虚拟以及高变动性，使得网络空间目标的指向性不明，并会随着时空的变化而发生异化。"指向自由的秩序并不必然是自由的家园，反而异化为自由的枷锁。"[1]这就造成了网络空间秩序的治理不同于现实社会。目前，各国政府用现实空间的秩序规则控制网络空间的措施被证明是无效的。某种程度上可以说，信息互联网空间秩序实质上已经处于一种无序状态，强化了互联网空间的公共风险。

价值互联网。区块链是一种集成技术，是一场数据革命，是一种秩序重建，更是一个时代的拐点。区块链先天具有传递信任和价值、重构价值体系和秩序规则的能力，是构建价值互联网的基石。世界经济论坛发布的白皮书《实现区块链的潜力》指出，区块链技术能够催生新的机会，促进社会价值的创造与交易，使互联网从信息互联网向价值互联网转变。从社会思潮来看，价值互联网的共享发展明显受到著名社会学家凯文·凯利《失控》的影响。凯文·凯利在书里把工业社会的进化论总结为基于机械逻辑的进化论，把信息社会的进化论总结为基于生物逻辑的进化论。基于生物逻辑的进化论可以概括为三个词：分布式、去中心、自组织，而区块链带来的就是这样一种真正的共享。共享是网络价值的放大器，是互联网终极价值的体现。

秩序互联网。基于信任的契约精神是秩序互联网的基础，信任是网络社会有序运行的基石和润滑剂。从逻辑上说，信任与社

---

[1] 郑也夫：《信任与社会秩序》，《学术界》2001年第4期。

会秩序可以组合成四种类型的关系（见图1-2），第四类型"有信任无秩序"在现实中不存在；第三类型"无信任也无秩序"意味着社会生活的混乱无序；第二类型"有信任的秩序"可望成为一个自由繁荣的社会；第一类型则是一个在追求秩序中牺牲了自由与繁荣的社会[1]。区块链构建了基于技术规制的低成本信用机制，实现从制度到技术的秩序重构。集权式的秩序不需要高度的信任，而分布式的秩序需要高度的信任。信任是最重要的社会资本，由理念、规则、法律、治理等长期积累而成。区块链有助于建立非人格化的信任，为演变出新型的数字经济和网络秩序提供了一种可能。但是，信任不能代替监管，互联网的发展需要：一是边界规制，互联网领域不是一个可以为所欲为的法外空间，互联网的健康发展需要有序的市场环境和明确的市场竞争规则作为保障，竞争自由和创新自由必须以不侵犯他人合法权益为边界。二是安全规制，区块链凭借其去中心化、开放性、自治性、信息不可篡改、匿名性等方面特征，从技术层面一定程度上能够化解部门网络安全问题，提高网络运行的安全性。但仅靠技术层面的规制是远远不够的，构建完全可信的网络环境需要在制度层面，特别是法律层面予以设计。三是保护规制，必须采取有效的技术措施和制度程序，重新审视个人数据保护的规则及秩序，制定严格的个人数据保护法规和大数据安全监管制度。

1　郑也夫：《信任与社会秩序》，《学术界》2001年第4期。

	秩序	无秩序
无信任	1	3
信任	2	4

图1-2 信任与秩序的组合关系

信息互联网让人看到了互联网对于便利人与人沟通、减少信息不对称的价值；价值互联网让人看到了区块链对于物质和服务增值、数据资产增值、社会价值体系重构的潜力；秩序互联网让人看到了借由区块链等技术手段创新社会组织方式、治理体系、运行规则的前景。主权与安全是互联网从信息互联网、价值互联网到秩序互联网演进的高级阶段，是确保互联网秩序实现的底线。秩序互联网的本质是维护国家网络安全，应对各种非传统安全威胁，有效实现对更复杂、更敏感数据的基于国家主权和安全的保护。主权是数权的核心，也是数权的制高点。只有明确了数权，数据主权才能真正落地。所以，在强调数据主权的同时，更好地保护公民个人的数据权利，包括数据人格权、数据财产权等，就是秩序互联网时代到来的里程碑（见图1-3）。

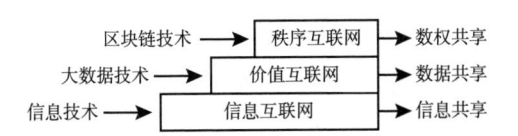

```
区块链技术 ──→ ┌─秩序互联网─┐ ──→ 数权共享
大数据技术 ──→ │ 价值互联网 │ ──→ 数据共享
信息技术   ──→ └─信息互联网─┘ ──→ 信息共享
```

图1-3 信息互联网、价值互联网、秩序互联网梯度跃升模型

（三）数权与数字秩序

老子说："人法地，地法天，天法道，道法自然。"希腊的斯多葛学派也提出了"按照自然而生活"的伦理思想。由此可见，人类有其共同的理念与法则，未来人类的发展将很大程度上取决于全人类在秩序法则方面的创设与趋同。"不以规矩，不能成方圆。"孟子在两千多年前说的这句话，后来成为中国家喻户晓的格言，这表明中国人很早就意识到，人类在生产、生活、生存活动中有意或无意建立起来的规矩、规则、规范对于社会秩序的形成与维持的决定性意义。

1. 人类共同生活的基础是秩序

秩序是人类生存和社会发展的前提基础，尊崇高度规则化的行为方式可为社会生活提供有序性与稳定性。"历史表明，凡是人类建立了政治或社会组织单位的地方，他们都曾力图防止出现不可控制的混乱出现，也曾试图确立某种适于生存的秩序形式。这种要求确立社会生活有序模式的倾向，绝不是人类所作的一种任意专断的或'违背自然'的努力。"[1] 人类对秩序的需求已经深深地植根于整个自然结构和社会结构之中，而人类共同生活则恰恰是该结构体系的重要组成部分。

哈耶克认为，社会中存在人造的秩序与增长的秩序。"我们把

---

[1] ［美］E·博登海默：《法理学：法律哲学与法律方法》，邓正来译，中国政法大学出版社，2004，第228页。

'人造的秩序'称之为一种源于外部的秩序和安排,这种人造的秩序也可以称之为一种建构或一种人为的秩序……另一方面,我们把'增长的秩序'称之为一种自我生成的或源于内部的秩序,这种秩序最为合适的英语称谓是自生自发秩序。"[1]数字空间秩序的形成和发展同样存在哈耶克所说的人造的秩序与增长的秩序,"就像自由市场一样,亚当·斯密所说的'看不见的手'即所谓的自发秩序,而政府干预这只'看得见的手'即所谓的人造秩序。"[2]然而,数字时代具有很大的不确定性,"每时每刻都在上演着惊心动魄的现代话剧,网络秩序无时无刻不在承受着人们有意无意的威胁和破坏"[3],致使数字空间的自发秩序经常遭遇失灵、失效、失序,而作为弥补自发秩序失灵的后生秩序尚未建构或相对混乱。

人类社会发展的不同阶段需要随之构建起相适应的秩序。戴维·温伯格在《新数字秩序的革命》一书中,创造性地提出了三个层次的秩序思想。他认为第一层次的秩序是实体秩序,是我们约定俗成的秩序,即对物质世界和事物本身的排列。第二层次的秩序是理性秩序,是根据我们预先设计好的秩序或分类体系,将有关事物的信息分到相对应的、固定的位置。这是一种人为的、虚拟的秩序,是我们根据需要将有关物质世界和事物本身的信息

---

1 [英]弗里德利希·冯·哈耶克:《法律、立法与自由》(第一卷),邓正来、张守东、李静冰译,中国大百科全书出版社,2000,第55页。
2 阙天舒:《在虚拟与现实之间——论网络空间公共风险的消解与控制》,《天津行政学院学报》2014年第3期。
3 魏光峰:《网络秩序论》,《河南大学学报》(社会科学版)2000年第6期。

抽取出来，按照事先设计好的分类体系对这些信息进行某种排列组合。我们通过第二层次的秩序来实现第一层次的秩序，并将两者有效对应起来。第三层次的秩序是数字秩序，是一种混沌，即无秩序。没有预先设定的秩序，超越了分类体系的限制，是在利用数据时根据需要重新排列组合，建立一种特定的、满足个性需求的新秩序[1]。

2. 人类共同生活的核心是数权

秩序建立的基础是数权。数据赋权推动秩序转型，而数据赋权的复杂性也使秩序转型变得更加复杂。从数据到数权，这是人类迈向数字文明时代的必然产物。数权是共享数据以实现价值的最大公约数，包括以个人为中心构建的数据权利和以国家为中心构建的数据主权。我们正在进入一个全新的基于共享理念的"使用权时代"，硅谷思想家凯文·凯利旗帜鲜明地提出："我可以为它们（商品或服务）付费，但我不会拥有它们……在某种程度上，使用权变成了所有权。"[2]数据也是如此，但是，对数权毫无限制的使用与处分将会破坏有序的人类共同生活。

数权是数字秩序内在活力的源泉。在古代，个体利益一直都是被剥削和压制的对象，小农经济的土壤产生不出"人的全面自由发展"的秩序理念。到近代，人们开始从否定个体利益的落后

---

[1] 参见[美]戴维·温伯格《万物皆无序：新数字秩序的革命》，李燕鸣译，山西人民出版社，2017，第4页。

[2] [美]凯文·凯利:《技术元素》，张行舟、余倩译，电子工业出版社，2012，第111页。

传统观念和僵化教条束缚中解放出来。从系统论角度看，如果系统的要素即个体的思维不活跃，那么系统的总体意识和精神活力就会逐渐衰竭。在法律调整社会关系的两种方式（即权利与义务）中，权利是个体能动性和创造性的确证。因此，秩序的生命来源于权利。以排队买票现象为例，大致有三种类型：一是警察用棍子维持排队秩序，虽然秩序良好，但排队人的人格和尊严同插队人一起被棍子打走了。二是排队人之间形成了一种排斥插队人的气氛和力量，不但秩序良好，而且排队人都扬眉吐气。三是秩序混乱，各人凭力气争先后，妇女和老弱者且骂且叹。毫无疑问，第二种类型的秩序是最理想的，而它的形成恰好是因为权利得到伸张并且产生了一种凝聚力量[1]。虽然这是伦理范畴的日常生活秩序，但它包含着社会治理的规律与规则，权利的主张能形成秩序。数字时代下，数据主体对数据利益的关注是永恒的主题，因而主张和保护利益的权利才是数字秩序永不枯竭的力量源泉。

数权与数字秩序的对抗性。其一，权利的模糊性与秩序的确定性。秩序的意义在于排除不确定性，它表示应然权利与实然权利的吻合，正因为数据权利的模糊性与数字秩序的确定性存在对立性，数权立法、司法工作才成为必要。其二，权利的冲突性与秩序的一致性。利益的多样性与冲突性决定了权利的多样性与冲突性，而权利的多样性与冲突性是破坏秩序的潜在因素。如果权利间的冲突性压倒了权利间的一致性，秩序就会不复存在。人类

---

[1] 谢鹏程：《论权利与秩序》，《政治与法律》1992年第6期。

的文明程度越高，人们对权利间一致性的要求就越高。农耕文明时代的这种一致性只是生存权，工业文明时代的这种一致性扩展到自由权和财产权等权域范围。进入数字文明时代，若不能保持时代所要求的数权的一致性，数字秩序就难以构建与维持。其三，权利的不平衡性与秩序的平衡性。数权在人类共同生活中不可避免地存在不平衡性，数字秩序在实质上是这种失衡状态得以维持的标志。秩序是以平衡的形式维持不平衡的内容（即数权），没有平衡就没有秩序，也就难以维持不平衡的数据利益。

3. 人类共同生活的未来是共享

重混是一种必然而然的趋势，如前文所述，重混是对已有事物的重新排列组合和再利用，融合内外部资源创造新价值，重混对传统的财产观念和所有权概念产生前所未有的"破坏"。在重混时代，大计算、大数据、大智能成为人类理解复杂世界的"数字器官"。数据权利化思潮空前活跃，数据的实时流动、共享构成一个数据化的生态圈，数据力与数据关系影响着社会关系。由于这种力量的相互影响，整个社会生产关系被打上了数据关系的烙印，这将引发整个社会发展模式、利益分配模式和秩序维护模式前所未有的变革和重构。数权的主张让处于混沌状态的数据逐渐变得清晰，数权的意义就在于此。

价值与秩序的重建作为社会发展的必然要求，关乎整个社会各领域的文明规则与行为规范的确立，关乎道德和精神世界的拓展和提升，具有"人文价值"和"社会规则"的双重规定性。"每一个新秩序归纳了所有的原秩序，归纳之中无一遗漏。然而，新的秩序却被创造生成了，新现象带来的行为模式需要新层次上的理解和解释。"[1]当前，我们正处在一个前所未有的大变革、大转型时代。这一次的秩序跃迁像一场风暴，涤荡着一切旧有的生态，对社会存在与发展形成颠覆性的改变。数权的主张是文明跃迁的产物，也将是人类从工业文明向数字文明变革的新秩序。

　　数据是一种共享型资源，数权的本质是共享权。继农耕文明、工业文明之后，数权推动人类构建了一个崭新的秩序形态——数字秩序，一个崭新的文明形态——数字文明。数字秩序是一种共享秩序，数字文明是一种共享文明。共享文明具有三个方面的基本性质：第一，共享文明是21世纪人类社会发展中崛起的新的文明形态；第二，共享文明是一种最具有发展活力和创造性的文明；第三，共享文明是以信息化、智能化、数据化为重要标志，同时以智能化大生产为主要生产方式的一种现代社会文明状态。人类文明本质上就是一个融合发展的过程，融合是因为能够从融合过程中增进共识，从价值碰撞中找到共同价值，共同推动共享文明的发展与进步。21世纪将是共享文明的世纪，走向共享是人类文明发展的共同归宿。

1　[英]彼德·罗素:《地球脑的觉醒——进化的下一次飞跃》，张文毅、贾晓光译，黑龙江人民出版社，2004，第38页。

第二章

人权、物权与数权

人类正在经历由资源经济向数字经济、由一元治理向多元治理、由工业文明向数字文明发展的"三重转变"。在这种剧烈变革的时代背景下催生的制度——数权制度，其背后附着权益体系的重构。数权是人类在数字文明时代的基本人权，在释放数据价值的同时，保障着人类在数字世界的基本权利。数据作为一种新型资源，已经成为土地、资本、能源等传统资源之外的一种新资源、新技术、新组织方式和新权利。数权与人权、物权有本质的不同，权利主体、权利客体、权利内容等的差异决定了数权内容不能简单由物权来规范。数权的提出，不仅是对人权的完善，也是对财产权的发展，它将是未来数字文明社会最重要的权利和秩序。

第一节 人与人权

人权是人类历史长期发展的产物,源于人的本性、人格、尊严与价值。人权的发展是一个渐进的过程,人权是一个开放、演化的概念,僵化封闭地理解人权会造成人权发展的停滞。大数据时代,万物"在线",一切皆可量化,所有的人机物都将作为一种"数据人"而存在。"数据人"的提出,为人权的多样性延伸和普遍化发展提供了新的法理进路,但同时也对人权保护提出了新问题、新挑战。

(一)人权的哲学基础

人权已经成为一个全人类广泛使用的术语,受到了世界各国的普遍关注。所谓人权,就是人为了满足其生存和发展需要而应当享有的权利。人权具有普遍性,只要是人,就应当享有人权[1]。

---

[1] 《世界人权宣言》第2条指出,"人人有资格享有本宣言所载的一切权利和自由,不分种族、肤色、性别、语言、宗教、政治或其他见解、国籍或社会出身、财产、出生或其他身分等任何区别。"

人权作为近现代哲学的主要成就之一，从观念萌生到概念成型迄今已经经历了上千年的历史，可以说人类文明的历史就是一部人权发展史。人权的根源可以追溯到古希腊和古罗马的政治法律思想以及文艺复兴、宗教改革、自然法学说和资产阶级革命的发展。其中，自然权利说、法律权利说、社会权利说、人性来源说、道德权利说等五种人权本原理论构成了人权的哲学基础。

1. 自然权利说

自然权利说是由法国《人权宣言》所发扬的先验主义[1]的人权推定说，是关于人权来源的经典学说。它在五大学说里占据着主导地位，影响极为广泛。自然法学说诞生于古希腊城邦国家的没落时期，经过文艺复兴和宗教改革运动的继承和发扬，逐渐形成了近代自然权利理论。格劳秀斯、霍布斯、洛克、卢梭等都对此做出了贡献，其中洛克对后世影响最大。洛克在著名的《政府论两篇》[2]中指出，人类进入文明社会之前，生活在一种自然状态之

---

[1] 先验主义是一种哲学思潮。它认为由人的心智形成的观念和概念具有自主存在的性质，并且否认这些观念和概念只是人们对不断变化的经验时间的反映。赋予人的智力以巨大的力量，并且认为经验在很大程度上是由人的思想所构设或产生的观念形成的，其极端表现形式：认为宇宙的唯一支柱是人的思想。

[2] 1688 年英国"光荣革命"之后，洛克发表了著名的《政府论两篇》。《政府论两篇》主要驳斥霍布斯和菲尔麦的绝对专制论。其论证到，从自然状态到社会的变化，并没有剥夺人们关于自由和财产的自然权利；国家建立在人们的相互契约之上，因而人们自己要服从国家的管理；市民的统治者所掌握的权力不是绝对的，而是附有条件的，如果他们失去道德信誉，人们有权利推翻之，重新组建遵守契约的政府。

中，人们受到体现人类理性的自然法的约束。自然法赋予人们普遍的自然权利，即天赋人权，包括人身权、财产权、平等权、自由权、自卫权和自行裁判权等[1]。

人们有权按照他们认为合适的方式行动和处分自己的人身和财产，任何人无须听命于任何人。但这种自然状态存在很大的缺陷，人们享有的自然权利是没有保证的，经常处于恐惧和危险的状态。为了摆脱这种自然状态，人们通过订立契约建立政治社会，让社会作为仲裁人，用法律来裁判争执、处罚犯罪，由此产生了国家、政府和法律[2]。国家的目的和宗旨是保障公民的生命、安全、自由、平等、财产和追求幸福的权利。公民的这些权利不是外界的恩赐，而是公民应当享有的一种自然权利和天赋权利，即天赋人权。洛克还提出了一系列人权保障的原则，如人民主权原则、法治原则和分权原则，对自然状态、自然法、自然权利进行了分析与论证，使自然法、自然权利思想的发展达到了高峰，其学说也成为一些权利宣言和宪法[3]的主要思想来源。

2. 法律权利说

在西方人权思想发展史上，与自然权利说相对立的是法律权

---

1 白桂梅主编《人权法学》（第二版），北京大学出版社，2015，第6页。
2 白桂梅主编《人权法学》（第二版），北京大学出版社，2015，第6页。
3 如1776年通过的美国《独立宣言》指出："我们认为这些真理是不言而喻的：人生而平等，他们都从造物主那里被赋予了某些不可转让的权利，其中包括生命权、自由权和追求幸福的权利。"1789年通过的法国《人权和公民权宣言》指出："所有政治结合的目的都在于保存人的自然的和不可动摇的人权。这些权利就是：自由、财产、安全和反抗压迫。"

利说，也叫"法赋人权"论[1]。它在19世纪至第二次世界大战结束前取代自然权利说，成为人权理论最主要的思想基础。这一权利学说的代表人物有边沁、哈特、戴西、密尔、奥斯丁、拉兹、凯尔森、麦考密克等。在法学史上他们属法律规范主义流派。法律权利说认为正式或非正式的法律规章制度产生人权，强调人权不是生而有之的，而是法律赋予的。它否认法律与人权的伦理性，认为伦理属于主观的范畴，每个人都有自己的伦理观，难以对其好坏是非做出客观确切的判断，并批评自然权利说中"天赋人权"的"自然状态"具有虚构性，其"自然法"具有神秘性，因而是不科学的[2]。正如边沁认为，自然法、自然状态、原初契约等理论是出于人们"想象"和"虚构"的理论，是违反历史真实的理论，因而是"不足信"的理论。

在边沁看来，天赋权利并不存在，有的只是法律所允诺的权利[3]。法律就是主权者自己的命令或为主权者采纳的命令的总和[4]。"权利是法律的产物，而且仅仅是法律的产物，没有法律也就没有权利。"[5]法律为社会成员确定职责或义务的同时，也就赋予人们相应的权利。边沁的法律权利说从功利原则出发，认为人权是在利益驱动下产生的。为代替《人权宣言》中的"自由、财产、安全以及

---

1 参见李步云《论人权的本原》，《政法论坛》2004年第2期。
2 李步云:《论人权的本原》，《政法论坛》2004年第2期。
3 白桂梅主编《人权法学》(第二版)，北京大学出版社，2015，第7页。
4 王广辉主编《人权法学》，清华大学出版社，2015，第42页。
5 沈宗灵、黄楠森主编《西方人权学说》(下)，四川人民出版社，1994，第122页。

反抗压迫"的人权原则,边沁从"法定权利"出发,针对性地提出了"安全、生存、富足与平等"的人权原则。他认为,社会的目的是促进最大多数人的最大幸福,而幸福包括安全、生存、富足与平等,这四项目标实现的程度越深,社会幸福总量也就增加得越快[1]。

3. 社会权利说

社会权利说是除了自然权利说和法律权利说以外的另一主流权利学说,其主要代表人物包括早期社会主义思想家圣西门、傅立叶和欧文等,也包括马克思、韦伯等法律社会学派的思想家,及社会学法学派的狄骥、庞德等学者[2]。社会权利说的要旨在于视法律为社会规范的一种,其产生于具体社会文化和社会结构中。社会权利说认为,人既是一种"社会动物",也是一种"政治动物",人不能脱离社会而独立存在,人们生活在各种社会关系网络之中,彼此之间存在着一种连带(连属)关系。因而,每个人的利益都有可能受到他人或社会组织的侵犯,每个人也可能去侵犯他人或各种社会组织的整体利益,这就需要法律予以调整,从而产生了人权问题。社会权利说的观点否定了"天赋人权论"的合理内核,不承认人"生而平等""生而自由",不承认人权来源于"人的本性""人的人格与尊严"[3]。

第二次世界大战之后,社会权利说在世界范围内获得了广泛的认同与共识。伴随福利国家的出现、社会公正的追求、人的尊

1　白桂梅主编《人权法学》(第二版),北京大学出版社,2015,第7页。
2　王广辉主编《人权法学》,清华大学出版社,2015,第46页。
3　李步云:《论人权的本原》,《政法论坛》2004年第2期。

严的重申、社会分裂的挑战、政府广泛地干预经济与社会发展，社会权利成为一个便利的法律术语，表征着所有人特别是弱势群体的正当要求[1]。社会性人权并不是一种慈善和人道，而是对人权的社会结构进行根源性解释。有些人权如生命权、安全权、自由权、平等权是人生而有之的，有些人权如选举权、被选举权、罢工权是在一定历史条件下才产生的。前者指的是人权的应然性，后者指的是人权的实然性。必须将应然与实然进行区别，同时又能将其进行统一。社会权利说认为，人权需要随着社会文化和社会结构的变迁做出调整，社会权利才是加强社会团结与社会和谐的根本，也是维护人的社会性尊严的要求。人类社会的法律秩序始终处在不断发展变化之中，人权的探索也是一个不断发展变化的过程。法律需要从其他学科借鉴研究方法和研究成果，不断对人权观念进行补充和完善，从而形成符合具体历史条件的人权观，协调社会领域中的利益冲突。

4. 人性来源说

人性来源说是关于人权来源的另一种影响较大的权利学说。近年来，国内外有大量学者对人性来源说进行了翔实的研究与论证，其中，国内学者李步云就是该学说的主要代表人物。李步云认为，"人权源于人的本性。这种本性包括两个方面，即人的社会属性和自然属性。"所谓社会属性是指，人生活在各种不同的社会关系中，人的道德、思想、利益与行为都受到各种社会关系的性质与特点的影响和制约。正如马克思主义认为，"人是最名副其实

---

[1] 王广辉主编《人权法学》，清华大学出版社，2015，第51页。

的社会动物，不仅是一种合群的动物，而且是只有在社会中才能独立的动物。"[1]人权是一种社会关系，是社会关系中人与人之间的利益关系与道德关系，是社会生活中受以正义为核心的一套伦理观念所支持与认可的一种人的利益分配、追求与享有[2]。人的自然属性，也即是人性，包括天性、德性、理性三个基本要素。天性的具体内容包括生命、福利与自由，强调人的生命不受肆意剥夺，人的人身安全不受伤害，人的人身自由不受侵犯，人的思想自由不受禁锢，人的最低生活得到保障，人有追求幸福的权利。德性的主要内容有平等、博爱、正义，强调人是一种有伦理道德追求的高级动物。理性包括理性认识能力、理念和理智，强调人通过理性，可以认识世界上万事万物的规律，并据以改造世界。总而言之，人的自然属性是人权产生的内在依据，人的社会属性是人权产生的外部条件，决定人权的历史性[3]。

5. 道德权利说

"人权被广泛地认为是道德权利。"[4]沈宗灵教授认为，人权原意是指某种价值、道德观念，因而是一种道德意义上的权利和义务[5]。

---

[1] [德]马克思、恩格斯:《马克思恩格斯选集》(第2卷)，人民出版社，1960，第87页。
[2] 李步云:《论人权的本原》,《政法论坛(中国政法大学学报)》2004年第2期。
[3] 白桂梅主编《人权法学》(第二版)，北京大学出版社，2015，第7~8页。
[4] [美]杰克·唐纳利:《普遍人权的理论与实践》，王浦劬等译，中国社会科学出版社，2001，第13页。
[5] 沈宗灵:《人权是什么意义上的权力》,《中国法学》1991年第5期。

夏勇教授认为，人类社会是道德社会，人是道德动物。人权是人之作为人应该享有的权利，它在本质上是道德权利，不是天赋权利，也不是法定权利。人权属于道德体系，要靠道德原理来维系。有三个相互关联的原理在人权道德基础的形成中起到核心作用：一是人应该而且可以享有不依赖实在法而存在并高于法定权利的权利。二是这种权利根据人人平等、人都具有作为人的相同的尊严和价值的法则，并因此应该为一切人享有。三是这种权利应该而且可以通过某种社会制度形式表现为法定权利。这三个原理形成了人权的内核，构成了人权原理的框架[1]。

人权概念的历史进步性也可以由它特有的道德内涵来解释：一是人权概念表达了人类相互之间的深刻认同。二是人权概念具有深刻的批判精神。三是人权概念将人在类上的认同和对现实的批判所提出的要求，落实为每个人应该而且必须通过某种制度化程序来主张的权利，从而指示了一种新的社会结合形式[2]。人权作为道德权利，其正当性既不是来自于国家、政府或法律，也不是来自于自然的赐予，而是来自于人的道德心。作为人权基础的"人性"只是一个道德假定。如梅因在《古代法》一书中提出，"自然法"的观念是在物质世界上加上一个道德世界。人类作为一个整体与其他类别的区别大概也在于，人类在物质世界之上还有一个

---

1 夏勇：《人权概念起源：权利的历史哲学》（修订版），中国政法大学出版社，2001，第232页。
2 夏勇：《人权概念起源：权利的历史哲学》（修订版），中国政法大学出版社，2001，第222~223页。

精神、道德、伦理、意识、观念的世界[1]。

把良心作为人权的来源是更进一步的观点。该观点认为人权以人的同类感为基础，以人对人的恻隐之心和爱心为基础。恻隐是一种最原始的道德感情，"在人类还没有形成任何明确的道德规范，没有形成对道德义务的观念和情感之前，就已经有同类或同族之间的恻隐之情在原始人的心中萌动和活跃了。这种恻隐之情起着维系群体、我们今天称之为社会道德的作用。"[2] 人以恻隐之心来体验和感受着他人的痛苦并希望减轻和消除这种痛苦，人以爱心来体会和感受着他人的幸福并愿意增进这种幸福[3]。人与人之间基于同类或同族的认同感，形成了同类相连的人心，也形成了将心比心、"己所不欲，勿施于人"的最朴素的思想。良心尤其是恻隐之心是人权最基本的来源[4]。

（二）人权观

1979年，法国人权学者、联合国教科文组织前法律顾问卡雷尔·瓦萨克教授在国际人权研究会第十届研讨会发表就职演说时首次提出了三代人权理论[5]。在瓦萨克教授看来，世界自近代以来经历

---

1 白桂梅主编《人权法学》（第二版），北京大学出版社，2015，第8页。
2 何怀宏：《论恻隐之心》，2014年8月14日，http://www.cssn.cn/zhx/zx_Ux/201505/t20150518_1939077.shtml。
3 张恒山：《论人权的道德基础》，《法学研究》1997年第6期。
4 白桂梅主编《人权法学》（第二版），北京大学出版社，2015，第8~9页。
5 "三代人权观"在三份世界性人权文件上得到了体现和支持，分别是1966年的《公民权利和政治权利国际公约》和《经济、社会、文化权利国际公约》以及1986年的《发展权宣言》。

了三次大的革命运动，从中产生了三代人权[1]，即第一代自由权、第二代社会权、第三代集体人权。这三代人权与法国大革命时提出的"自由""平等""博爱"三大口号相互呼应，反映了人类世界在不同时期对人权的需要，所以也有学者将它们称为"第一世界的人权""第二世界的人权""第三世界的人权"（见表2-1）。

表2-1 三代人权观概略[2]

人权的发展阶段	概略	要旨
第一代人权观	诞生于1789年的法国大革命时期，重点在于从法律形式上维护个人自由，反映了17~18世纪盛行的个人自由主义思想，为公民权利和政治权利的出现奠定了基础	在于个人反对国家干预，要求国家负担消极不作为义务，被称为"消极人权"，具体包括人身权、财产权等
第二代人权观	诞生于20世纪初俄国十月革命之后，重点是要求国家提供基本的社会与经济条件以促进个人自由的实现，主要是19世纪以来社会主义思想和西方"福利国家"概念的反映，人权的内容侧重于经济、社会和文化权利	在于强调国家对人权的实现负有积极作为义务，被称为"积极人权"，主要是经济、社会、文化方面的权利
第三代人权观	伴随20世纪五六十年代殖民地和被压迫人民的解放运动而产生，着力于争取国家和民族的自觉和发展，反映了战后第三世界国家重新分配全球资源的要求，以及面对危及人类生存重大问题时的选择	在于其连带性，被称为"连带权"或"连属权"，具体包括自决权、发展权、和平权、环境权等集体权利

---

1 齐延平:《人权观念的演进》，山东大学出版社，2015，第64页。
2 参见齐延平《人权观念的演进》，山东大学出版社，2015，第64~65页。

1. 第一代人权观

第一代人权被习惯性地称为"自由权利",一方面它将"自由"作为其主要内容,将"个人自主"作为其根本目的,另一方面古典自由主义是其思想基础[1]。第一代人权诞生于1789年的法国大革命时期,其人权观念主要是延续美、英、法三国对于人权历史与进展的革命主张,兼容个人主义的自由主义哲学,以及倾向于自由放任的经济与社会学说[2]。从思想流派来看,第一代人权观主要包括天赋人权观[3]、自然人权观[4]、意志人权观[5]、目的人权观[6]、功利人权观[7]与宗教人权观[8]等。

就其产生的社会基础而言,第一代人权是多种因素汇集的结

---

1. 王广辉主编《人权法学》,清华大学出版社,2015,第121页。
2. 王广辉主编《人权法学》,清华大学出版社,2015,第123页。
3. 天赋人权观是自古代以来东西方社会许多思想家主张的一种具有持续影响的人权理论,在美国《独立宣言》和法国《人权宣言》等法律文献中得到了确认。
4. 自然人权观也称自然权利说、人权本能说,该理论认为人权的存在是人的自然权利,是人在自然状态下就因人的本能而具有的不言自明的权利,主要代表人物有亚里士多德、西塞罗等。
5. 意志人权观也称人权的内在驱动说,它主张人有内在价值,即人格的尊严来自人的自由意志和理性,其代表人物有黑格尔、费希特等。
6. 目的人权观认为人本身就是目的,所有人有权利,其代表人物是康德以及新康德主义学派的部分人权论者。
7. 功利人权观也称人权的利益驱动论,认为人因有利益从而产生权利,人权是在利益驱动下产生的,该学说在功利主义理论创始人边沁的学说中得到了系统阐述。但功利人权观受到意志人权观者的反对,黑格尔就不赞成从人的利益需要角度认识权利的性质。
8. 宗教人权观是罗马时代以来基督教、天主教和其他各大宗教的人权论,宗教人权观者基本上认为人作为神之子而有权利,奥勒留、拉辛格是宗教人权观的主要代表。

果，是在与专制国家的对抗中形成的人权理论，旨在反对国家以政治权利不当干涉个人的自由与权利，要求国家负担消极不作为的义务，故被称为"消极人权"。换言之，人权的确立只是为了维持社会之最基本的运作，而其方法则是凭借对个人权利的肯定来限制政府权力运作的范围和程序。国家的主要任务是维持社会治安，为自由竞争创造宽松的环境，而不能对社会经济生活进行干预。所谓"管得最少的政府就是最好的政府"非常形象地说明了此观点。

第一代人权观的人权主张主要包括生命权、人身自由权、信仰自由、宗教自由、言论和出版自由、集会结社自由、迁徙与居住自由、不受任意羁押和通信不受干扰的权利以及选举权等政治上的权利，尤其强调财产权不得侵犯[1]。第一代人权的重点在于从法律形式上维护个人自由，反映了17~18世纪盛行的个人自由主义思想，这为公民权利和政治权利的出现奠定了基础[2]。然而，这种消极的权利观随着历史的变化，特别是面对资本主义对个人和社会每个方面的强烈影响，政府的职能以及人民对政府的期待都有了巨大的转变，从而使得近现代人权概念的内容又增添了新的内涵与意义[3]。

2. 第二代人权观

第二代人权诞生于20世纪初俄国十月革命之后，被习惯性地

1　王广辉主编《人权法学》，清华大学出版社，2015，第123页。
2　齐延平：《人权观念的演进》，山东大学出版社，2015，第64页。
3　王广辉主编《人权法学》，清华大学出版社，2015，第123页。

称为"社会权利",所谓社会权利,即通过国家对整个经济社会的积极介入来保障人们的社会或经济生活的权利[1]。作为第二代人权的社会权肇始于社会主义对资本主义的针砭修正。第一代自由权经历两百多年的发展到了19世纪下半叶,尤其是在19世纪末与20世纪初期,资本主义挟着工业革命的力量席卷全球,改变了整个人类的文明及生活方式。随着资本主义的高度发达和垄断企业的不断发展,贫困、失业、粮食危机、通货膨胀等资本主义的弊病,给社会投下了巨大的阴影,作为资本主义社会的法律支柱并构筑起全部自由权基础的财产权和契约自由,其主要作用成了压倒性地有利于产者,而完全不利于无产者[2]。

如此,一切权利和自由就有可能会变成无任何实际意义的画饼充饥般的存在。而贫困与失业并非个人的懒惰造成的,而是资本主义社会经济构造的必然性所造成的,对于贫困与失业的解救,应该由社会甚至是国家来进行[3]。于是,一股改革资本主义弊病,并改造当前社会不公不义的社会主义思潮遂应运而生。该思潮兑换为权利的主张,便是要求国家为了确保公平参与价值的生产与分配,必须干预资本家的剥削,并且保障和改善劳动者的生活[4]。

---

1 许崇德主编《宪法》,中国人民大学出版社,2009,第196页。
2 王广辉主编《人权法学》,清华大学出版社,2015,第124页。
3 [日]大须贺明:《生存权论》,林浩译、吴新平审校,法律出版社,2000,第12~13页。
4 王广辉主编《人权法学》,清华大学出版社,2015,第124页。

第二代人权的重点是要求国家提供基本的社会与经济条件以促进个人自由的实现，目的在于强调国家对人权的实现负有积极作为的义务，被称为"积极人权"[1]。第二代人权是以人的劳动权、生存权等社会权为核心的理论主张，其特征是由追求个人的权利转而要求集体的和阶级的权利，内容上则更侧重于经济、社会和文化权利，除保留第一代人权的内容外，还进一步提出工作权、休息权、医疗健康权、受教育权、维持适度生活水平权、劳动者团结权等[2]。

3. 第三代人权观

第三代人权被习惯性地称为"社会连带权利"，是伴随20世纪五六十年代殖民地和被压迫人民的解放运动而产生的，着力于争取国家和民族的自决与发展，反映了战后第三世界国家重新分配全球资源的要求，以及面对危及人类生存重大问题时的选择[3]，成为当代人权的主要特征。第三代人权探讨关涉人类生存条件的集体"连带关系权利"，以和平权、发展权、环境权、民族自决权、人类共同遗产权等为主要内容。因为这些人权的实现只能"通过社会中所有参与者共同努力——包括个人、国家、公共机构和私营机构以及整个国际社会"，所以又被视为集体人权[4]。

---

[1] 齐延平：《人权观念的演进》，山东大学出版社，2015，第64页。
[2] 王广辉主编《人权法学》，清华大学出版社，2015，第124页。
[3] 齐延平：《人权观念的演进》，山东大学出版社，2015，第64页。
[4] 王广辉：《比较宪法学》，武汉大学出版社，2010，第89页。

第三代人权在主体范围方面与第一代人权、第二代人权有着巨大差别。如果说第一代人权、第二代人权是基于一个国家内部个人与国家、群体与国家之间关系而产生的权利要求,第三代人权在权利指向上有重要的变化,权利不再是个人向国家提出的要求,而是一个民族对另一个民族,一个国家对另一个国家,甚至是一个国家对其他所有国家或国际社会提出的要求[1]。第三代人权观的要旨在于其连带性,可称之为"连带权"或"连属权",带有集体性质,它超越了之前形成的"个人的人权"的概念,作为集体乃至社会正义而被认知。第三代人权观主要包括批判性多文化人权观[2]、亚洲价值人权观[3]、儒家人权观[4]、自由主义人权观[5]、集体

---

1 王广辉主编《人权法学》,清华大学出版社,2015,第131页。
2 批判性多文化人权观是在20世纪70年代出现的"多文化主义"概念的基础上形成的,注重人权研究中的文化资源利用、人权的价值前提、人权的实体性基础和程序性基础等问题,其代表人物有苏皮欧、哈贝马斯、大沼保昭、市原靖久等。
3 亚洲价值人权观强调亚洲传统文化的人权价值对于人权发展的意义,它是在反思西方文化在人权领域的话语权垄断现象并试图从亚洲传统文化中寻找解释的基础上形成的。其代表人物有新加坡的李光耀,马来西亚的马哈蒂尔,韩国的崔钟库,日本的孝忠延夫、安田信之、铃木敬夫等。
4 儒家人权观是在传统儒家哲学和道德观的基础上建立的人权理论,代表人物有中国的成中英、杜刚建等。
5 自由主义人权观立足于个人权利,其代表人物有罗尔斯、德沃金、诺西克等。

主义人权观[1]、人权绝对观[2]、人权相对观[3]等。

此外,第三代人权也特别强调不同的传统文化中,人权的内涵可能有所差异,例如20世纪80年代李光耀、马哈蒂尔等人主张的"亚洲价值人权观"即非西方人权的观点。同时也强调在不同的社会经济条件下,人权概念的重点亦不同,第三世界国家普遍认为发展乃是各种人权的基础,没有发展就没有人权可言。虽然在理论层面,第三世界国家并不否认公民政治权利与经济社会权利的同等重要性,但在实践层面上,受到资源有限、医疗落后、教育不普及与过往受到殖民剥削的现实因素限制,这些国家只能将人民的经济社会权利优先于公民政治权利,否则对于无法维持基本生存条件的人民来说,再完备的公民政治权利都将是多余的[4]。

(三)人权的发展

"在人类思想发展的特定阶段,一定会有一种基本元素作为思想裂变与聚变的质料。人权就是近代以来人类思想得以扩展、提

---

1 集体主义人权观与自由主义人权观相反,它关注人权的集体性,认为人权的集体性比个人性重要,其代表人物有麦克英泰尔、沃尔什、艾特希奥尼、赛尔尼克、格兰顿、拜雷等。
2 人权绝对观主张人权是天赋的、自然的、不可让渡的、无条件的和不变的权利,代表人物有布赖克、道格拉斯、麦克勒琼、罗斯托、布莱克等。
3 人权相对观主张人权是社会的、道德的、可以让渡的、有条件的和可变的权利,其代表人物有布兰代斯、杜威和胡克、博登海默和施瓦茨等。
4 王广辉主编《人权法学》,清华大学出版社,2015,第131页。

升的基本元素。"[1]由这一元素反思出的观念体系、推演出的社会关系和引申出的规范制度，重新塑造了人类的精神家园、构筑了人类的社会存在和调整了人类文明前行的动力机制和根本方向。从大跨度的历史时空看，人权的发展是一个渐进的过程，人权是一个开放、演化的概念，僵化封闭地理解人权会造成人权发展的停滞。反之，以包容的、开放的思维和视角去正视和看待人权的发展与演变是科学的，同时也是可行的。

1. 人权的局限

三代人权沿着特定时代的历史主题迭代更替，先后在人类文明进步史上确立了"自由""平等""发展"三个里程碑式的权利理念。在人权理念与制度的演进中，人类的自由与尊严获得了历史性的提升，人类的物质文明与精神文明有了长足的进步。但是，三代人权又具有共同的历史性和时代性局限。首先是片面性，三代人权由人权运动特定的历史背景、历史使命、历史结构所决定，人权追求不同时期有不同的要求和重点，不同国度有不同的侧重，其整体性和全局性总是处于被忽视、被埋没之中。其次是恢复性，在权利的起源方面，传统人权理论论证主要遵循"权利固有，但求复兴"的逻辑。最后是对抗性，三代人权在理论论证方面，是建立在人与国家、社会对抗紧张关系之上的，自由权生成于压迫者与被压迫者之间，生存权达成于社会强势群体和弱势群体之间，发展权成就于被压迫民族与殖民者、欠发达国家与发达国家之间。

---

[1] 齐延平：《人权观念的演进》，山东大学出版社，2015，第160页。

而在实践方面，三代人权则又是在血与火的斗争中开路前行的。简单地讲，"三代人权重在人类局部，而非人类整体；重在矫枉，而不在开新；重在斗争，而不在和谐"。[1]

2. 人权的胜利

人权作为一种理论、制度与实践的结合体，它的历史经历了一个从诞生、异化到复归的过程，与人权密切相关的历史、文化等环境又各式各样，加上人权概念本身往往因为价值观念与学术立场的不同而多变，因此，人权的理论与实践是极其复杂的[2]。论及人权，最简单的方法，我们可以从思想、规范和实践三个层面对之加以分析和观察。作为思想的人权，其核心是提供人类平等的原因（天赋人权）、人对于政府的关系（有限政府）、群己之权界（自由原理）、人类防止恶政的方法（权力分立）、经济的目的（生存主义）、现代国家职能（社会保障）等一系列使人权成立的原理[3]。作为规范的人权，是指作为思想的人权通过立法者的设计转化而成的人权规范[4]。作为实践的人权，是指作为思想的人权与作为静态制度的人权在现实生活中被人们所享有和行使的状态。从大历史观的视角看，人权在思想、规范、实践三个层面上皆取得了巨大的成功，人权保护得到了全世界的广泛认同和普遍重视（见表2-2）。

1　徐显明：《和谐权：第四代人权》，《人权》2006年第2期。
2　赵宗亮：《浅论人权与主权的关系及其解决路径》，《内蒙古农业大学学报》（社会科学版）2008年第4期。
3　徐显明：《人权的体系与分类》，《中国社会科学》2000年第6期。
4　从功能上划分，人权规范应包括人权的宣告与人权的救济两类。

表 2-2　几种人权保障制度

时间	名称	主要内容	重大意义
1215 年	《自由大宪章》	保障教会选举教职人员的自由；保护贵族和骑士的领地继承权，国王不得违例征收领地继承税；未经由贵族、教士和骑士组成的"王国大会议"的同意，国王不得向直属附庸征派补助金和盾牌钱；取消国王干涉封建主法庭从事司法审判的权力；未经同级贵族的判决，国王不得任意逮捕或监禁任何自由人或没收他们的财产	标志着人权制度化的开端
1628 年	《权利请愿书》	要求国王非经国会同意不得向人民募债或征税；非依国家法律或法庭判决，不得逮捕任何人或剥夺其财产；不得依据戒严令随意逮捕公民；不得强占民房驻兵等	夯实了人权制度化的基础
1679 年	《人身保护令》	将被拘押之人交送至法庭，以决定该人的拘押是否合法；任何人士如果被拘押，皆可以由自己或他人向法院挑战拘押的合法性，并迅速获得裁决	
1689 年	《权利法案》	限制国王的权力，约束国王的实际统治权；保证议会的立法权、财政权、司法权和军权等	
1776 年	《美国独立宣言》	阐述政治体制思想，即自然权利学说和主权在民思想；历数英国压迫北美殖民地人民的条条罪状，说明殖民地人民是在忍无可忍的情况下被迫拿起武器的，力争独立的合法性和正义性；美利坚宣告独立	人权制度获得前所未有的发展机遇和动力

（续表）

时间	名称	主要内容	重大意义
1789年	《美国权利法案》	列举了宪法正文中没有明确表明的自由和权利，如宗教自由、言论自由、新闻自由、集会自由、保留和携带武器的权利，不受无理搜查和扣押的权利，个人财物搜查和扣押必须有合理颁发的搜查令和扣押状的权利，只有大陪审团才能对任何人发出死刑或其他"不名誉罪行"的起诉书，保证由公正陪审团予以迅速而公开的审判，禁止双重审判等	现代人权立法的典范
1945年	《联合国宪章》	表达了使人类不再遭受战祸的决心，规定了联合国的宗旨、原则、权利、义务及主要机构职权范围等。宪章规定，联合国的宗旨是"维护国际和平及安全""制止侵略行为""发展国际间以尊重各国人民平等权利自决原则为基础的友好关系"和"促成国际合作"等；还规定联合国及其成员国应遵循各国主权平等、各国以和平方式解决国际争端、在国际关系中不使用武力或武力威胁以及联合国不得干涉各国内政等原则	人权规范建设真正具有了世界的整体性
1948年	《世界人权宣言》	继承、吸取了人类文化遗产中有关自由、平等、人权的一般观念，特别是近现代西方国家有关人权的立法和实施经验，基本上反映了第二次世界大战结束后世界人民争取、维护人权的强烈愿望和当时多数人的认识水平，与当时欧美各国人权立法中体现的人权概念相比，在具体规定上有所充实和扩大，对人权的理论与实践做出了重大的贡献	

（续表）

时间	名称	主要内容	重大意义
1966年	《经济、社会及文化权利国际公约》	确立了人类的经济、社会、文化权利，包括工作权、组织和参加工会权、休息权、同工同酬权、获得社会保障的权利、获得相当生活水准权、免于饥饿权、身心健康权、受教育权、参加文化生活以及妇女和儿童受特殊保护权等	人权规范建设真正具有了世界的整体性
1966年	《公民权利和政治权利国际公约》	人类的生命权、免于酷刑、免于奴役和强迫劳动、人身自由和安全权、迁徙自由、法律面前人人平等、个人隐私权、宗教信仰自由、言论自由、和平集会权和结社自由、参与公共事务的权利、少数人权利、家庭婚姻儿童权利等内容	

3. 人权的延展

互联网、云计算、人工智能、区块链、量子通信等新一代信息技术的发展和普及，使人类社会进入一个以数据为关键要素的大数据时代。数据正深刻地改变着人类社会的生产生活方式，形成一个可以无限延伸的"数据空间"，极大地扩大了人类活动的领域和场域。大数据时代人类收集、存储、分析数据的能力达到了前所未有的高度，大数据的兴起也引发了一系列的伦理和法律问题，它正重塑着千年来形成的法律体系，改变着公民之间的权利关系，并创生出许多无须借助法律的社会控制方式[1]。对人权而言，

---

1 郑戈：《在鼓励创新与保护人权之间——法律如何回应大数据技术革新的挑战》，《探索与争鸣》2016年第7期。

大数据为人权保护提供了新的方法和路径，但同时也对人权保护提出了新的挑战并带来了新的困难。

从给人权带来的影响看，大数据对人权的侵犯主要存在以下几个方面：首先，大数据时代超强的数据收集能力增加了人权侵犯的可能性，它能让人类活动的任何痕迹都被数字储存起来，形成"数据人"，侵犯公民的数字人格，增强人权侵犯的能力。其次，大数据并不依赖于因果关系，而是依赖相关性进行预测和推断，可以根据已知的数据推断出不想为他人所知的敏感信息，通过关联分析挖掘出完整的足以反映其人格的数据，变非敏感数据为敏感数据，变非涉密数据为涉密数据，使得新发现的信息是非直观、不具可预知性的，从而加大人权侵犯的可能性。再次，大数据时代增进人体感官的技术层出不穷。感官增强技术使人们能够从"墙外"获得以往必须通过物理性侵入私人住宅才能获得的信息，其效果等同于对住宅实施了物理性侵入，对当事人的人格权造成了极大的侵犯。最后，大数据时代人权侵犯的后果发生了变异。数据的永久存储性、易于传播性和可搜索性使得人们冀望于随时间而淡忘的期待落空，导致人权长期处于受损状态，从而加重损害的结果。

从权利的角度看，大数据给人权带来的挑战主要集中在以下几个方面：第一，难以确定人权侵犯的主体，数据收集主体多元化，元数据利用方式多样化，以及侵权方式的隐秘性使得侵权主体难以被发现。第二，数据的价值性使得人权规范的设置要兼顾多方面的利益，难以平衡。第三，人权与数据之间的关系更加难以捉摸,给人权立法造成困难。第四,人权损害结果呈现多样化的趋势,不再局限于名誉受损等精神损害,经济利益、不公平对待、人身损害等也时有发生,且精神损害的强度极大增加。第五,损害结果与行为直接的因果关系往往无法查明。凡此种种,加大了人权侵犯的可能性,使得大数据时代人权保护难以获得救济[1]。

---

[1] 参见徐明《大数据时代的隐私危机及其侵权法应对》,《中国法学》2017年第1期。

第二节　物与物权

工业文明创造了比农耕文明更为公正、有效、完备的制度体系，法治国家伴随工业文明的出现而出现。物权法主张私主体在有体物上的绝对所有权，这是物权制度对工业文明的回应。物权法是立于工业文明背景下的重要产物。

（一）物的价值

1. 人的价值与物的价值

众所周知，人们意识中的价值观念和价值概念最早是作为经济学的范畴提出的，其中"使用价值"是指能够满足人们的物质生活需要方面的有用性。随着原始社会后期生产力的发展，人们的认识也在不断进步。人们把"价值"范畴扩展至人这个主体身上，就出现了"人的价值"范畴。人作为客体能满足主体人的需要，我们就说人对人有价值，把这种人对人的意义称为"人的价值"[1]。而马克思

---

[1] 苗耀辉:《马克思人的价值思想研究》，博士学位论文，辽宁大学，2016，第56页。

在其著作中认为,"人的价值"指的是工人的价值,而且明确指的是同其他商品一样,工人作为商品所体现的"劳动力的价值"[1]。因此,马克思也认为人也是一种价值客体,对人具有意义或价值。人的存在和发展需要人本身通过劳动去维持和创造,这是人对本身的需要和要求,也是人对自身的价值[2]。同时,人的许多需要的满足还在于他人的劳动创造,他人对满足需要的自己产生了价值。综合来看,人的价值是一种人与人之间互为主客体的关系范畴。

一般来说,物作为客体若能满足主体人的需要,我们就认为物对人有价值。物的价值是作为主体的人与满足人的需要的对象之间的一种特定关系,即某种事物或现象对人所具有的意义。有意思的是,马克思也认为:"'价值',这个普遍的概念是从人们对待满足他们需要的外界物的关系中产生的。"可见,哲学意义上的"物的价值",实质上就是指物对人的有用性,它以人的需要为依据。因此,任何的事物或者现象只有满足人的需要时,才有它的价值,但物是不会自动满足人的需要的,它必须通过人或人的活动才能获得并实现它的价值和意义。物只能做客体,满足主体人的需要,而人既可以做主体,也可以做客体,在这里,人的价值反映的就是客体人对主体人需要的满足的价值关系。

从上述论断看,人的价值是人对人的价值和意义,人对人的需要,物的价值是人所赋予的、潜在的、被动的。因此,人的价

---

[1] 中央编译局编《马克思恩格斯选集》(第2卷),人民出版社,2012,第164页。
[2] 苗耀辉:《马克思人的价值思想研究》,博士学位论文,辽宁大学,2016,第56页。

值和物的价值是紧密联系的，人的价值高于物的价值而又依赖于物的价值。在人的活动与人自身的价值关系中，人既是目的又是手段。人要生存，想要创造价值、实现价值，就必须享受一定的物质生活资料，就必须获得并享用一定的物质价值。从深层次来看，物质价值不仅是人类生存和发展的基础，也是人们创造和实现人的价值的体现。"离开一定的物质价值成果，人的价值创造和实现就是一句空话。"[1]值得注意的是，经济范畴中只是提供了使"物的世界的增值同人的世界的贬值成正比"的可能性，要使这种可能成为现实，必须具备相应的制度条件[2]。

2. 物权的起源

早在17世纪，德国法学家们就开始探讨物与财产的区别，关注物上的权利。马克思认为，"私有财产的真正的基础即占有，是一种事实"。在国家成立之前，最初的人类生活在一种自然状态[3]中，这个时期是人类的乌托邦时期。在这一时期，由于物的极大

---

[1] 王玉樑:《论人的价值》,《理论导刊》2009 年第 4 期。

[2] 朱志勇、吕彗萍:《人的价值与物的价值的同步增值——关于"以人为本"何以可能的思考》,《社会科学战线》2005 年第 4 期。

[3] 自然状态一般是指人类诞生伊始而未结成社会组织的孤立个体活动时期。18世纪欧美政治思想形成了两条支流，一条是苏格兰启蒙思想家大卫·休谟、亚当·斯密和亚当·弗格森开创的以经验论为基础的自由主义，一条是浸透着笛卡尔理性主义的民主主义，它们的主要代表人物是洛克和卢梭。洛克以自然状态为逻辑起点，分析了自然状态的缺陷，形成了私有财产不可侵犯、个人自然权利制约国家权力的自由主义理论。同样，卢梭也是以自然状态为逻辑起点，描述了自然状态的图景以及向文明社会运动的过程，提出了人民主权的民主主义思想。洛克、卢梭政治思想的差异是来源于他们对同一逻辑起点的不同假设，也就是说，他们的自然状态理论存在着很大的差异。

丰富和人类欲望的有限性，人们享有自由和平等，每个人对于自我保护的关心是不要妨害他人。随着人类社会的发展和经验的积累，为了自己的生存利益和安全，不再是自然状态中离群索居的独立个体，必须临时结合成群，这样就不知不觉获得了对相互间的义务及履行这些义务的好处的粗浅观念。人类社会初期的进步，使得人们不再随便栖身于树上或洞穴中，而是建棚屋定居，这就促成了家庭的形成和私有制的出现。可以认为，家庭私有财产的产生是社会生产力发展的必然结果。此时的"私有"虽只是一种不稳定的、无法律基础的现实状态，但开始了以家庭为中心的对物的占有。

但是，人类初期的对物的占有并不等于对物的所有，任何人，如果想要坚持将一个物作为"他的"，就必须将该物作为他的一个对象占有它。否则，他就不能将一个有体物或一个在空间的对象称作"我的"，除非他能够断定：虽然我并没有在物质上持有，但我在另一种含义上是真正地占有它的。最初，占有已经能够满足人类对于物质的需要，但是，随着生产工艺的不断进步，人们认识到，占有表现出不确定性，不利于生产的持续发展，若想要持续地进行生产，就必须要对生产工具和土地等持续的占有，而这种占有要得到其他人的支持，于是就逐渐出现了所有制。值得说明的是，伴随着劳动生产力的发展，世界出现了规模宏大的社会分工，出现了私有制，导致了人类社会重大变革，极大地促进了物质的丰富。总的来说，所有制的出现，对人类社会发展的进程具有重要意义。

随着社会生产的发展，人类世界开始以国家为单位聚居在一起，这就是国家的产生。国家的产生与法律的产生，是同一历史进程中相互联系的两个方面，即它们是相伴孪生的[1]。可以认为，当人们对物具有事实上的占有关系，即私有的、排他的占有关系受到法律的保护后，这种关系也就具备了法权的性质。也就是说，占有人对物的占有也就变成了一种受法律保护的权利，也就产生了最初的法律意义上的物权关系。同时，随着人类的进步和经济的发展，以及交易逐渐出现，一贯的将商品占为己有已经完全不能满足社会发展的需要，物品需要流动，才能发挥它更大的价值。因此，物权的观念得到进一步发展，担保物权和用益物权也就逐渐地出现了。

3. 物的法律特征及意义

法律上的物，是指存在于人身之外，能够满足人们的社会需要而又能为人所实际控制或者支配的物质客体[2]。这一定义表明，民法上的物，具有物理属性，也都是哲学意义上的物质，但是物理学及哲学意义上的物及物质却并不能都成为法律上的物。如日、月、星辰，都不为法律上的物。从另一角度讲，作为民事法律关系客体之一的物，具有广泛的意义。凡是存在于人身之外，能够满足人们一定的社会需要而又能为人所实际控制和支配的自然物

---

1 陈华彬：《物权的起源与罗马法、日耳曼法的物权观念》，2004年5月6日，http://www.iolaw.org.cn/showArticle.aspx?id=967。

2 魏振瀛主编《民法》（第六版），北京大学出版社、高等教育出版社，2016，第122页。

及人类创造物，都能成为法律上的物[1]。从这个角度上讲，法律上物的范围是随着人类改造自然、征服自然的能力不断扩大而呈现扩大的趋势。因此，民法上的物只能存在于人身之外的物，而不能是人身，物必须具有可使用性，具备价值和使用价值。因为只有能够满足人们生活或生产的需要，才能为主体所有，才能用于交换。

民法上的物，不仅具有自然属性，还具有法律属性，表现出以下法律特征。第一，须为有体物。所谓有体物，是指具有一定形态，能够为人的感官所感触到。物的有体性，也是基于人们对自然界的支配能力不断扩张的。如电、声、光、热等自然力，原来人们不认为其是有体物，但在现代，其物质性则已为人们所承认。民法上的物须为有体物，只有物理学上的物质，才能为法律上的物。但在某些情况下，权利也可视为物，如以土地使用权抵押时，该土地使用权上的抵押权为物权。

第二，须存在于人身之外。法律上所称之物，具有非人格性。人类社会自废除了奴隶制之后，就不再把人当作权利的客体了。现代民法上，人为权利主体，而不能为权利客体，因而人身不能为法律上的物。不仅人身不能为物，人身上的某一部分，在未与人身脱离前也不能为物。以人的器官为交易对象的，不能受法律保护，法院不能强制执行。

---

[1] 魏振瀛主编《民法》（第六版），北京大学出版社、高等教育出版社，2016，第122页。

第三，物能满足人们的社会需要。民法上的物，必须具有一定的使用价值，能够满足人们一定的社会需要。不具有使用价值的物，不能成为法律意义上的物。社会需要可分为物质生活需要和精神生活需要。具有经济价值和用途的物，能够满足人们的物质生活需要，可成为民法上的物；具有精神价值，如情感价值、文化价值等的物，能够满足人们的精神生活需要，也可成为民法上的物。

第四，物能为人力实际控制或者支配。民法上的物是为主体所有的，可用于交换的物。若不能为人力所控制和支配，也就不能为特定主体所有，从而也就不能用于交易。所以，虽为物理学上的物质，若不能为人力所实际控制和支配，也不为民法上的物。如电、热、光、气等，在人们不能支配前，不为物；而在人们能够实际控制和支配后，则为物。因此，民法上的物的范围随着人类对自然界的支配能力的增强而不断扩大。

值得说明的是，物一般指有体物，如土地、建筑物以及各种物品。近年来，学理上对有体物逐渐扩大解释，认为有体物不必具有一定形状或者固定的体积，不论固体、液体或者气体，均为有体物[1]。至于各种能源，诸如光、热、电子、电气、航线等，在技术上能加以控制，工商业及日常生活中已普遍采用，可为民法上的物。首先，物具有客观实在性，这一点将物与虚拟财产区别开来。虚拟财产可为民事法律关系的客体，受法律保护。但虚拟

---

1 魏振瀛主编《民法》（第六版），北京大学出版社、高等教育出版社，2016，第122页。

财产只具有虚拟性，不具有客观实在性。其次，物须有独立性。物权法采用"一物一权主义"，因此，法律上的物须有独立性。交易上不能独立为人类的生活资料和生产资料，不为法律上的物。

物在民法中有着重要的地位，它是绝大多数民事法律关系的客体。有的法律关系直接以物为客体，如所有权关系；有的法律关系虽以行为为客体，但仍然与物紧密相关，如交付物的债权关系，物在很大程度上还决定着民事法律关系的有效与否。法律关系有效与否，除了看法律关系的主体、内容之外，还要看法律关系的标的物是否符合法律的规定[1]。如，我国的土地不能成为个人所有权的客体，禁止的流通物不能成为交易的客体，消耗物不能成为借用、租赁关系的标的物。此外，物在法定程序上也有意义，在某些情况下关系案件的管辖。

（二）物权的本质

1. 物权的定义及分类

物权是对物的支配，其实质反映的是人与人的关系。我国2007年颁布的《物权法》第2条第3款明确规定，"本法所称物权，是指权利人依法对特定的物享有直接支配和排他的权利"。这在法律上明确了物权的概念，表面上体现为人对物的支配，实际上是人与人的关系的反映。其一，就本质而言，虽然物权是权利人

---

[1] 魏振瀛主编《民法》（第六版），北京大学出版社、高等教育出版社，2016，第124页。

直接支配"特定的物"的权利,但物权本质上不是人对物的关系,而是人与人之间的法律关系。其二,物权是权利人对"特定的物"所享有的财产权利,物权在性质上是一种财产权,但它只是财产权的一种,是财产权中的对物权,区别于其中的对人权即债权。其三,物权主要是一种对有体物的支配权,即物权人可以完全依靠自己的意思,而无须他人的介入或辅助就可实现自己的权利。从《物权法》的调整范围来看,其主要调整关乎有体物的财产归属和利用关系。

根据《物权法》中所规定的物权种类可将其分为三大类:所有权、用益物权和担保物权。第一,所有权是指权利人对自己的不动产或动产,依照法律的规定享有占有、使用、收益和处分的权利[1]。所有权是构成物权的基础,所有权制度是物权法的灵魂。所有人可以对其所有的财产占有、使用、收益和处分,并可排除他人违背其意志所为的干涉。所有权是最完整、最充分的物权。第二,所有权是自物权,用益物权就是他物权(限制物权)。所谓用益物权,是指非所有人对他人之物所享有的占用、使用、收益的排他性权利[2]。物权法所规定的用益物权种类有土地承包经营权、建设用地使用权、宅基地使用权和地役权。第三,担保物权,是指担保物权人在债务人不履行到期债务或者发生当事人约定的实现担保物权的情形,依法享有就担保财产优先受偿的权利[3]。设

---

[1] 参见《中华人民共和国物权法》第39条规定。
[2] 王利明主编《民法》(第六版),中国人民大学出版社,2014,第154页。
[3] 参见《中华人民共和国物权法》第170条规定。

立担保物权的目的是实现担保债权人的债权,主要有抵押权、质权、留置权。

2. 物权的基本特征

卢梭在《社会契约论》中指出:"人性的首要法则,是要维护自身的生存。人性的首要关怀,是对于其自身应有的关怀。"人类的第一需求是生存需求,而人类的生存需求首先就表现在对其财产的关怀上。但是,物权和财产权是两个不同的概念,各自具有其特定的内涵和外延。一般认为,财产权是权利标的具有财产上的价值的权利,包括物权、债权、知识产权以及继承权,物权只是财产权的一种类型。物权是权利主体直接支配特定财产的权利,既具有人对物直接支配的内容,也具有对抗权利主体以外的第三人的效力[1]。

物权作为权利类型的一种,从物权的起源和权利的本质角度来看,可以认为,物权是实实在在的"私权",其本质具有私有性、独立性。因为"私有"就意味着物的主体是某人或某些人,而相对于他人是没有的。所以,物的主体可以依据自己的自由意志进行支配,并排除他人的意思,享有和追求自己的全部利益。然而,由于物权的主要目的是解决物的稀缺性,以及人类欲望的无限性而引发的人与人之间利益关系的不可避免性问题,因而物权并非完全是不受限制的权利。

物权关系作为一种法律关系,具有不同于其他财产法律关系

---

[1] 谢在全:《民法物权论》(上册),中国政法大学出版社,2011,第8页。

的特征。第一,物权的主体是特定的权利人。在西方国家,由于其物权法主要以私有财产为核心来构建,不存在国家所有权与集体所有权主体的界定问题,因而通过自然人、法人的概念基本可以概括物权主体。而我国的所有权形态既包括国家所有权、集体所有权,也包括私人所有权,因此我国《物权法》将物权的权利主体表述为权利人,在物权关系中,权利人是特定的。第二,物权的客体主要是特定的有体物。与知识产权等财产法律关系不同,物权主要不是以无形财产、智力成果为客体,而主要以有体物为其客体。第三,物权的本质是一种支配权,物权主体享有对物直接支配,并排斥他人干涉的权利。所谓直接支配,是指权利人无须借助于他人的行为,就能行使自己的权利[1]。物权的权利人可依据自己的意志依法占用和使用,无须他人的意思或义务人的行为介入。第四,物权是排他的权利。只要符合物权的生效条件,物权就能有效地设立和变动,物权人即使未真正占有和控制某物,也应享有对该物的所有权或其他物权。

3. 物权的效力

物权效力的概念来源于罗马法,主要是为确保物的权利人能够直接支配标的物、享受物的利益的圆满状态不受侵害。物权的效力,指物权人对标的物的支配能力和排他能力[2]。我国现有的

---

[1] 王利明主编《民法》(第六版),中国人民大学出版社,2014,第152页。
[2] 崔文星:《民法物权论》,中国法制出版社,2017,第6页。

大陆法学著作大多数认为，物权的效力可表述为排他效力、优先效力以及追及效力。第一，物权的排他效力。根据我国《物权法》第2条的规定，物权是具有排他性的权利，即物权具有排除他人干涉的权利。简而言之，在同一标的物上，不能同时成立两个以上内容互不兼容的物权。一般认为，物权的排他效力表现在两个方面，即排除公权力的干涉和排除私权利的干涉。公权力不得越界侵犯私权利，包括不得侵犯物权；私权主体不得侵犯物权。权利主体有权通过自己的行为制止不法侵害，以维护自己的合法权益。权力是公法人依据法定权限和程序行使职权的范围，用以维护公共利益。物权的排他性，不是物权的自然属性，而是法律的强行规定，并以法律的强制力予以维护，它是划分公权力与私权利的界限[1]。此外，物权属于支配权，具有直接支配性，因而物权只有在排除他人的意思介入时，才能彻底实现自己的权利。

第二，物权的优先效力。通常认为，物权的优先效力不仅指物权优先于债权，也指物权相互之间的优先性[2]。物权具有优先效力的根源在于物权是绝对权、对世权，物权人有权直接支配特定的物并排除他人干涉。同一个标的物不允许有数个同一内容的物权并存其上，先发生者具有优先性。在所有权与其他物权间，其他物权得在一定范围内支配，物权具有优先效力。此外，债权是

---

[1] 崔文星：《民法物权论》，中国法制出版社，2017，第6页。
[2] 梁慧星主编《中国物权法研究》，法律出版社，1998，第78页。

请求权、对人权,债权之间没有优先效力,债权具有平等性。因此,一个标的物上既有物权又有债权时,物权优先于债权行使,主要包括所有权的优先性、用益物权的优先性和担保物权的优先性。但是,也有物权优先于债权作为一般原则的例外,比如买卖不破租赁、纳入预告登记的债权优先于物权等情形。

第三,物权的追及效力。追及效力是指物权成立后,其标的物不论辗转进入何人之手,物权人均得追及物之所在,而直接支配其物的效力[1]。物权人之外的任何人都负有不得妨害权利人行使权利的义务,任何人非法取得所有人的财产,都有义务返还,物的所有人都有权向物的现占有人索取,请求其返还原物。比如,我国台湾地区"民法"第867条对此规定更是十分明确,"不动产所有人设定抵押权后,得将不动产让与他人,但其抵押权不因此受影响"。抵押权人于其债权届期未获满足时,可追及该不动产,申请法院拍卖抵押物。但值得注意的是,物权的追及效力并不是绝对的,善意取得制度就是对物权追及效力的限制。

---

[1] 学说上有认为物权的追及效力可包括在优先效力内(郑玉波:《民法物权》,第31页)。参见"司法院"院字第1771号解释:"抵押权本不因抵押物之所有人将该物让与他人而受影响,其追及之行使,自亦不因抵押物系由法院拍卖而有差异。故抵押物由普通债权人申请法院拍卖后,抵押权人未就卖得价金请求清偿,亦仅丧失此次受偿之机会,而其抵押权既未消灭,自得对于拍定人行使追及权。"

（三）物权与工业文明

1. 人类文明的演进

文明是社会生产力的反映。"文明是人类改造自然、社会及自身达到一定进步程度的积极成果的总和。"[1]有学者指出，"文明是人类改造世界的物质与精神财富成果的总和，是人类开化和社会进步的标志"。[2]还有学者认为，文明本质上是人类自身能力的发展，逐步"消除一切自发性"成为"完全的个人"，即不断脱离动物性而不断增进人性，直至完全脱离动物性进入完全人性的社会[3]。历史表明，文明是由人类创造的，有人居住的地方就会有文明存在的痕迹，文明演进的最大动力是人。但从总体上说，人类文明是从低级向高级、从单一向多元发展的。回顾人类社会，按照物质生产方式的发展脉络来划分，人类社会依次经历了狩猎文明、农业文明、工业文明三种不同的文明形态。在这里，"文明"是作为一种文化形态来使用的，它包含着物质文化、制度文化和意识文化，它们是相互联系、相互制约而又统一发展的，它们的不同发展水平也就形成了不同的文明形态（见表2-3）。

1　孙进己、干志耿：《文明论——人类文明的形成发展与前景》，黑龙江人民出版社，2007，第12页。
2　李新市：《论马克思主义的文明观》，《开封大学学报》2002年第1期。
3　吴英：《马克思的文明理论》，《山东社会科学》2009年第6期。

表 2-3　生产方式及主导资源的演进[1]

类别	狩猎时代	农业时代	工业时代
主要特点	采集果实、捕鱼、狩猎	种植庄稼、养殖牲畜	采掘矿藏、制造机械
生产方式	劳动对象：野生动植物 劳动方式：采集、渔猎 劳动产品：果实、猎物	劳动对象：土地、草原 劳动方式：种植、养殖、手工制作 劳动产品：粮食、牲畜、手工器具	劳动对象：自然矿藏 劳动方式：采掘、冶炼、制造 劳动产品：天然化学材料、能源及加工制造产品、物理能源、太空基地
工具与能源	石器、骨器；人力	金属工具；薪柴、畜力	智能化机械；矿物能源

18世纪中叶以后，英国等西方国家开始大量开采和使用煤炭、石油等不可再生资源，以蒸汽机的广泛使用为标志的工业革命使得人类社会迈入了空前繁荣的工业文明。纵观世界工业文明的发展史，我们可以清楚地看到，人类历史上相继发生过三次工业革命：第一次工业革命开创的是"蒸汽时代"，标志着农耕文明向工业文明的过渡；第二次工业革命进入了"电气时代"，使得电力、铁路、化工、汽车等重工业兴起，石油成为新能源；第二次世界大战之后的第三次工业革命开启了"信息时代"，全球信息和资源加速流动。前三次工业革命不仅极大地推动了人类社会经济、政治、文化等领域的变革，也影响了人类生活方式和思维方式。如

---

[1] 参见韩民青《新工业化：一种新文明和一种新发展观》，《哲学研究》2005年第8期。

今，以发展新能源为核心任务的第四次工业革命已悄然发轫。第四次工业革命是以一系列科技进步为代表，具体包括以互联网、物联网、大数据、云计算、人工智能、虚拟现实以及生物技术等为主的全新技术革命。可以断定，这势必比前三次工业革命给人类社会带来更加广泛深刻的影响和意义。

2. 物权的归属秩序

秩序在人类社会生活中有着极为重要的作用，它是人类正常活动的前提，在任何时期都是人类共同体的基本需要，也是法律在任何政治社会形态下都追求的基本价值之一。历史表明，一般而言，有序的生活方式比杂乱的生活方式更有优势[1]。由于法律规范存在普遍性和连续一致性的本质特征，法律制度为人类事务提供了一定程度的可预见性，从而为一个有秩序的社会消除任意和专断所必需。此外，法律的秩序要素所关注的乃是一个群体或政治社会对某些组织规则和行为标准的采纳问题。这些规则和标准的目的就是要给予为数众多却又混乱的人类活动以某种模式和结构，从而避免发生失控的动乱现象。按照这种理解，秩序所关涉的乃是社会生活的形式而非社会生活的实质[2]。所以，秩序维护的是人们的安全和社会的稳定，发挥着一种基础性的作用。伴随人们利用资源能力的提高，资源也相应地稀缺起来。在资源稀缺的

---

[1] 孙妍:《当代中国物权法基本问题的反思》，博士学位论文，吉林大学，2011，第11页。

[2] ［美］E·博登海默:《法理学：法律哲学与法律方法》，邓正来译，中国政法大学出版社，2004，第251页。

限定下，人与人之间难免因有限的物质资料而产生各种冲突和纠纷。这就意味着需要政治国家通过法律制度的形式予以确认并提供保护。

人对物质资料依赖性的外在化产生了获取和保有物质资料的需求，物质资料的稀缺决定了在政治法律国家的框架内，人对物质资料的需求须以法律化的形式寻求政治国家的保障[1]。而物质资料在法律保护下就变成了财产，这就产生了财产法或者说物权法[2]。这意味着稳定的、有正当根据的占有需要得到他人的承认。权利并不是人与物的关系而是人与人的关系，其本质是一种社会关系，作为一种有效力的主张，必然要求他人的承认和尊重。这样人们相互之间依据权威意志束缚自身以尊重彼此的财产权利，正义的观念与权利的界定因此而生。

总而言之，法律对维持社会秩序至关重要，这在很大程度上则是通过对财产的界分而实现的，物权是物权法调整对物的占有

---

[1] 孙妍：《当代中国物权法基本问题的反思》，博士学位论文，吉林大学，2011，第 11 页。

[2] 根据张文显教授对物权法草案规定的理解，"物包括'动产'和'不动产'，物的指称概念是'产'，因而所谓的'物权'，不过是'产权'（'财产权'），包括不动产权和可动产权。在这种意义上，物权就是产权或财产权，二者是等值的概念"。也正如张文显教授所言，"20 世纪以来，特别是 50 年代以来，西方产权经济学彻底改变了'物权''财产权'的概念。产权经济学家大多是从财产是稀缺资源、财产权起源于资源稀缺的矛盾来界定财产权的。物已不是单纯的'物品'，而是经济物品，生产要素，物质资源"。参见张文显《我们需要一部什么样的物权法——关于物权法的法哲学反思》，2006 年 4 月 25 日在中国政法大学的演讲。

关系的结果。因此，秩序是物权法追求的最基本的工具性价值和理念，物权法不仅能够满足维系人类政治社会的秩序需求，保证资源的有序利用，而且还会随着人类社会秩序的复杂化不断发展以回应社会的需要[1]。物权法旨在建构对物和其他有限资源的法律规范秩序[2]。而对个人而言，物权法最直接、最重要的价值就在于对其财产权利的保障。

3. 工业文明与"物法"

文明是人类改造世界的物质和精神成果的总和，是人类社会发展进步的象征，法律是文明的孪生子。从历史演进的角度看，人类文明经历了游牧社会、农业社会、工业社会之后进入信息社会。工业文明创造了比农业文明更为公正、有效、完备的制度体系，法治国家伴随工业文明的出现而出现。农耕文明时代的"人法"地位逐渐被工业文明时代以保障私权为核心的"物法"所取代，法律完成了"从身份到契约"的大转型。2007年，事关全体人民切身利益的《物权法》正式施行，这标志着中国进入了新的物权时代。在我国的法律体系中，《物权法》作为基本的民事法律，是宪法规范中对财产基本制度的具体化。从法学理论上分析，法律制度的目的是确定和保护权利。按照通俗的说法，"物"主要指人身财产，而"权"主要指财产的主人自由支配其财产并排除他人干涉的权利。《物权法》主张私主体在有体物上的绝对所有权，

---

1 孙妍:《当代中国物权法基本问题的反思》，博士学位论文，吉林大学，2011，第11页。
2 王泽鉴:《民法物权》(第1册)，中国政法大学出版社，2001，第14页。

这是物权制度对工业文明的回应,《物权法》是立于工业文明背景下的重要产物。

从一种文明过渡到另一种文明的转型需要经历一个漫长而复杂的过程,在这个过程中旧文明必然孕育着新文明的萌芽[1]。当前,人类社会正处于又一个罕见的历史大变动时期,科学、生产力、政治、经济以及社会等形态都在发生转变。在信息革命的强力冲击之下,现实社会和网络社会交叉并行、交融映射,人类通过互联网重新构建了一个新的秩序——数字秩序,即将诞生一个新的文明——数字文明。然而,现行物权规则试图通过限制权利或禁止权利滥用而损害数权或者限制权能来填补权利人对数权的"欲壑"。这种规制难以突破物权制度的局限,也无法摆脱物权法传统进路的"惯性"。同时,由于数权的公权性、私权性、共享性与物权独占性属性之间难以调和的矛盾与冲突,物权保护表现出其失衡性与保守性,而这已无法满足人类对数权的需求,亟须对有体物之上的利益格局进行改变。物权法在数权保护问题上具有其局限性,在强调数字文明的当下,传统法律的变革和观念的更新成为难以阻挡的趋势。

---

[1] 李中元:《超越工业文明 开创人类文明新纪元》,《经济问题》2012年第8期。

第三节　数与数权

数字文明时代，人类开始重新认识人与数据的关系，考量"数据人"的权利问题。大数据时代数据是一种生产要素、一种创新资源、一种组织方式、一种权利类型。对数据的利用成为财富增长的重要方式，对数据权利的保护成为数字文明的重要表征。像人权、物权一样，我们还拥有数权。数权的提出，将成为推动数字文明时代秩序重构的重要力量和法律基石。数权突破传统人格学说、隐私学说、物权学说、债权学说、知识产权学说对数据保护的局限，成为大数据时代语境下的新权益，而这个权益至少包括数据主权、个人数据权和数据共享权。

（一）"数据人"假设

1. 经济人、社会人与数据人

经济人。"经济人"是西方经济学对人的经济行为的基本假设，最初源于1776年英国经济学家亚当·斯密在《国富论》中的表述。亚当·斯密认为，人的行为动机根源于经济诱因，人的一切行为都是为了最大限度地满足自己的利益。每个人追求各自的利益就会增加社会利益,在"自然秩序"下,每个人追求自己的利益,往往能使他在真正处于本意的情况下更有效地促进社会利益[1]。所谓的"经济人"不仅是"利己的",实现个人利益最大化是"经济人"的目的,最终还能实现整个社会利益的最大化[2]。"利己性"是"经济人"的本性,"利己心"是个人从事生产经营活动的基本动机。"经济人"假设第一次把个人谋求自身利益的动机和行为,系统地、清晰地纳入经济学的分析框架,并将最初基于道德哲学来阐明个人利益与社会利益的关系归结为系统而明确的经济学论证[3]。

社会人。有行为科学家指出,人们除从事利己的经济行为外,还从事源于责任感、虚荣心、光荣感、怜悯仁慈之心、对亲族之爱或单纯由于习俗的行为[4]。行为主体的行动不仅是利己主义或遵循效率最大化原则,在社会中同样存在利他主义行为,单是用"经济人"假设无法理解其行为。"社会人"假设是西方现代管理学关

---

[1] 臧得顺:《从波兰尼到格兰诺维特:"社会人"对"经济人"假设的反拨与超越》,《甘肃行政学院学报》2009年第6期。

[2] 杨静:《"经济人"假设的反思与评判》,《上海经济研究》2006年第2期。

[3] 臧得顺:《从波兰尼到格兰诺维特:"社会人"对"经济人"假设的反拨与超越》,《甘肃行政学院学报》2009年第6期。

[4] 张建云、毛文龙:《"经济人"与"社会人"的逻辑关系及当代意义》,《经济研究导刊》2009年第6期。

于人性假设的一种,最早来自于梅奥主持的霍桑实验[1]。该假设认为人是"社会人",不是孤立的存在,而是处于一定的社会关系中,受集体的制约,人们除了物质追求外,还追求人与人之间的友爱、道德、归属感和荣誉感。"社会人"假设可以用来解释"经济人"抽象没有完全反映出的人的全貌和那些非效率最大化或者非利润最大化制度的存在[2]。运用"社会人"假设,可理解行为主体出于责任或道义所从事的很多利他行为和源于社会公平考虑的各种税收和再分配政策的存在。"经济人"假设到"社会人"假设的转化不仅是经济学的重大突破,也是整个社会科学的重大突破,有力地促进了经济学向社会科学其他领域的全面扩展。

数据人。数字文明时代的法律,其人性假设不同于工业文明时代。"经济人"假设所崇尚的个人主义思想和人性的自利倾向无疑最符合工业革命时代[3]。数字文明是为反思和应对工业文明而生,对比工业文明,数字文明是一种更高级的文明形式。2500多年前,古希腊哲学家毕达哥拉斯就提出了"数即万物"的观点,认为数字是世界的本质,并支配着人类社会乃至整个自然界。如

---

1 霍桑实验是管理心理学中的一个著名实验,是关于人群关系运动的实验研究。1924~1932年美国哈佛大学教授梅奥(Mayo, George Elton, 1880~1949)主持的在美国芝加哥郊外的西方电器公司霍桑工厂所进行的一系列实验。它发现工人不是只受金钱刺激的"经济人",而个人的态度在决定其行为方面起重要作用。

2 张建云、毛文龙:《"经济人"与"社会人"的逻辑关系及当代意义》,《经济研究导刊》2009年第6期。

3 吴贤静:《生态文明的法律表达》,《南京工业大学学报》(社会科学版)2015年第3期。

今，以智能手机、可穿戴设备为代表的各类微型计算设备，无时无刻不在以比特化的方式测量和记录着物理世界，人类才真正进入"数即万物，万物皆数"的大数据时代。"数据人"不仅仅是人的数据化，所有的物件和部件也将作为一种数据化的个体而存在并交互影响。"数据人"作为一种全新的法律人，其得以存在的背景就是数字文明。以数字文明和"数据人"的理念来设置的法律秩序，超越了传统的善恶边界，打破了限制组织有效性的传统桎梏。可以说，相较于传统法中的人性假设，"数据人"假设的提出更能够适应数字文明的理论和实践要求。

2. 数据人假设的核心是利他主义

"利他"，是人类美德的一种体现。利他主义是伦理学的一种学说，一般泛指把社会利益放在第一位，为了社会利益而牺牲个人利益的生活态度和行为的原则。早在19世纪，法国实证主义哲学家孔德就提出了"利他"（Altruism）这一概念，运用"利他"的概念来阐述社会中存在的无私行为。孔德认为，"'利他'是一种为他人而生活的愿望或倾向，是一种与利己相对应的倾向"。因此，利他主义首先强调的是他人的利益，提倡的是那种增进他人的福利而牺牲自我利益的奉献精神。目前，普遍认为利他是一种自愿帮助别人而不求在未来因此有所回报的特性[1]。博弈论与生物进化论的交叉研究表明，较之于自私的群体，具有利他主义精神

---

[1] 韩恺：《利己性、利他性及其与幸福感关系研究》，硕士学位论文，武汉大学，2017，第8页。

的群体在生态竞争中更具备进化优势。

数字文明与人的全面发展。利他主义的数据文化是数字文明时代影响整个社会的一种主流文化,为社会的发展提供了源源不断的动力和能量。"数据人"强调人的行为方式和存在方式的利他化。"数据人"的功能在于帮助人类创造一个可以共享的、公共的大数据场域,其工具性价值决定了"数据人"的天然利他特性。如果"数据人"的利他性能够给人类带来更多的好处和便利,那么,人们基于利益的追求,将会催生更多的利他主义行为。一旦数据的原权利主体在法律领域获得必要的权利基础,那么利他主义行为将开启人类利用数据价值的另一个时代。在大数据应用和推广的过程中,"数据人"的利他主义属性能够更好地推动大数据的发展。

达尔文在《人类的由来》一书中写道:"一个部落中如果有很多总是愿意互相帮助、为集体利益而牺牲自己的成员,这个部落就会战胜其他部落。"[1]"数据人"的"利他主义"属性还有助于促成人类之间的共同合作。这是因为,基于"数据人"利他主义的特性,起初只是一小部分人从合作中获得收益,但随着更多人的参与,利他主义行为就从偶然的合作关系上升为特定的法律关系,以保障人类能够从利他主义行为中获得持续的收益。为此,国家基于增进社会福祉、推动人类进步的需要,需要创造出"利他主

---

[1] [英]达尔文:《人类的由来》,潘光旦、胡寿文译,商务印书馆,1997,第201页。

义行为"的保护机制,即利他主义型权利。这种权利属性既是人类自身社会发展的需求,同时也是"数据人"利他功能的法律表征。

3. 数据人的权利保护

法律和发展似乎是一对永恒的矛盾[1]。法律是对过去经验的总结,其往往难以预测未来的发展趋势。局限于19世纪的哲学认识,权利能力仅被赋予自然人和法人,其他人和组织形态的权利能力被忽略[2]。"数据人"是大数据时代一个崭新的命题,围绕"数据人"会产生相关的法定权利和法律关系,如数据权利、数据权力、数据主权等。这里的数据权利并非一套独立的权利体系,而是基于数据空间产生的现行立法体系无法调整的意向权利。这种意向权利脱离既有权利保障体系后,产生的数据纠纷又缺少与新型数据处理行为相对应的法律接口,独立成为一种新型纠纷。因而,当出现新的权利关系,传统的法律关系成为不可逾越的体系障碍,需要构建新的权利制度。

数据原始权利主体在数据被收集并组成大数据组成部分之前对其数据享有完整的权利,但当数据成为大数据的组成部分之后,因其承载着数据原始权利主体和大数据控制者的双重权利,数据原始权利主体就大数据构成中的这部分数据享有的权利是受限制

---

[1] 龙卫球:《我国智能制造的法律挑战与基本对策研究》,《法学评论》2016年第6期。

[2] 刘召成:《部分权利能力制度的构建》,《法学研究》2012年第5期。

的权利。美国学者 Neil M. Richards 提出的"大数据三大悖论"[1]中的"权力悖论"指出,大数据是改造社会的强大力量,但这种力量的发挥是以牺牲个人权利为代价的,而让各大权力实体(服务商或政府)独享特权,大数据利益的天平倾向于对个人数据拥有控制权的机构。因此,为了保护数据原始权利主体的权利,有必要构建一套不同于既有法律体系的崭新的数权法律规制。

数据的收集、分析和使用等活动由来已久,但传统的数据活动并不曾给社会生活带来如此大的变革和不安,而基于网络、云计算等现代技术手段出现的大数据在改良社会自我管理的同时,也确实给社会生活带来前所未有的威胁。现有的法律体系、伦理道德和社会规范并没有足够的力度来保护我们的安全、隐私等社会价值。数据控制者对于大数据的控制和普通个人无法控制自己的数据之间已经形成了一种非常强大的非对称力量[2]。按照迈克尔·曼的说法,"人类是无休止地、有目的地并且是有理性地为增

---

1 Richards N. E. 提出"大数据三大悖轮":(1)透明化悖论,即信息透明化要求与搜集信息秘密进行之间的悖论。利用大数据有望让世界更加透明,但大数据的聚集是不可见的,并且其工具和技术是不透明的,被物理、法律、技术保密性设计层层笼罩。(2)身份悖论,即大数据的目标是致力于身份识别,但也威胁着数据主体的个体身份。虽然大数据传道者们谈论着奇迹般的成果,但是这种说辞忽略了一个事实,即大数据旨在识别个体或集体的身份。(3)权力悖论,即大数据是改造社会的强大力量,但这种力量的发挥是以牺牲个人权利为代价的,而让各大权力实体(服务商或政府)独享特权,大数据利益的天平倾向于对个人数据拥有控制权的机构。
2 肖冬梅、文禹衡:《数据权谱系论纲》,《湘潭大学学报》(哲学社会科学版)2015 年第 6 期。

进他们对生活中美好事物的享用而斗争，为此，他们有能力选择和追求适当手段"。[1] 无疑，人类为了享受生活中的"美好事物"，审慎地构建权利（力）也是人们选择和追求的一种"适当的手段"。因此，在普遍利用大数据的今天，人类为了享受大数据带来的各种好处，也应当审慎地构建大数据生态系统中的各项相关权利，并以数据权利和数据权力为基础形成数权制度体系。

（二）数据赋权

数据的法律属性是确定数据权属问题的逻辑起点，而确定数据权属问题既是相关法律关系类型形成和法律关系调整的关键，同时也是数据能够得以利用与流通的关键[2]。大数据时代，数据是一种资产，是一种生产力，更是一种不可或缺的重要资源。数据赋权，社会力量构成由暴力、财富、知识向数据转移[3]，数据成为一种新型权利客体。

1　[英]迈克尔·曼:《社会权力的来源》（第1卷），刘北成、李少军译，上海人民出版社，2002，第5~6页。
2　参见姬蕾蕾《数据产业者财产赋权保护研究》，《图书馆建设》2018年第1期。
3　1990年，托夫勒在《权力的转移》中指出，权力作为一种支配他人的力量，自古以来就通过暴力、财富和知识这三条途径来实现。在第三次文明浪潮中，知识将成为权力的象征，谁拥有知识，谁就拥有权力。但知识和暴力、财富不同，后两者具有排他性，一种暴力或财富若为一个人或一个集团所拥有，其他人或集团就不能同时拥有这个暴力和财富；而知识没有排他性，同一种知识可以同时为不同的人所占有。因此，"知识是最民主的权力之源"。谁掌握了知识的控制权和传播权，谁就拥有了权力的主动权。在数字时代，每一个"数据中心"在一定意义上成为一种"权力中心"，这些"权力中心"将拥有话语权。

1. 数据是一种新型权利客体

数据爆炸正在驱动新型权力关系的产生，微信、微博、自媒体、社交平台、购物网站等成为新的社会关注的焦点。这是一个以数据为关键要素的时代，它改变了人类社会的认知方式、协作方式和沟通方式。在未来的数字社会中，万物"在线"，一切皆可量化，所有的人机物都将作为一种数据而存在，作为一种数据而联系，作为一种数据而创造价值，作为一种数据而驱动未来。在时代发展和科学技术进步的同时，数据被赋予了新的内涵和新的外延。

数据是一种新型权利客体，数据并不是新原油，而是一种完完全全的新型资源。互联网技术的急速发展，正在让人类生产生活的世界变得日益透明化、在线化和数据化。尤其是借助大数据和物联网技术，每个人都可能成为"数据人"，不仅所有的活动都将处于"裸露"状态，而且连未来的行为都可能在数据的分析下被准确预测到，个人隐私无处遁形。通过法律进行规制，在透明的数字化世界里为我们预留出一块免打扰的绿色私人空间。

人作为客体被接入互联网，成为一个不断采集数据并向云端传输数据的节点，开启了人的数据化。人的思维意识、生活习惯、存在形式、行为活动等都可以由数据表达，同时也可以通过开放、共享、交易等方式与其他人机物进行数据互动和数据表达。"数据人"时代，充足和完善的数据资源不断优化人类沟通交流和相互认知的方式方法，物物互联、人人互联，使所有的人机物都作为一种数据存在而发生联系产生价值。无论人作为一种自然存在还是社会存在，贯穿于人的全生命周期过程的，始终是数据的生产与管理者。国家权力的存在是以维护人的权利为前提的，为了确保"数据人"的数据被合理使用，需要构建新型数据权力，赋予"数据人"保护数据安全及隐私的权力，以防"权力天然扩张性"的禁锢导致数据无法被安全高效地流通和利用。

2. 数据的法律属性

数据法律属性的不确定性导致数据权属处于悬而未决的灰色状态，从而成为数据开发和利用的羁绊因素，势必会阻碍数据产业的健康持续发展[1]。按照国际标准化组织（ISO）对"数据"的定义，就人类的行为及活动而言，一般意义上的数字、文字、声音、图形、图像等，经编码后都可被视为数据[2]。数据作为一种新型资产，可作为对象在各数据交易平台或交易中心[3]按照一定规则上市交易，其财产属性已显而易见。"数据的生成以个人信息聚合为基础，而个人信息具有人格因素。"[4]因此，数据也被认为具有人格属性。

---

1 姬蕾蕾：《数据产业者财产赋权保护研究》，《图书馆建设》2018年第1期。
2 国际标准化组织（ISO）对数据所下的定义是："数据是对事实、概念或指令的一种特殊表达形式，这种特殊表达形式可以用人工的方式或者用自动化的装置进行通信、翻译转换或者进行加工处理"。
3 2014年2月以来，我国已设立了中关村数海大数据交易平台、贵阳大数据交易所、长江大数据交易所、武汉东湖大数据交易中心、徐州大数据交易所、河北大数据交易中心、哈尔滨数据交易中心、江苏大数据交易中心、上海大数据交易中心、陕西西咸新区大数据交易所、浙江大数据交易中心等十余家大数据交易平台与中心。
4 姬蕾蕾：《数据产业者财产赋权保护研究》，《图书馆建设》2018年第1期。

数据根据来源不同可以分为衍生数据和记录数据。衍生数据主要源于个人信息,其生成离不开原始个人信息的聚合。个人信息是人在发展过程中形成的可识别本人的信息集合,所体现的是信息主体的人格利益。《民法总则》第109条规定:"自然人的人身自由、人格尊严受法律保护",体现的正是这一法理基础,个人信息需要法律保护的基础是个人信息自决权,而个人信息自决权的法理基础即是人格尊严和人格自由[1]。人之所以为人,正是因为人对与其人格形成、发展相关的事情拥有排他自决权,而个人信息的收集、处理或者利用直接关系人格尊严和人身自由。也即是,衍生数据类似于所有权,具有对世性和独立性,个人享有其数据所带来的全部利益。

记录数据源于数据主体因使用互联网而被网络服务提供者以Cookies等工具记录的数据,这种记录数据本身识别不到特定身份主体,因而不具有人格属性,所以并不具有隐秘性,数据产业者对该类数据的利用并不会对数据主体造成隐私困扰,数据主体在享受数据应用带来的便捷性的同时对这种利用行为也应具有一定的容忍义务[2]。因此,记录数据的无人格性特征在某种意义上深化了数据的财产属性。简而言之,衍生数据的法律属性是人格利益,记录数据的法律属性则为财产属性。

---

1 姬蕾蕾:《数据产业者财产赋权保护研究》,《图书馆建设》2018年第1期。
2 陶盈:《我国网络信息化进程中新型个人信息的合理利用与法律规制》,《山东大学学报》(哲学社会科学版)2016年第2期。

3. 数据的权力与权利

权力是政治的概念，而权利属于法律研究的范畴。"一方面，权力以法律上的权利为基础，以实现法律权利为目的，权利作为一种法律上的资格又制约着权力的形式、程序、内容和过程各个方面。另一方面，某些法律上权利的实现依赖一定的权力的行使。"[1]从辩证哲学的视角看，数据既是一种权力叙事，也是一种权利范式，遵循权力与权利的逻辑和方法论，不断生产、重塑和支配新的政治经济社会关系。

数据权力是一种现代权力，而现代权力是支配理性和为理性所支配的二元性权力[2]。首先，数据是现代权力的信息性整合，也是现代权力的信息化转置。信息就是权力，已是一个众所周知的判断，数据权力则意味着信息成为权力的中枢，"信息能成为分配资源的权力本体"[3]，这意味着人类权力意志系统的革命，也意味着无意识（或亚意识）的数据内容侵入了既有的社会权力谱系。其次，数据权力是现代权力的价值性重构。如果说数据信息嵌入现代权力使得现代权力可以被估值和交易，仿佛是权力资本化的结

1　常海涛：《浅析权力与权利的关系》，《青年与社会》2014年第22期。
2　大数据时代数据权力蕴含着两种逻辑：能力逻辑和结构逻辑。能力逻辑展现的是其角色性、对象性和技术性维度；结构逻辑展现的是其关系性、规则性和格局性维度。这两种逻辑既蕴含着积极的内生力量，也因其对社会权力系统的冲击而可能诱致公共领域和私人领域的风险错配和冲突，对此我们需要建构并形成一种理性、审慎的数据权力共识和数据治理观念。
3　[美]埃里克·布莱恩约弗森、[美]安德鲁·麦卡菲：《第二次机器革命：数字化技术将如何改变我们的经济与社会》，蒋永军译，中信出版社，2014，第20~30页。

果，那么价值性重构则意味着权力和资本的兑换逻辑被数据化，或者说，数据以大数据的形态嵌入权力系统，"重新定义了现代资本的运行交换逻辑"[1]。最后，数据权力是现代权力的理论性进化。数据权力是触发知识图谱变革的开关，是附着于现代文明框架和意义系统的核心语言。阅读和辨识这种数据，将会引导现代权力的因果走势，解释和预测现代权力的此消彼长，解构整合现代权力的单元组成[2]。

"民事权利是一种国家保障的可能性，依这种可能性，权利主体可以进行一定的行为或要求别人进行一定的行为，以满足自身的利益要求。"[3]权利的本质是主体的自由意志，客体就是权利的外部定在，它以一个相对固定的方式将权利确定下来。数据权利决定着数据价值利益的分配以及对数据质量、数据安全责任的界定。探讨数据权利问题，可从权利的客体切入。按照我国的通说，民事法律权利包括物权、债权、知识产权和人格权，其客体分别为物、行为、智力成果与人格利益[4]。大数据时代是多维而动态的，不应仅体现原始数据单向的财产权分配，更应同时反映动态结构和多

---

1 Ethan Zuckerman, *Rewire: Digital Cosmopolitans in the Age of Connection*, New York: W. W. Norton & Company, 2013: Preface.
2 林奇富、贺竞超:《大数据权力：一种现代权力逻辑及其经验反思》，《东北大学学报》（社会科学版）2016年第5期。
3 佟柔主编《中国民法学：民法总则》，中国人民公安大学出版社，1990，第66页。
4 温世扬:《民法总则中权利客体的立法考量——以特别物为重点》，《法学》2016年第4期。

元主体的权利问题。因此，就数据而言，数据所承载的信息和价值既涉及人格权利益也涉及财产权利益。简而言之，数据权利是一种权利的集合，是数据人格权和数据财产权的综合体。未来数字文明时代，一种涵盖全部数据形态，积极利用并许可他人利用且兼具人格权与财产权的新型权利呼之欲出——数权。

（三）第三种权利

1. 数权是人格权与财产权的综合体

数字秩序将成为未来社会的第一秩序。数据权利化是人心所向，数权制度化是大势所趋，数权宪法保护是时代的必然要求。数权具有"四新"特征：第一，数权是一种新的权利客体；第二，数权是一种新的权利类型；第三，数权是一种新的权利属性；第四，数权是一种新的权利权能。数权类型归属不同、内容不同，权利自身属性的差异导致保护机制不同（见表2-4）。

表2-4 数权的特征

特征	概略
权利客体	数据并非民法意义上的"物"（即非物权客体），既不是物理上的"实体物"，也不是知识产权所表述的"无形物"。数据是一种独立的客观存在，是物质世界、精神世界之外一种数字世界。数据权利的主体是特定的权利人，包含数据所指向的特定对象以及数据的收集、存储、传输、处理者等（包含自然人、法人、非法人组织等），权利主体不同其权限也有所不同。数据权利的客体是特定的数据集，数据是由一系列数字、代码、图像、文字等组成的，单一数字或代码等并无价值，只有经过组合、整合、聚合的重混才产生价值，因此，数权客体应当是有规律和价值的特定数据集

（续表）

特征	概略
权利类型	按照传统意义上的法律解释，人的权利分为两种：人格权与财产权。在数字时代，人类在各种各样的数字生态中留下深浅不一的"数据足迹"。一方面，这些数据是人类的行为碎片，是个人参与社会活动的重要载体、人格延伸的重要途径，应维护数据主体之为人的尊严，享有自由不受剥夺、名誉不受侮辱、隐私不被窥探、信息不被盗用的权利；另一方面，这些数据也是重要的社会资源，"数据有价"，能为数据主体带来经济收益，因而有必要赋予数据财产权，这使得数据成为一种集人格权和财产权于一体的综合性权利
权利属性	数权是公权和私权的统一体，既包括以国家为中心构建体现国家尊严的数据主权，也包括以个人为中心构建凸显个人福祉的数据权利。数权的法律属性，不仅要从个人权利等私法的角度分析，还要从国家安全等公法的高度分析。也就是说，数权需要私法自治，同样也需要公法干涉
权利权能	物权具有所有权的独占性、排他性，同一物之上不得存在两个所有权，任何人都负有不妨害权利人对物的绝对支配权的义务。数权不再是一种独占权，而是一种不具排他性的共享权，往往表现为"一数多权"，这是数权的核心与本质。"数权的本质是共享权"这一重要法理论断的提出，将成为改写文明规则的标志性历史事件

2. 人权、物权与数权的区分

人权是全人类唯一相同的标志，是全世界人民的最大公约数。所谓人权，就是"人依其自然属性和社会本质所享有和应当享有的权利"[1]。人权所指的人不是经济人、道德人、政治人[2]，而是具有生物学特征、抽象掉一切附加因素后的自然人，一个人仅仅因为

---

1 李步云：《法理探索》，湖南人民出版社，2003，第169页。
2 首先不是经济人，经济人以逐利为目的，如果人人都是经济人，人权则会缺乏保障。其次不是道德人，人权无关道德之有无与高低。最后不是政治人，尽管人权具有政治性，但把人权作为政治斗争的工具必然会限制人权。

是人就应当享有人权。人权是如何产生的，这涉及人权的哲学基础问题。人权来源的学说，主要有习惯权利说、自然权利说、法定人权论与功利人权论、人性来源说以及道德权利说等[1]。人权本质上是权利，"权利—人权—法律权利—公民基本权利是一些依次相包容、具有属种关系的概念"。[2] 人权的概念和内涵较为宽泛，其保障覆盖范围远比法律权利或基本权利广泛。随着经济社会的纵深发展，人权的维度和种类会不断增多，内涵和外延也会不断丰富和延伸。

物权的提出是社会文明的新起点。物权体系是以所有权为核心、用益物权和担保物权为两翼的制度构成。物权主要是一种对有体物的支配权，即物权人可以依自己的意思，无须他人意思和行为之介入面对标的物享有占有、使用、收益和处分的权利。对物权的承认，归根结底是承认个体创造的价值及个体自治的权利。因此，物权是与物相关的人权，是一种特殊、基本的人权。对物权的承认保护，意味着人们开始以"人"为新起点，构建社会文明的新坐标。正是在这种新的文明制度下，我们才会有这样的理念：物权

---

1 习惯权利说，此说是以英国《大宪章》为代表的经验主义的人权推定说，即"习惯权利→法定权利"的人权推定。自然权利说，这是由法国《人权宣言》所发扬的先验主义的人权推定说，即"自然权利→法定权利"的人权推定，是关于人权来源的经典学说。法定人权论和功利人权论，该说认为正式或非正式的法律规章制度产生人权，自由和平等地追求人的幸福和福利是最大的价值和善。人性来源学说，认为人性包括自然属性和社会属性，自然属性是人权产生的内因和根据，社会属性是人权产生的外因和条件。道德权利说，认为人权属于道德体系，要靠道德原理来维系，其正当性来自人的道德心。

2 林喆:《何谓人权？》,《学习时报》2004年3月1日。

既是人权的重要组成部分，也是人权的重要保障。只有充分保护社会中每个个体的权利，才能促进整体和全局利益的良好发展。《物权法》对于中国人来说，不仅仅是财产保障法、权利保障法，更是一部转变社会观念、重塑文化心理的政治文明法[1]（见表2-5）。

表2-5 人权、物权与数权的区分

类别	人权	物权	数权
主体	个人、集体	特定的人	特定权利人，包含数据所指向的特定对象以及该数据的收集、存储、传输、处理者（包含自然人、法人、非法人组织等）
客体	包括对物、行为、精神产品、信息等享有的权利	为人所支配的特定物；法律规定的权利	有一定规律或价值的数据集合；法律可规定例外
内容	人身人格权；政治权利与自由；经济、社会和文化权利；弱势群体和特殊群体权利；国际集体（或群体）权利等	所有权；他物权（用益物权和担保物权）	所有权；用益数权；公益数权；共享权

数据并不同于过往民法中的物，对比物之支配的排他性，数据之支配在客观上不具有排他性，这是由数据的非物质化形态决定的，这一特点与智力成果极度相似。但数据既不是物（动产和

---

[1] 高翔：《物权，社会文明的新起点》，《人民日报》2007年4月3日，第4版。

不动产），也非智力成果或权利。数据是一种不同于具有物质形态之"物"的客体，对数据的支配具有非排他、非损耗的特点[1]。数据所承载的财产权的具体权利之归属和支配不同于有形物的占有和支配模式，适用于有形物的物权制度无法被沿用在数据上。可以认为，数权不属于任何一种传统的权利，虽然其中有部分特点与其他的权利相似。但不应通过扩张物权法或知识产权法来吸收，而应当延续一贯以来的立法习惯对其进行特别立法。因此，在目前的财产权利体系之外，需要应对无形物设立一种新型权利，构建数据主权及相应的数权法律制度，建立一个区别于保护有形物的独立的财产权体系。

---

[1] 李爱君：《数据权利属性与法律特征》，《东方法学》2018年第3期。

第三章

数权观

数据作为现代社会的基础性资源,其价值已被充分肯定。与此同时,数字时代也给民法、物权法等传统法律带来了前所未有的挑战,数据的人格性、财产性等已经成为不可回避的法律问题。法学界针对数据权利及其权属早已展开探讨,形成了包括新型人格权说、知识产权说、数据财产权说等学说。这些学说与观点各有道理,但均不足以全面解释数据的权利特征。我们的研究认为,数权是集数据人格权和数据财产权于一体的综合性权利。物权的本质是占有权,数权的本质是共享权。随着大数据的深度发展,数据权利及其权属问题已经成为全球性话题,数权法的提出,将成为人类从物权时代迈向数权时代的重要基石。

第一节　几种数权学说

关于数权的探讨，是数权从应然走向实然的必要阶段。面对互联网和大数据快速发展带来的现实威胁，通过数权立法加强对数据权利的保护显得尤为重要和迫切。在法学界，针对数据权利及其权属的激烈讨论已有很多，虽然目前尚未形成统一认识，但从整体来看，主流观点可以分为四类，即新型人格权说、知识产权说、商业秘密说和数据财产权说。

（一）新型人格权说

传统人格权是指以主体依法固有的人格利益为客体的，以维护和实现人格平等、人格尊严、人身自由为目标的权利，是一项传统的民事权利类型[1]。"人格权者，乃存在于权利人自己人格之权利，申言之，即吾人与其人格之不分离的关系所享有之社会的利益，而受法律保护者是也。例如生命、身体、自由、贞操、名誉、肖像、

---

[1] 胡卫萍：《新型人格权的立法确认》，《法学论坛》2011年第6期。

姓名、信用等权利均属之。"[1]我国在《宪法》和《民法总则》中均对人格权保护做了相关规定。《中华人民共和国宪法》第38条规定："中华人民共和国公民的人格尊严不受侵犯。禁止用任何方法对公民进行侮辱、诽谤和诬告陷害。"《中华人民共和国民法总则》确定了包含姓名权、肖像权、名誉权、隐私权等在内的人格权的保护。

人格权是一个开放的私权体系[2]。随着科技进步和社会发展，人格权的范围和内容也在不断发展。大数据在经济运行机制、社会生活方式、国家治理能力、国防和军队建设等各个方面得到广泛、深入的应用，数据的重要性日益凸显，同时也对数据保护提出了新的挑战。在数据处理过程中，可提取一些数据主体不欲人知的信息，关联融合分析后显示主体的"数据形象"，数据越多，形象越具体。在现实生活中，非法整理分析视频资料、社交内容、个人账号信息、位置信息及网络消费信息等碎片化数据，均可破坏个人私益，比如生命权、姓名权等，这些都是人格权的内容。

个人数据保护已经远远超出了传统人格权的范畴。传统个人数据保护多用隐私权规制，虽然二者在内容上有重合（比如数权和隐私权都是保护数据主体的人格尊严不受侵犯），但却有着本质的区别：一是隐私权是绝对保护隐私信息不被披露，而数权是对数据在控制、使用、收益和共享中的保护；二是隐私权强调的是对公民个人隐私的消极预防，而数权则需积极引导个人数据参与

---

1 郑玉波：《民法总则》，三民书局，1988，第96页。
2 王利明：《我的人格权情结与思索》，《光明日报》2015年12月14日，第10版。

社会各项活动；三是个人数据权客体所指向的主体具有不确定性，如手机号码、家庭住址等变化时，可结合其他数据指向某一特定的主体，不同于隐私权中的姓名、肖像等已经形成具体人格权的客体。王利明等学者基于个人信息的可识别性以及收集数据用于公共利益或者其他非财产目的的行为，认为不能将个人信息完全界定为一种财产权[1]。从个人数据权的内容和特征来看，其应当作为一种新型的独立人格权。这种观点源自以下三个方面。

第一，人格权商品化普遍存在。传统的人格权重点保护精神利益，而忽略财产价值。在市场经济的发展下，人格权中某些权能逐渐出现了商品化的现象，对人格利益财产评价机制的完善以及大众对精神权利的重视，使得一些具有无体物属性的人格权商业利用价值越来越大，比如一些名人姓名、肖像许可他人有偿使用产生名人效应。同时，个人数据在网络空间存储、传播和利用具有开放、即时、便捷等特性，对碎片化数据的关联融合分析可以拼接形成"数据人"，利用"数据人"分析结果可以进行商业化行动。人格权商品化已经成为现代市场经济社会中大量存在的现象[2]。这一现象的普遍存在使得传统人格权被重新审视。

第二，现有的个人信息保护制度不足以保护个人数据。个人信息原本在隐私权保护范围内，但随着信息技术的发展，将人格

---

[1] 王利明：《论个人信息权在人格权法中的地位》，《苏州大学学报》（哲学社会科学版）2012年第6期。

[2] 王利明：《论人格权商品化》，《法律科学（西北政法大学学报）》2013年第4期。

价值赋予个人信息，用隐私权来保护个人数据就凸显其局限性。对个人信息权法律属性的确认关乎个人信息保护机制尤其关乎民事权利体系的构成。2017年11月15日，全国人大法工委民法室发布了《中华人民共和国民法人格权编（草案）》（室内稿），其中关于个人信息的规定对国家法律体系在适应时代发展过程中的立法完善和司法实践具有重要意义。

第三，个人数据权的立法具有重要意义。在传统民事权利体系中，财产权是民事权利的核心。但在大数据时代，人们对人格权越来越重视，需要在现代民法中确立新型人格权制度以适应信息时代的发展。个人数据权是保护人格的精神利益和财产利益的统一体，这就意味着数据主体在保证自己人格不受损害的同时可以把本人的个人数据流转于数据产品市场，实现商业化意图，当财产利益受到非法侵害时，数据主体所遭受的损失可以按市场价格计算[1]。

（二）知识产权说

有学者基于数据本身的可复制性（共享性）和可重复利用性等特点，发现其与知识产权保护有着千丝万缕的联系，提出了知识产权说。虽然知识产权理论因非物质性财产客体理论的限制，难以实现对数据的全面保护，但是经过数据相关主体对数据进行关联融合、挖掘分析等技术开发或智力创造加工后得到新的数据

---

[1] 参见吴韬《法学界四大主流"数据权利与权属"观点》，2016年10月24日，http://www.sohu.com/a/117048454_481893。

集或个人数据库,应赋予其一定的独创性,某种程度上来说已经具有了知识产权。

数据产权类似于信息产权,而信息产权是知识产权的延伸[1]。随着信息技术的发展和广泛使用,出现了很多保护信息处理技术、传输技术的法律,对信息本身的保护反倒被忽略了。2002年日本出台的《知识产权战略大纲》提到,信息财产与知识财产是21世纪最重要的财产,"信息产权"及"知识产权"是含义相同的[2]。在第三次技术革命的浪潮中,信息取代土地、机器等有形财产成为主要财产,这是一次革命性的转变。而对信息产权的保护主要是基于传统的知识产权法。

在互联网领域,专利、信息网络传播权、商业模式、源代码等方面的侵权事件屡见不鲜。2017年9月,最高法院发布的《知识产权侵权司法大数据专题报告》显示,2015年和2016年全国著作权侵权案件在知产案件中占比50.2%,而其中的四分之三属于侵害作品的信息网络传播权、放映权的案件。该《报告》数据显示涉及假冒他人专利、侵害发明专利权和侵害计算机软件著作权等案件审理周期超过平均审理周期,而知识产权侵权案件的结案方式以撤诉为主。各种各样关于大数据的侵权案例在审理时,存在原始数据的权利主体不明、权利的法律属性没有确立以及被侵权后

1　郑成思、朱谢群:《信息与知识产权》,《西南科技大学学报》(哲学社会科学版)2006年第1期。

2　郑成思、朱谢群:《信息与知识产权》,《西南科技大学学报》(哲学社会科学版)2006年第1期。

人们不知道应该选择何种案由去维护自己权利等问题，在目前的法律框架下，理论探讨和司法实务也都没有给出明确的回答。

总的来说，任何法律所保护的对象必须是有特定载体和外在形式的内容[1]。与大数据相关的数据权益保护有著作权、商业模式及使用分析数据所获得的专利权、数据产品的商标权以及商业秘密等，针对数据资源权益不同，可以通过知识产权体系中的不同权能予以保护。

具有独创性成果保护模式。数据从产生到使用的全过程涉及四个方面的权益保护。第一个是经过数据采集、传输、存储处理过程，形成数据库的数据内容可以用著作权进行保护。第二个是经过数据关联融合、挖掘分析，数据的价值得以最大化显现，具有商业价值的数据可以通过商业秘密制度进行保护。第三个是在数据整个处理过程中所形成创造性的技术、方法可以通过专利予以保护。第四个是数据成果以软件形式存在的则可以通过软件著作权予以保护。

不具有独创性成果保护模式。不具独创性的数据在收集和处理过程中存在实质性的投入，而传统作品独创性理论派排除了用版权保护具有高价值密度而没有独创性选择、编排数据的可能。邻接权保护可以延伸至版权所不及的客体，赋予收集和持有人邻接权。大数据时代是数据爆炸的时代，在数据洪流中找到有效数据的成本渐渐削弱了内容独创的重要性。进行有效内容的搜集和

---

[1] 李晓辉：《信息产权：知识产权的延伸和补充》，《电子知识产权》2013年第11期。

传播形成的数据集大部分是无独创性的。与此同时，数据挖掘技术、智能技术和商业模式的快速发展与广泛应用使数据在经济社会发展的各个领域发挥着日益重要的作用。数据集作为一种特殊客体，著作权和反不正当竞争法等都难以使用或难以对其形成充分保护，而利用邻接权进行大数据权益保护能够满足数据集无独创性却又具有高利用价值的需求。

（三）商业秘密说

在大数据时代，全球数据每天都呈爆炸式增长，数据的易传播性使其更容易被获取。在数字化程度异常发达的今天，几乎所有的商业秘密都是以数据形态存在的，和传统的网络环境相比，大数据时代的商业秘密更加容易暴露。同时，对于传统法律框架来说，商业秘密的安全问题变得异常突出且难以处理，主要表现在以下方面。对数据交易尤其是涉及商业秘密的数据交易行为缺乏法律约束；大量涉及商业秘密的数据集中于统一服务器，更易受到攻击；利用大数据挖掘技术可以从企业的零散数据中得到完整的商业秘密；企业内部员工的数据安全意识不强，容易泄露重要的企业信息；易存储和易传播的特性使得数据的存储和传输难以控制，不利于商业秘密的保护和企业的维权；大数据时代的侵权科技含量高且更为隐蔽，其造成的影响也更严重，商业秘密保护难度大幅增加。这些问题都对现有的法律法规提出了更高的要求。

在我国，虽然《反不正当竞争法》在商业秘密保护方面做了一些规定，但尚未提出"商业秘密权"的概念。但《民法总则》

已经将商业秘密纳入知识产权并予以界定。商业秘密不仅具有商业价值，还有非公开、非排他的特点。一方面，商业秘密的前提是不为公众所知悉，一旦商业秘密被公开或泄露，其商业价值也会丧失，这与传统的知识产权显然不同。另一方面，商业秘密是一项相对的权利，不具有排他性。在合法的情况下，如果其他人取得了同一内容的商业秘密，就和第一个人拥有同样地位。对于数据来说，数据也具有经济价值、非公开性和非排他性的特征，因此，在特定情形下，可以将数据视为商业秘密。但是，价值性、秘密性和管理性是商业秘密的必要构件，大数据时代的许多新情况对此提出了挑战。主要体现在以下三个方面。

首先，私密性认定冲突。私密性认定冲突主要表现为两点。第一，私密性和易获得性冲突。与传统的网络环境相比，大数据时代的新型载体丰富，信息获取渠道更加多元化和广泛化，数据获取变得极其容易，某些数据是否具有私密性也因此产生争议，从而使得商业秘密的私密性认定难度也随之增加。在企业的生产经营管理中，网络信息技术应用十分广泛，微信、QQ等社交软件和邮件等商业信息的传播方式，在线云服务的数据处理方式，以及企业员工在社交软件中交谈商业敏感信息的工作方式等均不同程度地增加了商业秘密的泄露风险。这些商业敏感数据在正常工作中不经意被转化为网络数据，而网络数据的易搜索和易获得则使得商业秘密的私密性容易被破坏。第二，私密性与透明性冲突。对于云服务商来说，所有存储于其云端的数据都是完全透明的，企业用户的账号密码对云服务商而言是无效的。而企业用户存储在云端的数据是其主动和自愿上传的，一般来说，这种自愿暴露商业秘密的行为是不受法律保护的。企业如果不对大数据的这种透明性特征加以重视，就容易为企业的商业秘密保护带来潜在的法律风险。同样，对于企业将商业秘密传输给第三方的行为，不能认定为自愿暴露秘密，并未意味着放弃私密性，只要该数据没有被暴露或被他人使用，且其权利人通过其他措施使其私密性得以持续，那么该商业秘密数据仍应受保护。因此，对商业秘密数据的存储和传输来说，明确的合同约定对商业秘密保护极为重要。

其次，"合理保密措施"难以认定。管理性是商业秘密必备的特征，法律要求权利人应当采取合理的措施来保护商业秘密。但是，在大数据应用中，很多行为是否属于"采取了合理保密措施"是难以认定的。例如，权利人将商业秘密数据上传到带有密码保护的云端，其行为是否会对该商业秘密的保护地位造成影响？有学者认为，如果是存储在私有云中，则属于"采取了合理保密措施"，如果是存储在公有云中，则不属于"采取了合理保密措施"，而与密码的普通与否没有关系，这是因为相较于公有云，私有云本身就具有一个隔绝他人的作用。但也有学者认为，公有云的服务商在为客户提供服务的同时也提供了普通的密码保护（需要输入用户名和密码才能访问），只要其他人能够意识到这些保密措施确实存在，而且其能确保用户的商业秘密数据不会被搜索引擎轻易获取，则属于"合理保密措施"。另外，影响"合理措施"认定的还有云服务商的技术水平。云服务数据动态共享的特点使得数据管理难度较高，如果云服务商的技术水平过低，则未经授权的数据访问和网络攻击等都会对用户的数据安全造成威胁，导致用户的数据容易被盗取，从而直接影响"合理措施"的认定。

另外，客体范围难以确定。随着智能手机等移动通信设备的兴起，移动互联网获得飞速发展，其强大的数据生成能力成为全球大数据发展的主要推动力之一。如今，获取和分享数据已经成为人类社会生活的重要内容，据统计，目前全球移动通信用户量接近50亿，这些用户都是潜在的信息受众和消费者，如此庞大的用户群体代表着超乎想象的商业价值。通过社交平台（比如微博、微信公众号等），企业可以进行业务宣传推广并获取商业利益。而且随着企业对账号经营的深入，账号的网络关系圈不断扩张和成熟，企业的影响力也会因此不断扩大。并且这些社交账号作为企业在网络上的代表和企业是一体的，具有不可替代性。因此，通过商业秘密保护法对企业社交账号加以保护成为许多企业的要求，但这样一来，商业秘密客体就从企业本身延伸到企业社交账号，产生了客体扩大化的问题。就当前已有的案例来看，这种做法暂时未得到法院的支持。但随着大数据的发展，以往不是商业秘密的数据也有可能会被纳入商业秘密保护的客体范围。

（四）数据财产权说

数据财产权说认为，数据具有财产属性，是一种新型财产。在现有关于人格权、知识产权、商业秘密的法律制度难以对数据形成合理保护的背景下，通过立法增设数据财产权具有重要的现实意义。早在2008年，"数据银行""数据公约"的出现表明，以数据为交易对象的全球大数据交易市场已经开始形成，数据作为一种新型财产已经成为一个普遍的认识。

数据不是《物权法》中的"物"。因此，数据财产权与物权也不相同，不能以物权制度为出发点来调整数据财产权。"物"与"物权"的概念是在19世纪后半叶的《德意志民法典》中提出的，在这部法律中，"物"被确定为有形物，"物权"则是对有形物的支配权。这种立法理念是通过物的归属来界定利益的归属，物具有经济利益的权利和物本身一起完全归属于某主体。因此，对"物"的所有权就成为完整的物权，而物则是物权所附着的对象。在我国法学理论通说中，物具有排他性和可支配性。物权的排他性是由物的物质形态决定的，在同一时间，物的支配主体具有唯一性，不能同时为多个，一个主体对物的支配将构成其他主体对该物支配的限制。物权具有排他性的根本原因有两点：第一，物的物质形态客观上决定了物在占有方面具有物理垄断性，同一物的占有主体客观上只能同时存在一个；第二，在使用过程中，物的价值和使用价值是随时间不断损耗的，在同一时间，某主体从某物获取收益时会构成对其他主体从该物上获取收益的排除。

同具有物质形态的"物"相比，非物质形态是数据的最大特征。数据与电、热等《物权法》上的"无形物"客体具有本质区别。在同一时间，同一单位的电或热只能拥有一个主体，且作为客体的电或热会因主体的使用产生消耗。而数据的非物质形态使得数据可以以接近零成本的代价进行无限复制且不会产生损耗，数据的价值不在于数据本身，而在于其表达的内容。因此，从理论上来看，数据在占有和支配上无法具备排他性。在数据产业的发展中，由于数据可以无限复制和无损耗的特点，尽可能对数据进行充分而又高频的使用成为数据产业发展的内在需求。

非物质化形态决定了数据的可控性与物的排他性在含义上的不同。虽然数据可以被无限复制和使用，但这并不代表数据不可控，在法律允许的范围内，权利主体可以通过行使其权利来控制其掌握的数据。在权利主体的授权下，其他主体可以在一定限制范围内同时使用数据。由此可见，数据的占有和支配没有物理垄断性，与物的权利主体不同，同一数据的权利主体可以同时为多个。

总而言之，数据是一种没有物质形态且具有非排他性和非损耗性的新客体。例如个人数据，无论是个人、企业还是政府机构，都可以在同一时间使用某一相同数据。虽然个人数据的指向是个人，但是这三个主体对相同数据的支配并不彼此冲突和排斥。当然，企业需要满足一定前提条件才能使用，而政府机构出于国家安全、社会管理和提供公共服务的目的也能使用个人数据。并且，在使用过程中，数据的价值和使用价值没有产生任何损耗。因此，从属性上来看，数据和《物权法》的"物"具有本质上的差异。此外，在解释数据财产权上不能采用物权扩张的方式。所有权的概念来源于个人与"物"的紧密结合，其价值在于界定"物"的归属，在于确定主体对"物"完全的占有和支配。可以看到，有形的实体物是物权制度的构建基础，物权法理论也是在这个基础上形成的。但用物权来解释数据财产权显然是不合适的。如果在其他无形财产上运用物和所有权的思维，必然会在理论上产生困境。权利让渡是民事关系中所有财产流转的表现形式，因此，只要权利的归属在法律上被界定，就可以不囿于物和所有权的框架，转而从权利归属和让渡的角度理解无形财产。数据财产权的权利归属和支配与有形物的占有和支配模式不同，对数据而言，适用于有形物的物权制度是无法被套用过来的（见表3-1）。

表 3-1　几种数权学说[1]

学说	主张、理由及缺陷
新型人格权说	主张：个人数据权是一项人格权，并且是一项具体的新型人格权
	理由：首先，从权利内涵的特性出发，个人数据权以人格利益为保护对象，数据主体对于自身数据具有控制与支配的权利属性，具有特定的权利内涵。其次，从权利客体的丰富性出发，公民个人数据包括一般个人数据、个人隐私数据和个人敏感数据，其中有些数据，比如姓名、肖像、隐私等，已经上升为具体人格权，不再需要依靠个人数据权进行保护，而其他数据则必须要通过个人数据保护权的机制进行保护。再次，从保护机制的有效性出发，对于侵犯公民个人数据的侵权行为，如果将个人数据权界定为财产权，则可能没有保护的必要；反之，如果将其作为人格权，则一方面能够保证不会因为个人身份的差异而导致计算方式上有所区别，从而维护了人格平等这一宗旨，另一方面公民还能依据《侵权责任法》第22条主张精神损害赔偿。最后，从比较法的角度出发，世界上个人数据保护法所保护的主要是公民的人格利益
	缺陷：自然人的人格权具有专属性、不可交易性，即便能产生经济价值，也不能作为财产予以对待，否则便会贬损自然人的人格意义

---

[1] 参见于志刚《"公民个人信息"的权利属性与刑法保护思路》，《浙江社会科学》2017年第10期，第4~14页；吴韬《法学界四大主流"数据权利与权属"观点》，2016年10月24日，http://www.aliresearch.com/a/117048454_481893。

（续表）

学说	主张、理由及缺陷
知识产权说	主张：个人数据权是一项知识产权，可以用著作权和邻接权制度对之予以保护
	理由：首先，对于选择和编排上有独创性的数据库或数据集，可以将其视作汇编作品，考虑用著作权制度进行保护。我国《著作权法》第14条规定，汇编若干作品、作品的片段或者不构成作品的数据或者其他材料，对其内容的选择或者编排体现独创性的作品，为汇编作品，其著作权由汇编人享有。这里的"独创性"不是指内容上的独创，而是选择和编排上的独创性。其次，对于不具独创性的数据库和数据集，则可以考虑通过邻接权制度加以保护。邻接权是对作品传播者赋予的权利。德国法明确把邻接权制度用于数据库的保护。由于数据库的持有人对数据收集和数据库的形成进行了实质性的投入，因此，对于无法用著作权保护的数据库和数据集，要赋予其收集持有人邻接权，因为其为数据的收集和编排付出了劳动和金钱
	缺陷：数据的低辨识度和独特的价值实现方式决定其难以成为知识产权客体。首先，相较于智力成果的创造性和新颖性，数据的辨识度较低。低辨识度的数据一旦被不法利用，难以被有效发现并给予及时有效的救济。"无救济则无权利"，救济的乏力使得数据即使被赋权也难以得到有效保护。其次，知识产权价值在于对经济利用或流通的独占和垄断效益。而数据价值则更多地表现为对潜在信息的挖掘分析。知识产权客体价值在于智力创造"结果"，其本身就是价值所在，而数据价值在于工具性"利用"，其本身并无价值，价值在于操作控制及内容分析

（续表）

学说	主张、理由及缺陷
商业秘密说	主张：个人数据与商业秘密具有相似性，在特定情形下可以当作商业秘密看待
	理由：首先，通过获取商业秘密能够获得相应的商业利益，商业秘密具有商业价值。同时，商业秘密还具有非公开性和非排他性。由于商业秘密具有占有控制上的非排他性，一旦公开，被其他主体知晓，其对于原权利人的商业价值也就随之丧失。其次，通过对数据进行挖掘分析也可以获得相应的商业利益，数据也具有经济价值。同时，数据一旦被他人掌握，就意味着失控，他人对数据也就取得了同样的权能，因此，数据也具有非公开性和非排他性。最后，在大数据技术下，碎片化的商业数据在经过分析后可能还原出完整的商业秘密，从而导致商业秘密的泄露
	缺陷：商业秘密的特点是不为公众所知悉、能为权利人带来经济利益，而网络空间中的数据是可以随意获取的，这意味着大部分的数据不能作为商业秘密。此外，将数据单纯列为一种商业秘密的保护行为将会严重阻碍数据的流通和应用，数据的价值也将会因此难以实现
数据财产权说	主张：公民对其个人数据的商业价值所拥有的权利是一种新型财产权，即"数据财产权"
	理由：随着数字时代的到来，个人数据事实上已经发挥出维护主体财产利益的功能，此时，法律和理论要做的就是承认主体对于这些个人数据享有财产权。另有学者将公民个人数据的权利性质理解为所有权的一种，即公民对于自身数据享有占有、使用、收益、处分的权利
	缺陷：如果单纯把个人数据权作为一种财产权，则会过于强调它的商业价值，反倒忽略了对于公民个人数据的保护，而后者才是个人数据法律制度的首要目标，也是公民最现实的需求。此外，如果忽略了"个人数据"中"人"的因素，则必然"在商言商"，妨害人格的平等性，"因为每个人的经济状况不同，信息资料也有不同价值，但人格应当是平等保护的，不应区别对待"

第二节　数权的界定

新型人格权说、知识产权说、商业秘密说、数据财产权说等学说的主张虽然有其合理性，但均不足以穷尽构建数权制度的所有情况，不应将数权限制在某一种权利属性中去考量，而应当有一定自由度。同时，在确立数权制度前，还应该从主体和客体、公民权利、国家主权、共享权等方面对数权进行界定。

（一）数权主体与数权客体

1. 物权主体与数权主体

罗马法和日耳曼法均对物权主体做出了限制。在罗马法时期，物权的主体是享有全部或者部分人格的自然人，只有拥有完全的人格才行使完全的物权，作为物权客体的奴隶不能作为物权主体。在日耳曼法时期，物权主体则依据等级身份自上而下划分，虽然不同等级身份的人享有的物权不同，但不管是国王、领主，还是自由民和农奴，都视为物权主体。在中国，正如《诗经》中所说的，"溥天之下，莫非王土；率土之滨，莫非王臣"，在中国传统社会，物权主体是以王或皇帝为代表的统治阶层，后来受到儒家思想的影响，物权主体的代表变为家长和族长，但同样受到严格限制。近代以来，在社会进步的推动下，物权主体已经没有等级限制。《物权法》将物权主体概括为权利人，没有对物权主体设置任何限制，在我国，国家、集体、法人、非法人组织和个人都属于物权主体。

数据权利是指主体以某种正当的、合法的理由要求或吁请承认主张者对数据的占有，或要求返还数据，或要求承认数据事实（行为）的法律效果[1]。数权的主体是特定权利人，包含数据所指向的特定对象以及该数据的收集、处理、传递、存储人，这里的"人"包含自然人、法人、非法人组织等。但是对于不同权利主体的权限应当有所区别。如《著作权法》中的著作权人享有著作权，对作品享有完全的人身权和财产权；改编、翻译、注释、整理已有作品而产生的作品的人也享有著作权，但不得侵犯原作品著作权；表演者、录音录像制作者对改编后的作品进行表演、录音录像要取得著作权人的双重许可，并也享有一定表演者权和录音录像制作者权。因此，对于数权的主体，可对数据的不同用途进行分类，并赋予其特定权利或设定权利限制等。

2. 物权客体与数权客体

权利客体是权利内容指向的对象，或是权利行使所及的对象，它说明享有权利的主体在哪些方面可以对外在的客体（物质客体

---

[1] 李爱君：《数据权利属性与法律特征》，《东方法学》2018年第3期。

或精神客体）做出某种行为或不做出某种行为，这种对象是始终与权利本身共存灭的。物权客体亦可称物权标的，是物权人所享物权的权利对象。物权客体具有以下特征。

第一，物权的客体是物。所谓物，仅指有形的物质性财产，其构成要素是：具有物质性；存在于人的身体之外，法律另有规定除外；能够为人力所支配和控制；具有使用价值和交换价值，从而能满足人的精神利益与物质利益需要。物只能是物质性财产，故又称有形财产或有体财产，不能将任何非物质性的财产权利称作无体物，这些财产权利只可称为无形财产而非无体物。声、光、电、热虽不具备物质形态，但仍具有物质性，属物质性财产，是物质财产的特殊表现形式，属于有形财产的延伸，从人的感觉上将其视为无形之物并非不可，但本书要强调的是，作为物权法上的无体物是不存在的。无体物之说不仅不符合语义规则，更可能引起民法领域内一系列基本原理的混乱。

第二，物权的客体必须是特定物。特定物是具有独有的特征，不能以他物替代的唯一之物。物权是特定权利人享有的对物的支配权，被支配之物必须特定或必须明确。未特定化则物权人便无法进行支配控制，所谓物权也就无从存在。因此，物权人享有物权一定是指对某一具体物质财产，如对土地、房屋、冰箱、彩电的物权。同时，物权变动须以登记或交付的方式进行公示，如物权客体未特定，登记或交付亦不能进行。可以认为，物权的客体必须特定是物权法律关系正常的逻辑结论。与特定物相对应的是种类物，种类物不能是物权的客体，但是当种类物特定化之后，如通过当事人选择，通过当事人交付就成了特定物，从而成为物权的客体。

第三，物权的客体具有支配性。物权在于支配其物并享受其利益，它是人对物的支配权。这个概念与债权有明显的区别，物权表示的是人对物的支配关系，而债权表示的是人对人的请求关系。主体对于物的支配关系，是指无须任何媒介物，主体就能将其意志作用于作为客体的物。也就是说，无须他人作为，权利人就能直接实现对物的支配权。

第四，物权的客体具有排他性。物权的实现必须排除他人的意思，不能依靠他人的意思，这样才能使权利人的全部利益得到实现。排除他人干涉包括排除公权力的非法干涉，也包括排除私权利的干涉。权利主体根据自己的意志享有物权。物权人无须他人同意或行为介入，就可以根据自己的意志对物依法进行支配。他人以积极行为侵害物权的，权利人有权要求停止侵害、排除妨害、消除危险、赔偿损失等。

相较于物权，数权是一种新型的权利关系，突出的是数权主体对数据的权利与义务。对于数据来说，物权的特定性、支配性和排他性等要求是难以满足的，因此，数据无法成为物权客体的"物"。另外，数据和智力成果不同，数据辨识度低，其价值实现方式也较为独特，这些因素决定了数据难以成为知识产权的客体。因此，只能在物权与知识产权之外建立起一种人和数据的新型权利关系。

数权的客体是特定的数据，这种特定的数据多指数据集。在数据社会，单个数据仅是毫无意义的数字符号，只有特定的数据集才具有特定价值。数据和民法上的物是不一样的，一般来说，所谓物，是指独立存在于人体之外，且人力所能支配并能满足人类社会生活需要的有体物及自然力。因为数据是无形的，所以民事主体很难实现对数据的完全控制，对其的支配力十分有限。另外，数据是不可完全交割的，由于数据的可复制性，其在交易过程中十分容易留存，从而导致数据的完全排他难以实现。数据的存储和传输虽然会占用空间，但这个空间是虚拟空间，并非物质空间。因此，数据不同于物，不属于"物"的范畴。但对于数据来说，这并不影响其能够满足一定社会需要的特性，并且权利主体对数据集的利用具有支配性，权利主体对数据集的利用类似于物的利用。

（二）数据权利：一种新型公民权利

1. 数据权利的内涵

随着大数据时代的来临，数据成了一种独立的客观存在。数据不是有体物，更多是指数字化的符号。从《物权法》的调整范围来看，其主要调整了关乎有体物的财产归属和利用关系。数据不是民法意义上的"物"，即非物权客体，《物权法》无法适用于对数据的保护。每个公民在大数据时代都拥有一项新权利——数据权利。数据权利由数据的所有权、采集权、存储权、隐私权、使用权、知情权等基本权利共同构成，其主体是公民，是由数据人格权和数据财产权构成的综合性权利集合（见图3-1）。

图3-1 数据权利关系

数据权利体现公民的人格利益。传统民法理论大多认为，人格权是主体所固有的、不可抛弃、不可剥夺的并且没有财产属性的消极性或防御性权利。人格权的客体是人格要素，权利由主体专属，且不具有直接财产内容，而个人数据是一种内在于主体的人格要素，其承担着维护主体人格尊严的重要功能。首先，公民的个人数据是指向特定自然人的特殊数据，根据公民的个人数据可以识别其个人身份，而公民对自身个人数据的控制和支配等自主决定体现了自然人的人格尊严，在内容上属于人格权。其次，数据权利与传统的人格权不同，就性质而言，它是传统人格权派生而来的一种权利，在客体、内容等方面也不同于传统的隐私权，它不仅是一项新型的、独立的权利，还发挥着传统人格权和隐私权不可替代的作用。正因为个人数据包含了公民的人格利益，个人数据作为人格权的客体，有必要对其加以保护。

数据权利蕴含重要的财产利益。公民的个人数据往往蕴含着巨大价值，个人数据在被他人使用获得价值的同时，可以为数据主体带来一定的经济收益。过去，受制于经济和科技的发展水平，个人数据尚未被商品化，其潜在的经济价值也没有被大多数人意识到。随着信息技术的发展，人们逐渐发现公民个人数据的潜在经济价值,并对其加以开发和利用。数据已经逐渐发展成为一种资源。既是资源,就具有财产属性,因而有必要赋予其财产权并加以保护。

数据权利是一项独立的权利。数据权利并非单独的人格权或者单独的财产权,而是一项同时兼具两者性质的独立权利。事实上,在公民的个人数据保护上,用人格权法或者财产权法都具有其可行性,区别在于保护的方式和侧重点不一样,并且两者不能完全替代。但在数据权利上,两者并不是非此即彼的关系,是可以并存的。公民的个人数据作为数据权利的客体,集中体现了数据权利的人身性和财产性,但是,数据财产权的客体并不仅是个人数据,还包括了其他有经济价值的数据。所以,数据人格权和数据财产权同时存在于个人数据上,在其他有经济价值的数据上,数据人格权是不成立的,仅为数据财产权。

2. 数据权利的博弈

数据权利是伴随数据的产生而产生、伴随大数据的发展而凸显的。在大数据发展的过程中,数据权利的类型不断增多,这些权利不仅涉及信息产权、个人隐私等各类传统权利,而且其权利信息和权利主体都不相同,但它们之间又存在相互联系、相互制约、相互依赖的关系。这种数据权利博弈形成的新权利格局对社会生活的方方面面产生了巨大的影响。

一方面,随着大数据、移动互联网等新一代信息技术的发展,社会数字化水平日益提升,数据的收集、存储、使用等成本不断降低。在生活中,公民作为数据的来源主体,每个人每时每刻都在产生数据。这些海量数据不仅数量庞大,种类也极其丰富,辅以强大的机器计算能力,数据的使用者非常容易就能发现不同数据之间的相关关系,从而可以准确了解特定人或特定人群的过往生活轨迹,并以此为依据对其未来行为进行预测以获取利益。因此,为防止公民的个人数据被非法收集和利用,有必要对公民的数据权利进行充分保护。

另一方面,海量的数据意味着巨大的价值。个人数据的数量越大、种类越多,其蕴含的战略价值和经济价值就越巨大。如果不对个人数据进行有效收集、存储、清洗和挖掘,数据产品就难以被开发,数据技术也难以进步。因此,公民的数据权利不仅仅关于自身的人格权和财产权,还影响着一个国家数字经济的发展。特别是对于对公民个人数据有巨大需求的数据企业而言,如果他们拥有的公民个人数据是经过合法途径收集而来的,那么明确他们是否对这些数据拥有一定权利以及拥有什么权利非常重要。一定程度上说,公民的数据权利安排对数据流通和数据产业的发展起着关键性的作用。

3. **数据权利的保护困境**

现有法律权利体系是基于现实空间建构的一种权利体系,这种权益体系以人为中心、随外界事物的变化而不断演变。当外界事物发生变化时,会形成一种新型的法律关系。在大数据时代,这种新型的法律关系就是数据权利。数据权利并非一套独立的权利体系,而是基于虚拟空间产生的现行立法体系无法调整的一项权利。

从人格权学说看其局限性。人格权如姓名权、肖像权、名誉权,对个人数据保护的作用有限,因为处理包含姓名、肖像的个人数据并不总是构成侵权。根据传统民法理论,人格权是一项纯粹的精神性权利。随着商业化的发展,人格权逐步延伸出财产性功能,姓名权、肖像权等所包含的财产性权利逐渐被发现与挖掘。然而,人格权侧重保护的是个人精神性权利,这一功能并未减退。数据权利包括数据人格权和数据财产权,其兼重保护个人的精神性权利和财产性权利。数据权利平衡的是数据权利主体、数据处理者、数据利用者等之间的关系,需要兼顾数据权利主体的精神性权益和财产性权益,以及数据处理者、数据利用者等的财产性权益。

从隐私权学说看其局限性。个人数据不等于个人隐私,隐私权利未涵盖数据权利的外延。二者之间的差别在于,隐私包含私人信息、私人活动和私人空间,这些与公众无关的私人内容未向社会公开,属于私人范畴;而个人数据则可能已经向社会公开,或者其本来就属于社会公共秩序范畴,隐私的保护受公共利益的限制。个人数据小部分处于保密状态,但大部分处于非保密状态。"自然人基因信息、病历资料、健康检查资料、犯罪记录、家庭住址、私人活动"[1]等敏感信息受到隐私权的保护,但个人已经公布于众的如姓名、电话、地址等数据信息,不管被他人如何使用,都很难援引隐私权加以保护。个人对外公开的数据信息经过技术脱敏后,增加了隐私权益的复杂性。此时,个人无法通过隐私权

---

1 最高人民法院:《最高人民法院关于审理利用信息网络侵害人身权益民事纠纷案件适用法律若干问题的规定》,2014年10月21日,http://www.court.gov.cn。

限制他人使用作为信息载体的数据,其所包含的财产利益也就无从谈起。因此,就个人数据处理而言,当前的隐私权益能给个人数据提供的保护十分有限。

从物权学说看其局限性。从数权归属看,物权学说强调控制权,使用权处于从属地位。数据缺乏民事客体所要求的独立性,这与"一物一权"的物权原则相违背。个人是个人数据最初的生产者和来源,个人数据被他体收集、处理、分析后,个人则并非数据的完全贡献者,并非数据的实际占有者,也并非数据的实际控制者。个人仅是数据产生的供体,离开数据收集者的网络服务与技术支持,数据根本无法产生,其所承载的信息自然也就随之消失[1]。"所有法律对数据秩序的权利设计或利益分配,都需要合适的代码来实现。"[2]也就是说,个人对个人数据无法享有完整的物权权能,无法进行数据交易,无法通过物权行使数据权利。这说明物权学说在数权保护问题上有局限性。

从债权学说看其局限性。债权说提倡用合同法来保护虚拟财产,强调网络服务提供者与用户之间的合同关系。在数据债权与数据债务关系中,数据主体与数据收集者之间可能存在合同关系,但由于数据权利的复杂性与动态性,数据主体与其他数据利用者之间无法建立第三人利益合同。即使建立了利他合同关系,基于

---

[1] 例如,2013年8月19日中国雅虎的电子邮箱服务正式停止,此前所有使用雅虎电子邮箱的用户,已经完全无法登录并使用其雅虎邮箱,邮箱中的信件和其他内容,也随之无法访问。

[2] 梅夏英:《数据的法律属性及其民法定位》,《中国社会科学》2016年第9期。

利益衡量，数据利用者作为合同提供者往往将数据主体应有权利排除在外。如果合同关系中没有明确的数据权利内容，数据权利主体则没有权利依据请求认定权利排除条款无效。合同主体不是将数据看作一种特定的客体，而是忽略不论。在对数据的认定中，数据的法律地位问题并没有得到解决。这使得用债权债务相关条款保护数据权利会产生一系列问题。

从知识产权学说看其局限性。从知识产权包括的权利看，个人数据并不在列。目前还没有哪个国家将个人数据作为一类单独的知识产权加以保护。有学者提出应将个人数据纳入知识产权保护的范畴，这种语境下的个人数据权利保护路径是站在数据利用者的角度提出的，并非针对数据主体的应然权利提出的。数据与知识之间存在着一种天然的内在联系，数据权利与知识产权的权利属性存在着诸多相似之处，同时，数权保护是为了在促进利用的同时确保开放。可以说，知识产权法是与数权保护要求最为接近的权利保护体系。但从本质上说，数据不可能被纳入知识产权保护的法律体系。首先，数据不具有知识产权保护的独创性要求；其次，知识产权保护机制无法让数据权利人垄断商业化开发利用。此外，著作权法遵循权利穷竭原则，作者对其版权作品不具有绝对控制权，而数据权利具有可重复性，不会一次用尽。这些都说明了知识产权保护机制会与数权保护机制有明显不同。

（三）数据主权：一种新型国家主权

网络空间不是法外之地，网络空间也有主权。在第三届世界互联网大会上，习近平主席提出了网络主权的理念，我国《网络安全法》也提出网络空间主权原则。主张主权平等是联合国宪章在实际国际空间里确定的基本原则，尊重网络空间主权是这一原则在虚拟网络空间的延伸和发展。数据作为网络空间的核心存在，数据安全也超出传统的安全范畴，上升到国家安全的高度。如今，包括我国在内的许多国家和地区都提出了数据存储本地化的要求。同网络空间主权一样，数据主权已经成为一种新型的国家主权，在全球数据洪流中捍卫国家数据主权安全是大数据时代不可回避的关键议题。

1. **数据主权的内涵**

数据主权是指一个国家对其政权管辖地域范围内个人、企业和相关组织所产生的文字、图片、音视频、代码、程序等全部数据在产生、收集、传输、存储、分析、使用等过程中拥有的最高管辖权。数据主权的内涵主要体现在数据控制权、数据产业和数据技术的自主发展权、数据立法权三个方面。

第一，数据控制权。网络空间是由数据构成的，可以说，数据主权是网络空间主权的核心。随着人类社会的发展，继领土、领海、领空和太空之后，网络空间逐渐成为各国发展的新疆域。谁能掌握数据控制权，谁就能在网络空间掌握主动权。大数据时代，数据控制权的掌握与否将成为主权国家在国际上是否具有话语权的关键因素。未来，一个没有数据主权的国家，其国内社会的数据资源将会难以掌控，极其容易被其他数据强国侵犯或控制，由此带来的数据安全问题甚至会威胁到国家主权的安全。

第二，数据产业和数据技术的自主发展权。随着大数据的发展，一种新的霸权主义极有可能产生，那就是数据霸权。一直以来，高端信息技术（包括软件产品、芯片等）被发达国家所掌控，发展中国家已经或多或少地对发达国家的高端信息技术形成了依赖。例如，中美贸易战折射出的中国对美国芯片技术的依赖。在大数据时代，数据发展中国家同样容易对数据发达国家的数据产品形成依赖，而且数据发达国家会不断加强这种依赖，从而将数据发展中国家变为数据殖民地，施行数据霸权。所以，对数据技术和数据产业拥有自主发展权是一个国家数据主权权利的体现，它属于一个国家的内部事务。

第三，数据立法权。当国家享有数据控制权后，要通过在数据领域制定相应的法律法规维护本国的数据安全，这个立法权力就是数据立法权。数据立法权代表一个国家在数据管理上是独立自主的，意味着一个国家可以在不受外来强权干涉的前提下，独立自主地制定本国数据发展战略、制定本国数据法规和制度，并对本国主权数据领域内的相关事务享有管辖权。在国际法条约的允许范围内，这种不受任何国家约束和干涉，对本国数据管理拥有充分自主选择的权利是大数据时代国家主权的重要体现。

2. 数据主权与国家安全

人类正在进入一个数字化的时代。在人类经济发展、社会生活、科学研究甚至国防军事等各个领域，大数据、云计算、人工智能等新一代信息技术得到广泛应用，作为关键要素的数据已经和电力、土地等自然资源一样，逐渐成为一个国家的重要战略资源，国家竞争焦点也正在从传统资源争夺向数据资源争夺转变。一个国家拥有数据的规模及其应用能力将成为未来国家竞争力的重要体现。"新一轮大国竞争，在很大程度上是通过大数据增强对世界局势的影响力和主导权。"[1]

随着大数据的发展，国家间围绕数据控制和利用的博弈日趋激烈。许多国家和地区将大数据发展与应用作为国家战略，纷纷出台大数据发展战略计划，抢占数据资源。如美国的《大数据研究和发展计划》、欧盟的《欧盟开放数据战略》、日本的《创建最尖端IT国家宣言》、澳大利亚的《公共服务大数据战略》等。此外，许多国家和地区推行数据本地化政策，掀起数据保卫战。如印度、伊朗等国家要求本国数据存储在境内，完全禁止本国数据出境；俄罗斯要求本国公民的电子通信和社交网络数据本地化；欧盟相关数据保护法规规定，数据需要得到当地法律保护或合同约束才能发送到欧盟之外的国家或地区。

随着数据主权成为国家主权的新要素，数据安全已经成为国家安全的新重点。特别是在国家间数据竞争日趋激烈的现实背景下，数据主权维护与数据安全防护是国家安全中极为重要的内容。"棱镜门"事件充分暴露出美国利用核心技术优势实施网络窃密的事实。借助大数据等手段，美国已实现全球数据监控能力的升级，其他国家的水、电力、交通、银行、金融、卫生、商业和军事等

---

[1] 苗圩：《大数据：变革世界的关键资源》，《人民日报》2015年10月13日，第7版。

承载着庞大数据的各种国家信息基础设施和重要机构，正面对数据安全的威胁。

面对数据控制权缺失带来的数据安全威胁，许多国家和地区已经通过各种措施不断增强自身的数据安全保障能力。同时，数据主权的确立是提升数据安全保障能力的根本途径，是防范和减少本国国家机密、商业秘密和公民隐私被外来力量侵害的根本保障。安全是国家主权的底线，大数据时代，数据主权关乎国家安全、经济发展和社会稳定的根本，在国家主权中，数据主权应当被置于重要的战略位置，主权国家应当尽快提升数据掌控能力，为大数据时代的国家安全提供保障。

3. 数据主权的制度思考

国家数据主权是一个综合体系，具有多边、民主、多元化的特征。从数字化特征来看，同时存在多个利益主体是数字化的一个内在特征；从数字化功能来看，数字化带来的效率提升对人类社会的方方面面都是有效而且急需的，其功能必然是多元的。因此，在制定数据主权制度时，要从综合观出发，将数据安全问题综合化，从多维视角去分析考量。

数据主权在跨境数据流动方面存在矛盾，主要体现为"数据自由流动"和"数据本地化"的矛盾。例如，2016年7月，欧盟和美国通过《隐私盾协议》解决跨境数据传输规制上产生的分歧，但最后问题并没有得到根本解决，只是暂时调和。次年，欧盟委员会发布《非个人数据自由流动框架条例（提案）》，要求贸易对象国提供充分的隐私保护标准。2018年5月，欧盟发布的《一般数据保护条例》（GDPR）正式开始实施，这部法案在跨境数据传输方面做出了严格的规定。不同国家在跨境数据传输上的政策方向不尽相同，相比美国和欧盟的"数据自由流动"倾向而言，印度、伊朗、俄罗斯、澳大利亚等国家则更倾向于"数据本地化"。因此，在制定数据主权制度时，也应充分考虑当前跨境数据流动存在的矛盾。

当前，我国虽未有明确具体的法律法规对国家数据主权进行法律保护，但2016年11月发布的《网络安全法》前所未有地提出了网络空间主权概念，扩大了我国享有的主权范围，其将网络空间主权视为我国国家主权在网络空间中的自然延伸和表现。将网络空间的概念上升为国家主权，更有利于保障我国合法网络权益不受他国或国外组织的侵害。一切在我国网络空间领域内非法入侵、窃取、破坏计算机及其他服务设备或提供相关技术的行为，都将被视作侵害我国国家主权的行为。《网络安全法》虽未提及国家数据主权，但对网络空间主权进行了明确，在网络空间中，数据是唯一存在的"物"，从这个意义上来说，网络空间主权和数据主权具有一致性，在出台国家数据主权制度之前，通过对《网络安全法》的不断完善，可以更加及时有效地从法律层面维护国家数据主权。

（四）数权的本质是共享权

数字社会的技术结构和网状特征决定了其内在精神是去中心化、无边界化，即开放、平等、协作、共享。这些特点奠定了"以人为本"的生态底色，也决定了这个时代的核心特点——共享，而共享正是数权与物权的本质区别。

1. 从"一物一权"到"一数多权"

"一物一权"是物权支配性的本质特征。物的形态随着科技的进步逐渐丰富，伴随物权类型的不断增加，所有权的权能分离日趋复杂化。"一物一权"在现实中受到了"一物多权""多物一权"的冲击。人类对物的利用程度和形式不断变化，"一物多权""多物一权"在审判实践中也取得法律上的一些间接默认与模糊许可，这突破了"一物一权"的原有之义。而数据可以存在"一数多权"，具有可复制性、非消耗性和特殊公共性，这决定了赋予任何主体对数据的绝对支配权，都会悖离共享的发展理念。随着时代的发展、科技的进步，当物的成本下降甚至接近零时，物的独享变得不再必要。对于富足而零边际成本的数据资源来说更是如此，其天然的非物权客体性和多元主体性决定了"数尽其用"基本原则的前提是共享。倡导"一数多权"的共享则成为一种必然而然的趋势，从长远看，稀缺的资源也会变得富足，传统意义上的资源稀缺被交互共享打破。"当我们从技术的视角来看待问题时，真正短缺的资源是很少的，真正的问题主要是如何利用资源。"[1]

2. 无边界共享

互联网打破时空限制，虚拟与现实、数字与物质的边界正日

---

[1] ［美］彼得·戴曼迪斯、［美］史蒂芬·科特勒:《富足：改变人类未来的4大力量》，贾拥民译，浙江人民出版社，2014，第8页。

渐消融，数字空间成为人类生活的新空间、新场域。与现实空间相比，数字空间具有时间的弹性化、即时化、可逆化与空间的压缩化、流动化、共享化特征。数字空间的出现，使人类世界出现了现实与虚拟双向度的空间结构形式。数字世界反映了数据开放性、共享性的本质力量，使人类走向无边界社会。通过重新排列组合，事物之间的边界逐步被打破。在无边界社会中，个人财产权的私有属性越来越弱化，越来越趋于共有与共享。要素流动越来越快，带来的创新频率也越来越快。组织形式越来越有弹性，人与组织的关系从交换关系转变为共享关系。美国经济学家、思想家杰里米·里夫金（Jeremy Rifkin）认为，"未来社会可能不再是简单地交换价值，而是实现价值共享。过去所有的东西如果不交换就没有价值，但是未来不是交换而是共享"。

3. 信任与利他是数权共享的基础

共享的基本前提是开放，核心是信任；共享的本质精神是利他，利他主义发乎同理心[1]。信任由理念、规则、法律、治理等经年累月积累而成。信任是社会有序运行的润滑剂和黏合剂，降低了人类社会合作与交易的成本。信任为数权共享的实现提供了不可或缺的条件基础，在普遍价值与坚固的信任基础之上，共享社会将成为未来的重要社会形态。利他是未来的核心，利他主义具

---

[1] 里夫金在《同理心文明》一书中第一次提出：人类是一个具有同理心的物种，人类历史的核心就是同理心与熵的矛盾关系。在这个严重消耗能源、高度互联互通的世界，全球性的同理心正在形成，而由此引发的"熵账单"也越来越长。解决这一矛盾需要彻底反思我们的哲学、经济与社会模式。

有促使他人得益的行为倾向，是一种自觉自愿的外化行动。这种利他主义的最大公约数，即是让数据权利、数据利用、数据保护与数据价值融为一体。利他主义的价值主张能够提高人们数权共享的主观意愿，从而促进人们共享行为的正向互动及转化。

4."占有权"与"共享权"

物权的本质是占有权。物权包括占有权、使用权、收益权和处分权。占有权就是对所有物事实上的控制权，事实上的控制（即占有权）是所有权的基本，没有占有权，其他三项权能的行使都会受到影响。只有真正拥有占有权，使用权、收益权和处分权才能更好地行使。

计划经济时代，所有的东西都是共有的，人们对物没有占有权，只有使用权。市场经济时代，出现了私有制和个人所有制，以占有物品为最终目的，很多东西的占有权被明确到个人。共享经济时代，物品的占有权属于谁并不重要，重要的是其他人能不能使用它。共享经济的本质就是将原先排他性的产权物品通过网络技术，将其使用权和获益权分享出去，从而获得经济收益[1]。使用权的让渡和共享让闲置资源得以利用，但其前提是对某物拥有占有权的权利主体具有让渡该物使用权的意愿。其本质还是对"占有权"的拥有。之所以说物权的本质是占有权，其根源在于物的排他性，物的排他性决定了物不可能同时拥有多个权利主体，因

---

[1] 何哲：《网络文明时代的人类社会形态与秩序构建》，《南京社会科学》2017年第4期。

此占有就成了掌握物权的唯一方法。

数权的本质是共享权。与物权不同，由于数据可以无限复制且不产生成本、不产生损耗等特点，数据可以同时拥有多个权利主体。在此情况下，对数据是否具有占有权并不影响人们对数据的掌控和使用。在不具备占有权的时候，人们一样可以行使数据的使用权、收益权和处分权。此外，大数据时代，数据的真正价值在于其在允许范围内可以无限制使用的特点，这是大数据产业、技术、应用等得以发展的根本，这一根本决定了共享成为大数据时代的本质需求，共享权成为数权的本质权利。脱离了这一根本，将物权的占有权套用在数权上，将会极大地束缚大数据的应用和发展，从而违背甚至破坏了数权对大数据进行保护与发展的本意。

共享和占有是数权与物权的本质区别。其原因在于，在物的使用权让渡中，其占有权的存在让物的权利主体的利益不会因此受到损害，权利主体仍旧对该物具有控制权。但数权不同，一旦数据的使用权让渡，获取数据的一方就完整地拥有了数据本身，数据就会脱离初始权利人的掌控，此时对数据本身的占有权就失去了意义。数据要产生价值或者价值最大化，就得将数据共享给他人使用，这样一来必然会与占有权产生冲突。因此，对于数据来说，强调数权的共享权与强调物权的占有权一样重要，这是从物尽其用到数尽其用的必然。

第三节 数权的属性

与传统的权属类型不同,数权作为一种新型权属类型,体现出权属的多元性。不同类型的数据有不同的权属,处于数据生命周期不同阶段的数据也有不同的权属。数权同时具有私权属性、公权属性和主权属性,包括体现国家尊严的主权、体现公共利益的公权和凸显个人福祉的数据权利。数权的法律属性,不仅要从个人权利等私法的角度分析,还要从国家安全等公法的高度分析。

(一)数权的私权属性

权利的属性,取决于权利的基本内容。我国缺乏对私权或者具有私权属性的权利的集中、系统的立法规定,采用了不同私权类型分别规定于不同法律规范之中的分散立法方式[1]。数据作为无体物,其私权属性是一个需要探讨清楚的前置性命题。在古罗马的私权体系中,财产权制度中"无体物"理论提出,对客体物的

---

[1] 麻锐、李建华:《私权概念的私法逻辑》,《河南社会科学》2014年第9期。

理解不应该拘泥于物体存在的形式。近代法律对知识财产的确认，标志着基于抽象物的财产权形式的出现。基于"数据人"而衍生的数据权利的私权属性主要表现在数据权利人捍卫自己的数据权利上。数权是人格权和财产权的综合体，而数据人格权和数据财产权的双重利益属性均具有经济价值，因而确定数权的私权属性主要是为了进一步论证对数权的保护应采用人格权的保护模式抑或财产权的保护模式。

1. 数权：一项新的民事权利

数权强调个人独立人格和行为自由，符合私权个人利益及其享有、实现的行为自由的基本价值取向。首先，数权具有独立的人格权。人格权作为《民法总则》设定的民事权利之一，指民事主体依法享有的维护人格尊严不受侵犯的一种民事权利。个人数据来源于自然人，具有一定的人格利益，他人未经数据主体的允许收集、使用、加工和传输个人数据，既侵害了数据主体自我支配和决定的利益，也伤害个人尊严。其次，个人数据具有财产利益。海量数据和信息的汇聚，可以分析研究产生大量有价值的信息，商家对这些信息进行商业利用，当真正产生效益时，利益分配的问题就会凸显，如果利益链中信息主体没有得到应有的报酬，会造成利益链的断裂。对于自然人来说，自身的信息具有商业价值，权利人享有特定的直接支配和排他的权利。

数权属性的确立有助于数据的全面保护。在"数据有价"的共识下，数据大范围的频繁泄露、非法交易和使用逐渐形成了黑色产业链，个人数据安全保护已然成为今后发展的重中之重。在立法层面，我国尚未对个人数据权进行直接规定，而有关信息安全的法律法规虽然在数量上似乎形成了一定的规模，但没有构成一个独立、完整、系统、条理清晰的体系，个人信息权利的保护分布在《宪法》《刑法》《刑事诉讼法》《民事诉讼法》《消费者权益保护法》等不同的法律规范中。2003年初，国务院信息办就委托中国社会科学院法学研究所个人数据保护法研究课题组研究"个人数据保护法"，2005年完成建议稿，但始终未进入实质性阶段。个人数据泄露所引发的骚扰频次与社会经济和信息化发展水平成正比。大量涌现的私人窃取、泄露和非法使用个人数据的行为应当通过私法进行规制，如果离开民法的规范与调整，则无法维持个人网络信息良好有序安全地流动，也不利于个人数据的保护。因此，将个人数据列入民事权利对于保护公民的私人数据具有现实意义。

数据私权保护的核心在于如何规制个人数据的控制者和处理者对公民个人数据的收集、使用、加工和传输等行为。2017年6月1日，正式施行的《网络安全法》用了较大的篇幅规定了公民个人信息权保护的基本法律制度，保护公民个人信息安全，防止公民个人信息被窃取、泄露和非法使用，依法保障公民个人网络信息有序安全流动。同年施行的《中华人民共和国民法总则》第111条规定，自然人的个人信息受法律保护。2018年5月25日，欧盟《一般数据保护条例》正式生效。该条例主要突出数据私权至上的原则，极大地扩充了数据主体的数据权利范围和保护机制，同时对数据控制者和处理者使用个人数据进行了严格的限制，加大了数据控制者和处理者对个人数据管理的法律责任，并加强了违反GDPR行为的惩罚措施[1]。

2. 民法视角下的数权保护

随着公民权利意识的觉醒和对数权属性的不断探讨，数权保护条件日益完善，不断有新的数权权能出现并加入私权体系中来，同一权利对象可能存在多种价值，数据私权的保护应当具有更强的适应性和开放性，"重构一个开放且具有弹性的私权体系"成为大数据时代的新要求。

美国政府对个人信息保护的相关法规政策可追溯到《联邦隐私权法》，这部法律就"行政机关"对个人信息的采集、使用、公开和保密问题做出详细规定，以此规范联邦政府对个人信息的处理行为，平衡个人隐私权与公共利益之间的矛盾。2012年，美国颁布《消费者隐私法案》[2]，要求经营者对消费者个人信息进行保护要遵循透明度原则、合目的性原则等内容。对金融、通信、教育、车辆管理和医疗等领域中的个人信息隐私保护，美国均制定了相应的联邦法。总之，美国法所谓的隐私权内容相对开放且不断发

---

1 王春晖：《GDPR个人数据权与〈网络安全法〉个人信息权之比较》，《中国信息安全》2018年第7期。

2 2018年6月28日，美国加利福尼亚州议会通过《2018加州消费者隐私法案》，并于2020年1月1日起正式施行。有媒体称，这是美国迄今"最严厉、最全面"的个人数据隐私保护法案。该法案主要涉及两个方面，一是规定消费者对企业收集和管理其个人信息拥有更多控制权；二是对企业收集处理数据的方式划定了红线。该法案是美国隐私法律演进的里程碑事件，既是美方对于欧盟GDPR施行的直接反应，也表明美国各界更为关注隐私保护，立法者也将采取实质行动加速个人数据治理。

展丰富，其所谓的隐私就是我们对自己所有信息的控制。

欧盟个人信息权的发展是一个司法为适用日新月异的数据处理技术而不断调适的过程。欧盟作为拥护数据自决权的一大组织机构，将尊重私生活和隐私视为一项基本权利。2002年欧盟出台的《隐私与电子通信指令》规定了电子通信领域尤其是互联网服务提供商对用户数据安全的保护义务，并赋予个人知情权和同意权，即服务提供商应将数据处理的意图告知用户，用户有权拒绝或撤回同意。2016年，欧盟出台新的数据保护规定《一般数据保护条例》，对个人数据的保护和监管制定了更为严格的规定和惩罚措施，该条例解决了《隐私与电子通信指令》惩罚措施不明确的问题，并于2018年5月正式生效。正如德国学者所指出，欧盟个人信息保护呈代际性特点。第一代个人信息保护法是为了适应政府及大公司内部电子数据处理而制定的；第二代是以公民的个人隐私权为中心展开的；第三代的特点是个人信息自我决定权和保障公民享有该项权利；当前正在进行的第四代，则表现为针对个人在实施其权利时普遍弱势的谈判地位做出一定调整[1]。

我国虽然缺少对个人信息权的统一规定，但在民法框架下也有个人信息保护的相关规定。《民法总则》第127条规定："法律对数据、网络虚拟财产的保护有规定的依照其规定。"这是对数

---

[1] 张里安、韩旭至：《大数据时代下个人信息权的私法属性》，《法学论坛》2016年第3期。

据作为一种法律权利的正式承认，首次明确将数据纳入民事权利保护范围。相关的宣示性条款（第111条[1]），让个人数据与隐私权有了更权威的保障，迈出了我国个人数据保护立法的重要一步。《民法总则》明确对个人信息权的保护，这对于保护公民的人格尊严，使公民免受非法侵扰，维护正常的社会秩序具有重要的现实意义，网络运营者和其他商业机构必须严格遵守法律。个人信息权是公民在网络时代享有的一项重要民事权利，任何组织和个人均不得非法收集、使用、加工、传输他人个人信息，不得非法买卖、提供或者公开他人的个人信息。

个人数据保护模式核心在于平衡充分保护个人数权与促进商业化利用的关系。首先，在数据静态保护上，应从权利基础出发，确认个人数据与隐私权为基本人格权；其次，在数据流动过程中，应从正义基础出发，处理好数据的收集、使用与共享中权益分配的公平合理等问题。总的来看，"欧盟模式"更有利于个人数据的保护，而"美国模式"则更符合数据自由流通的需求，两种模式的主张各有其利弊得失。我国在制定数权法时，要努力吸收各种保护模式的先进做法，注重与其他相关法律之间的衔接与协调，避免纵向重复或横向交叉，消除立法上的矛盾与冲突，做出合理的制度设计。

---

1 《中华人民共和国民法总则》第111条规定：自然人的个人信息受法律保护。任何组织和个人需要获取他人个人信息的，应当依法取得并确保信息安全，不得非法收集、使用、加工、传输他人个人信息，不得非法买卖、提供或者公开他人个人信息。

(二)数权的公权属性

1. 从私权利到公权力

权利的本质是私权利。对于权利而言,无论是根本法权利、公法权利、私法权利,还是社会法权利,相对于以体现和维护公共利益为主的公权力而言,权利其实是以体现和维护个人利益为主的,是个人的权利,其本质上是个人的利益与资格,这种"个人"从根本上是私人性质的,是私权利[1]。

权力的本质是公权力。无论是政治权力、经济权力还是社会权力,权力的行使主体都是公共机关和社会组织,权力的直接作用内容都是法律所保护的公共利益。权力姓"公"不姓"私",正如习近平主席所强调的:"公权为民,一丝一毫都不能私用。"[2]

卢梭从社会契约论的观点出发,认为国家权力是公民让渡其"自然权利"而获得的,他在其名著《社会契约论》中写道,"任何国家权力无不是以民众的权力(权利)让渡与公众认可作为前提的。"法国启蒙思想家洛克说,"人类为了弥补自然状态的缺陷,捍卫自身的自然权利,于是签订契约自愿放弃自己的部分权力,交给人们一致同意的某个人或某些人,从而出现国家。这就是立法和行政权力的原始权利和这两者之所以产生的原因。"构成人类社会生活的私权利和公权力是相互对立统一的关系。

---

1 参见段凡《权力与权利:共置和构建》,人民出版社,2016,第28~30页。
2 参见段凡《权力与权利:共置和构建》,人民出版社,2016,第9~14页。

主流理论观点认为公权力和私权利是相辅相成的关系,公权力是私权利的后盾和保障,私权利是公权力的存在依据和本源[1]。公权力在行使过程中必须做到依法行政、接受监督、法无授权不得行、法有授权必须为的原则才能抑制公权力被滥用,理想的法制健全的国家是公权力和私权利始终处于平衡状态。公权力作为国家的主要象征,是国家一切职能活动的根本前提,具有以下基本特征:第一,公权力的主体是公众而非个人,也就是说,公共性是公权力的核心内涵,体现的是一种公有性、共享性及共同性;第二,公权力的客体应该指向公共事务,涉及私权利的事务不应该动用公权力去干涉,否则就会构成对私权利的侵犯;第三,公权力的来源和基础是公共利益。公权力是承担着公共责任并且为公共利益服务的,否则公权力就很有可能变成私化或私有。

2. 数权具有公权属性

公权具有丰富的公共性和集体性意涵,可以将其界定为以国家和政府为实施主体,以公共利益最大化为价值取向,强力维护公共事务参与秩序的一种集体性权力[2]。

数权具有公权的属性。首先,从数权的结果导向来看,虚拟网络世界作为现实世界的镜像世界,使得公权有了新的载体空间

---

1 王建敏:《辩证看待公权力与私权利》,2015年4月7日,http://www.qstheory.cn/laigao/2015-04/07/C-1114893237.htm。

2 陶鹏:《虚拟社会治理中公权与私权的冲突与调适》,《甘肃理论学刊》2015年第3期。

和实现形式,公众在享受网络和技术带来便捷的同时也无法摆脱在网络世界中遭受恶意攻击的担忧、晦暗权力的裹挟和无所遁形的恐惧。虚拟网络空间和现实物理社会的高度融合,形成了两者既相互独立又相互影响的格局。数据权利的行使结果会影响法律所保护的公共利益,因此数据权利具有公权属性。其次,从数权的保护来看,数权的保护需要公权力的涉入,应当同时受到宪法、刑法、行政法、民法等多个法律部门的保护。因此,尊重公私主体的数据权,需要对公权力主体的执法程序立法进行明确,以保障其数据要求的合法性。

数权的提法最早可追溯到英国首相戴维·卡梅伦,其在一次讲话中提出:"新的数据权最令人激动。这将确保人民有权向政府索要各式各样的数据,用于社会创新或者商业创新……你会有足够多的信息来了解政府是如何运行的,如何花钱的,以及我们工作的效果。使用这些数据、开发这些数据,让我们负起责来,一起努力,创建一个现代民主的典范。"卡梅伦认为数权是信息时代每一个公民都拥有的一项基本权利。现实中作为公权力代表的政府实际上是最大的数据控制者。数权的提出恰恰符合道义论,即公民向政府主张数权是救济性、防范性和负面主张性的,主要是为了保护公民免于公权力以及其他庞大数据控制者对私权利的侵犯。基于此,数权作为一种公权力,应当列入法律权利清单,确立为宪法上的一项基本权利。

3. 数据公权的自我扩张性

法治的核心是规范公权、保障私权。公权力本身具有强制性和天然扩张性，所以有对其进行制约的必要性。公权力对于人民有一种管理的权力，一旦失控，很可能对人民的私权利造成伤害。在实践中，公权与私权的冲突情形时常发生，比如公权滥用直接侵害私权、政府提供新公共产品损害公众原有利益、政府公共服务的"供给本位"与公众需求之间的矛盾、政府不作为致使公众利益受损等。究其原因，关键在于强公权弱私权传统思维的惯性作用、制度设计偏废以及监管问责不力。

大数据时代，数权制度的缺失和公权力天然的自我扩张性导致了数据公权的滥用，使得数据私权受到了不同程度的损害。主要体现在以下两个方面。

第一，公权私用。大数据时代，数据在网络空间跨行业、跨领域的流动涉及数据生产者、接收者及使用者，数据在整个流动过程中会涉及很多实际地点比如数据的发送地、接收地、目的地以及提供服务设施的地点等，多元治理主体的权利与权力边界划分尚未清晰等，使得公权和私权在一定程度上表现出相互侵扰的现象。往往只有在服从数据公权的管制时，公民才能享有行使数据私权的自由。但是在现实中，经常出现数据公权私用现象，从而影响数据私权的安全性。数据公权私用有两种表现形式：一种是数据公权被滥用，违反正常使用程序和规则，侵犯公民私权使用自由；另一种是一些平台通过寻租和设租，使得公民数据私权受损。

第二，权力重心偏移。在物理世界中，公权总是强于私权，公权的天然强扩张性往往压缩私权空间，这种冲突在网络空间仍然延续。现代信息技术的发展为官与民之间的信息不对称添加了砝码，并严重偏向于掌握公权力的一方。例如，利用人体固有的生理或行为特征来进行个人身份识别或认证的技术在近些年突飞猛进，使个人信息的私密性变得越来越脆弱，若无法律制度的保障便会难以维持。

公权力的天然自我扩张性导致其较易不断地扩大自己的权力边界，公权与私权在网络空间相互侵扰、相互博弈和相互制衡。此外，由于公权力来源于私权利，而私权利的总量是恒定的，私权利与公权力之间是此消彼长的关系，两者相互联系并可以互相转化[1]。公民权利是国家权力的基础，国家权力是公民权利的保障。权利不是来自于国家的恩赐，而是国家权力存在的合法性依据。也正是从这个意义上来讲，权利应当是权力的本源，权力是巩固、捍卫权利而存在的。当数据私权与数据公权相互冲突时，公权应优先于私权，比如在隐私保护的权利和处置原则与国家安全、政府监管、公共安全、公共利益、司法程序与司法独立等发生冲突的情况下，应当优先满足后者的需求。数据私权与数据公权应当严格界分，只有规范数据公权，防止数据公权的滥用，才能真正保护好数据私权。但是，规范数据公权绝不意味着削弱数据公权的权威，而是指通过相关的规则、程序规范数据公权的行使，这样不仅不会削弱数据公权权威，反而会使数据公权得到更好的发挥。

---

[1] 阮传胜：《公权力与私权利的边界》，2012年11月12日，http://theory.people.com.cn/n/2012/1112/c49152-19553545.html。

（三）数权的主权属性

1. 从国家主权到数据主权

国家主权的内涵随着社会进步而不断拓展。按照经典政治学理论，国家主权是指国家对内拥有最高权力，对外有权自主决定自身发展方向，平等参与国际交往[1]。主权是国家最主要、最基本的权利，是国家所固有的，并非由国际法所赋予的。国际法中的国家主权原则只是对这一权利予以确认和保护。主权作为国家的固有权利，表现在三个方面：对内拥有最高权、对外拥有独立权和防止侵略的自卫权。

网络空间拓宽了国家疆域范围。"国家"被视为能够在其领土界限内实施管辖权的最具有主权属性的空间实体[2]。随着历史的不断向前演进，主权概念也在实时更新其内涵与架构。20世纪90年代，互联网开始兴起并蓬勃发展，网络全球化让信息突破传统领土界线，自由地跨境传播，而信息成为新兴生产力。从21世纪开始，得益于摩尔定律所驱动的指数增长模式、技术低成本化驱动的万物数字化、云计算模式驱动的数据大规模汇聚以及宽带移动泛在互联驱动的"人－机－物"广泛连接，大数据时代真正到来。无论大数据技术多么先进、网络数据全球化程度多么深，作为"新

---

[1] 孙伟：《正确区分网络主权与数据主权》，2016年7月5日，http://www.cssn.cn/zx/201607/t20160705_3098529.shtml。

[2] 孙南翔、张晓君：《论数据主权——基于虚拟空间博弈与合作的考察》，《太平洋学报》2015年第2期。

疆域"的网络空间也不应当是"法外之地"。

"国家主权适用于网络空间"的理念已经成为国际共识。联合国于2004~2005年、2009~2010年、2012~2013年三度成立信息安全政府专家组,"研究信息安全领域的现存威胁和潜在威胁以及为应对这些威胁可能采取的合作措施",并达成了和平利用网络空间、网络空间国家主权等重要共识。2015年,"政府专家组"再次发布研究报告,重申并丰富了网络空间国家主权的内容。2012年,OECD对美、英、澳、加、日、荷、法、德等10国的网络安全战略进行了系统研究后,发现大多数国家在制定网络安全政策时,逐渐体现了一种所谓的"主权考量"。2015年,我国通过的《国家安全法》首次以法律形式确认了网络空间主权。2016年11月7日,我国以维护网络空间主权为主要立法目的颁布了《网络安全法》,其后陆续颁布的《国家网络空间安全战略》《网络空间国际合作战略》将"尊重维护网络空间主权"列为网络安全的首要原则,为我国处理国内外网络事务提供根本准则。

数据主权是网络空间主权的延伸和拓展。作为网络空间的重要元素,数据已成为国家基础性战略资源,与自然资源、信息资源、智力资源同等重要。已有的信息主权已经无法适应国家管控网络空间中海量数据传播和使用的现象、行为和影响,数据主权应运而生。数据主权可以概括为,大数据、云计算背景下国家对本国数据以及本国国民的跨境数据拥有的所有权、控制权、管辖权和使用权,体现在对内的最高数据管控权和对外平等、独立的数据处理权[1]。数据关乎国家安全，是国家的一部分，构成形成国家的必要条件，国家对本国数据行使主权显示了国家的独立性和自主性。

2. 数据主权的性质

数据主权是国家主权的重要组成部分。网络空间的基本构成元素——数据的无障碍流通，使得全球数据资源共享成为可能，为人类生产、生活带来便利的同时也可能因为网络事件对主权国维护国家主权提出极大挑战。虚拟网络世界与现实世界的深度结合，数字资源的控制和使用将对国家经济、政治、文化等领域产生巨大影响。数据主权作为国家主权的必要补充，丰富和扩展了传统国家主权的内涵和外延，是国家主权适应现代化虚拟空间治理、维护自己国家主权独立的必然选择。

数据主权的目的是应对大规模数据安全问题。数据作为网络空间对真实物理世界记录的基本元素，蕴含了大量有价值的信息。一些危害国家利益的网络事件和网络犯罪活动，其实都是在虚拟网络空间和现实物理空间有组织、有计划地实施的，利用便捷互联网技术非法收集、使用数据，导致国家面临严重损失和不利局面。对数据所有权和管辖权的高度重视，是解决大规模数据安全问题的必然要求，对于打击数据恐怖主义、跨境数据犯罪等具有重要意义。

---

[1] 孙伟:《正确区分网络主权与数据主权》，2016年7月5日，http://www.cssn.cn/zx/201607/t20160715_3098529.shtml。

数据主权的实践根基是人类活动空间的变动。虚拟网络空间作为人类活动空间的新领域，相对于物理世界的领土边界和物质资源的有形性，其与数据资源具有开放、自由、无形的特征。虚拟网络空间的自由有余而秩序不足的现状需要主权进行规范。主张数据主权，在根本上与主张本国在国际经济事务中的主权是一致的。与虚拟网络空间的数据活动有关的主体以及数据蕴含的价值是客观存在的，而发挥数据的价值必须依托使用、交易等行为，这些行为也是有迹可循的。数据使用、交易等行为的结果会体现或影响国家主权，对于数据相关主体及其价值利益而言，主权国家具有主张主权的实践基础和现实需求。对虚拟网络空间主张国家主权，根源在于网络空间是当今人类社会的一部分，是国家事务的一部分。网络空间主权是主权在互联网上的映射，数据主权是主权在数据上的体现，数据主权是网络空间主权的重要内容。

3. 数据主权的保护

数据主权保护应以维护总体国家安全为功能定位。全球网络化无缝连接给国家之间原本清晰、相对封闭的疆界和国家安全带来前所未有的挑战。从全球范围看，网络空间治理的无序、无政府状态以及无物理边界、跨国界的特征，使得网络空间的风险和威胁存在一点突破便全网极速蔓延的特点。如"棱镜门"事件曝出美国利用网络霸权地位，非法窃取并监控全球数据，对其他主权国家实施网络攻击，严重损害他国主权。随着数据资源重要性的凸显，全球竞争焦点正从实体资源的争夺转向数据资源的控制。相较于传统领土、领海等疆土安全，数据主权指向的是更为复杂的虚拟空间中无边界的新兴安全类型,而数据作为虚拟空间的基本元素,有必要从国家主权的高度,构建国家数据主权安全的制度保障体系,在新挑战、新风险中维护总体国家安全。

数据在网络空间的自由无序流动打破了传统的绝对主权概念。数据的整体不可分割性使得数据在虚拟网络空间的跨境流动涉及层面广,会导致多重管辖权重叠,甚至产生数据主权冲突。同时,由于国家间数据保护规制不尽相同,网络服务商会在多重管辖权的情况下转移逃避,进而影响其他国家的数据安全。与传统主权的保护进路不同,数据主权保护更适宜从绝对的竞争走向一定程度的国际协作。

数据主权保护应实现从传统主权绝对独立性理论到相对主权的转变。在新一代数字技术快速发展的背景下,数据跨境流动变得更普遍和便捷,网络空间扁平化、多中心化使得社会权利意识逐渐觉醒,削弱了数据主权国对本国数据的控制力。小国无法凭借一国之力来保证本国数据安全,更谈不上构建绝对的数据主权,而强国却能借助先进科技的力量有效地行使数据主权,甚至危害他国数据主权安全[1]。为了应对和破解数据主权绝对独立性形成的多重管制冲突现象和国家数据安全困境,以"相对主权理论"为原则在联合国框架下构建全球网络空间治理体系更符合当下数据领域的实际情况。在相对主权理论下,法治思维在实现"相对主

---

[1] 孙南翔、张晓君:《论数据主权——基于虚拟空间博弈与合作的考察》,《太平洋学报》2015年第2期。

权"中的作用就显得愈发重要。在国内，法治要求主权的"绝对权威"不得凌驾于整体国民之上；在国际上，"法律治理"的共识和国际合作的实践已然让国家通过双边或多边条约让渡一部分主权。反过来，法治作为国家和全球的一个有效治理模式，能够将"主权"从政治范畴纳入法治轨道[1]。

应当在法律框架下行使数据主权、保护数据安全。对内建立数据管理权的权能体系，对于国家管辖范围内数据的传出、传入以及数据采集、传输、存储、处理、利用、交易等过程拥有最高管理权。在《网络安全法》的基础上，建立相关法律体系，进一步完善涉及国防军事、政党机要、人体基因等危害总体国家安全、人类生命安全的数据的禁易规则，以及对实施采集、存储、处理和使用等相关数据行为进行数据管制，使其必须符合国家相关技术标准或其他法律规定。对外建立数据控制权的权能体系，数据控制权是主权国有权对本国数据采取保护措施，避免本国数据遭受监视、篡改、伪造、损毁、窃取、泄露等威胁的权力，保障数据的安全性、真实性、完整性和保密性。

---

[1] 肖冬梅、文禹衡:《在全球数据洪流中捍卫国家数据主权安全》,《红旗文稿》2017年第9期。

第四章

数权制度

新技术革命引发了经济和社会秩序的变革，也对现行的法律制度提出了新的挑战。数据作为数字文明时代最重要的资源，通过制度对数据进行确权，在保护的前提下充分释放数据的价值变得尤为重要。而数权制度是基于数权而建构的秩序，主要包括数权法定制度、数据所有权制度、用益数权制度、公益数权制度和共享制度。其中，数权法定制度将数权上升为被法律承认的权利；数据所有权制度突破了传统所有权的制度框架，划定了数据所有权的权能；用益数权制度分离了数据所有权的权能，扩展了数据使用价值；公益数权制度对公益数据进行获取、管理、使用和共享，体现了用益数权的让渡；共享制度有助于提高数据的利用效率。数权制度的五个维度各有侧重，构成了一套数权保护和利用的制度体系。数权制度的建构，必将使数权成为数字文明时代公民的一项基本权利。

第一节　数权法定制度

随着权利意识的高涨,民众对数权的现实需求与未上升为法律权利的数权之间产生了巨大的矛盾,亟须建立数权法定制度,以满足民众对数权的法律需求。所谓数权法定制度,是指从制度层面对数权进行法律的规定和描述,使数权实现从应然权利向法定权利的转变。

（一）从应然数权到实然数权

在人类法律哲学的历史上,自然法学说一直是西方法哲学经久不衰的理论。自然法通常是指宇宙秩序本身中作为一切制定法制基础的、关于正义的基本和终极原则的集合[1]。根据自然法理论,世界分为应然世界和实然世界。其中,规范应然世界的法律叫应然法,规范实然世界的法律叫实然法。一般来说,应然法是永恒的、绝对的,是人的理性可以认识的,它被认为是一种公平、正

---

[1] 荣云:《论西方自然法的演进》,《法制与社会》2010年第22期。

义的秩序，所有人定法都必须接受这种秩序的批评和检验。因此，应然法统领实然法，是实然法的根源[1]。应然问题和实然问题始终是自然法理论的核心问题之一，而权利作为法学的核心，也分化为应然权利与实然权利，它们是应然法和实然法在权利范畴的对应结果与直接体现[2]。应然权利是人们在一定的社会生活条件下产生的权利要求，它是在可以预见的范围内人们应该需要的权利。因此，应然权利是人们的利益和需要的自发反映，它从价值层面对权利的应该状态做出描述，是权利最原始的形态。而实然权利是指权利主体实际上真正能够享有或获得的权利，它揭示了权利的实际状态，实现了人们的权利利益，是权利的最终形态[3]。

从数权的角度看，数据作为当今世界重要的资源，具有政治、经济、文化等方面的价值，数权俨然成为一项从人权和物权演化而来的基本权利，反映了数字文明时代人类生存和发展的需求，是权利的应然。目前来说，数权尚未上升为法律权利，无法满足人们对数权的期待，造成了现实社会中应然数权与实然数权的冲突与对立。因此，应然数权要获得充分实现，必须先将应然数权转化为法定数权，最后实现向实然数权的转变。

所谓法定数权，是指通过立法对应然数权进行规定、确认、选择和整理，从而实现对应然数权的认定和分配，它是自为的权

---

[1] 陈林林：《从自然法到自然权利：历史视野中的西方人权》，《浙江大学学报》（人文社会科学版）2003年第2期。
[2] 傅克谦、屈庆平、孙浩：《权利的应然与实然》，《河北学刊》2012年第3期。
[3] 文正邦：《有关权利问题的法哲学思考》，《中国法学》1991年第2期。

利。应然数权被认为是应当享有的权利，主要表现为数权的道德主张。而法定数权是立法机关通过正式的程序在法律条文中予以明确规定的数权。同应然数权相比，它具有公开性、明确性和一致性等特点。法定数权在道德上所具有的强大公示力和公信力是应然数权远不能及的，这与作为法定数权载体的数权法的优点是密不可分的。同时，应然数权主要是靠人们的内心信念、道德感和社会评价等方式加以维护的。而法定数权作为一种法定权利，当它在实现过程中发生争议和冲突时，相关司法、执法等机关会对其加以裁决，并由国家强制力作为最后的实施保障机制[1]。因此，应然数权要想获得真正的实现就必须成为法定数权，这样才能够真正满足人们的需要。

但法定数权仅仅是一套制度化框架，它需要在社会现实中得到体现和落实，从而实现向实然数权的跃迁。而跃迁的关键在于挖掘数权主体的内在要求，并与社会的发展需要相契合。因此，从法定数权到实然数权的转变，是数权制度在社会层面的落实，是数权实现的核心。从应然数权到法定数权，再到实然数权，其本质都是人们在不同阶段对数据相关利益的需要，它们是未被认定的数权和已被认定的数权、未实现的数权和已实现的数权之间的关系，三者在一定的条件下可以互相转化。数权法的创制使得应然数权转化为法定数权，法律的贯彻实施将法定数权转化为实然数权，实然数权的获得又激发人们新的数权需求，

---

[1] 刘雪斌：《法定权利的伦理学分析》，《法制与社会发展》2005年第2期。

从而不断推动着数权法的立、改、废循环，这就是数权法定制度的意义所在。

（二）数权法定的原则

数权法定的道德主张和制度设计要符合合理性原则，其本身应是合理、正当的利益诉求，且在一定的现实条件下能够被社会认同与接受，能够平衡不同主体之间复杂的数权利益。从西方理性主义的观念来看，合理性作为权利正当的前提，在权利法定过程中起着重要作用，数权的法定化也同样如此。因此，在数权的立法设计过程中，各国的立法者要通过创制理性的法律对数权进行限定和保护，从而为数权的实现创造理性化的基础前提。在数权的司法实践过程中，执法者和司法者要理性地保护数权利益，从而为数权的实现提供现实层面的保障。在数权的救济过程中，人们要采用理性的眼光审视数权法，从而维护自己所享有的数权，这是数权实现的关键。只有在立法、司法、救济与人们理性的数权观念有机地结合后，才能保证数权法定制度体系的良性运行。

同物权一样，数权也是一种存在于程序中的权利，必须在程序中进行实现和救济。数权的核心问题在于构建数权主体平等参与并对数权的利益或意志进行评判的程序。因此，数权要符合权利的程序，而数权法定要做到程序优先。数权法定的过程要注重数权的时空性特点、自治性功能、合理性要求、参与性主体以及特定性对象，其制度设计至少应包含立法程序、司法程序、法律论证程序、实践商谈程序、救济程序等，解决数权创设、证成、实践与救济等问题。相较于数权的实体正义，实现数权的程序正义也非常重要，因此我们要平等地对待数权的实体和程序，这是人们迈向数字文明时代的必然追求。

从文艺复兴与启蒙运动开始，主体性理论就为人类进入现代性提供了深层的哲学支持，主体性原则成为现代权利体系构建的根本原则，它从认识论、存在论和本体论三个哲学层面确认了人作为终极存在而具有主体的身份，坚持把人的价值放在首要位置[1]。随着人类进入数字文明时代，"数据人"作为人类在数据空间的映射，数权的法定必须以人为主体，通过保障人的权利与主体价值，实现人的自由和尊严。这就是数权法定的主体性原则，它通过扩大数权主体的保障范围、丰富数权的救济方式，来发挥数权主体的主动性和创造性，并反映数权主体的利益诉求。这是一个数权主体的自我价值不断被确认和肯定的过程，其利益的实现也必须要通过主体的行为来体现。因此，数权法定必须着眼于数权主体的需求，以实现数权主体的利益诉求为根本遵循，避免脱离"人"这一权利主体，使数权流于形式化和表面化，成为纸面上的权利。

（三）数权法定的内容

数权法定要求数权的种类、内容与效力必须要由法律进行规定，不能由法律之外的文件进行规定。它对于界定数权、定分止

---

[1] 陈璞：《论网络法权构建中的主体性原则》，《中国法学》2018年第3期。

争等都具有重要意义。因此,数权法定主要包含种类法定、内容法定和效力法定三个方面的内容。

数权体系是由数权的种类组成的,因此数权法定首先要包括数权的种类法定。所谓数权的种类法定,是指数权的种类必须要由法律进行规定,人们不得设立法律所不承认的数权种类,也不允许通过相关约定改变法律规定的数权种类。数权种类法定的目的是以法律的形式确定哪一类型的权利属于数权、哪一类型的权利不属于数权,其内容包括数权的种类名称、产生途径和体系等的法定。虽然人们可以对数权进行设定,但他们设定的数权必须符合法定的数权种类,数权法定强制性地规定了所有的数权种类,并不能通过其他方式进行改变,这样就排除了人们设定数权种类的自由。数权种类法定包含两方面的含义:一方面,数权的具体种类必须要由法律进行规定,人们不得创设法律所不承认的数权种类。这里的法律是指立法机关通过立法程序制定的规范性文件,而立法机关之外的其他机关通过规范性文件或司法机关通过个案设定的数权种类并不在数权种类法定范围内,必须加以限制。只有这样,数权种类法定才能产生普遍适用的效力,引导人们的行为符合法律规定,并指导法律从业者正确处理数权纠纷,从而发挥数权种类法定应有的功能。另一方面,数权种类法定既不允许人们任意创设法定数权之外的数权种类,也不允许人们改变现有法律规定的数权种类,即"排除形成自由"。数权实行种类法定原则,人们之间的约定、协议等都不具备创设数权种类的权利,且不能享有其所创设数权的利益。因此在人们的协议、约定中,不得规定其所设定的权利为数权,也不得设定与法定数权种类不符的数权。

数权法定应该包含数权内容的法定。所谓数权内容法定,是指数权的内容必须由法律进行规定确认,人们不得创设与法定数权内容不符的数权,也不得做出与法律强制性规定不符的约定。数权的内容法定与种类法定是不能分割的整体,只要对数权种类进行法定,那么必然要对数权的内容进行法定,因此数权内容法定是数权法定的重要组成部分。如果人们能够随意地变更数权的内容——虽然数权种类因为法定未发生变化,但数权的实质已经发生了变更——实际上就等于创设了新的数权种类。因此,数权内容具有不容人更改的强制性,不能自由创设和更改,这是为了保障数权种类法定真正地实现。数权的种类是认识和把握数权的基本方法,相较于数权的内容,数权的种类较为宏观与抽象,它对数权的观察能力、判断能力、把握能力更强。但数权种类的判断依赖于数权内容的构造,它们之间是相辅相成的关系。一般来说,数权种类能够对数权进行快速定位,当数权种类发生争议时,人们才会去分析数权的内容,这时数权内容起着基础性的作用,它能帮助人们准确地判断数权的种类。因此,数权的种类与内容都要进行法定,没有内容法定的数权种类是虚幻的,没有种类法定的数权内容是盲目的,数权的法定需要通过数权种类法定和内容法定的双重检验。数权内容法定,有助于明确数权的内容,减少人们的检索成本和谈判成本,定分止争,提高司法审判的效率和公平性。虽然数权内容的法定是强制性的,但它并非完全排斥意思自洽，允许有一定程度的缓和，因为数权体系并不是固定的，它还要随着人类社会文明的发展而发生变化，因此必须要给数权的内容留下发展的空间。

数权法定还应包括数权的效力法定。一方面，数权的效力是数权基本性质的体现，没有数权效力法定，数权的种类法定和内容法定必将失去规制作用；另一方面，数权的效力包括对世性和优先性两种特征，它们都会对第三人产生效力，这牵涉数据的安全，因此数权的效力不能由人们任意规定。就对世性而言，数权既具有对抗所有第三人的效力，又具有对抗另一方当事人的效力，但不能对抗善意的第三人。就优先性而言，优先的实质是例外，因此要通过立法对数权的优先效力做出明确的规定，避免造成司法实践的混乱。数权的效力必须由法律规定，不能通过协议、约定等方式进行设定或改变。这还包括两个方面的含义：一方面，人们必须要按照法律规定的效力来确定数权的效力；另一方面，人们不能够改变法律关于数权效力的规定。

（四）数权法定的意义

在理论层面，数权法定是对数权进行利益化、社会化的解读。利益是权利的外在表现形式，是权利社会化的结果[1]。因此，数权法定制度对数权利益进行了明确的规定，通过连接应然数

---

1 陈红岩、尹奎杰：《论权利法定化》，《东北师大学报》（哲学社会科学版）2014年第3期。

权和实然数权,把形而上的数权转化为具体的、法条化的、可预期的法定数权,并由国家公信力、强制力进行实施,最终保证数权的实现。数权法定明确了数权的归属关系,使得相关人员无法在标的数据上任意创设各种数权,降低数权的运行成本,维护了法律的简明性与稳定性。同时,数权法定的水平能够反映出人们对自身价值的认识程度,体现了人类社会的法律文明建设和法律制度设计的水平。法定化的数权本身也具有权威性和价值性,可以作为全社会共同遵守的行为准则,正确地对人们的行为进行引导。

在现实层面,数权法定是数权具体化的过程和现实化的结果,它体现了法律运行的轨迹,是数权实现的重要保障。从数权的种类到数权的内容、从数权的实现到数权的灭失、从实质意义上的数权到程序意义上的数权,通过对数权进行法定,界定数权内涵和外延,建立起数权利用和保护的制度屏障,明确和调整相互之间的数据权利义务关系,可以更好地解决数权冲突,起到定分止争的效果。特别是当公权力与私权利发生冲突时,法定数权将更加保护处于弱势地位的私权利,对公权力进行限制。

在制度层面,数权法定关系一个国家或地区的基本经济制度,只有通过数权法定,明确数权归属,确定数权的种类和内容,实现对数据所有权的制度调整,才能使一个国家或地区的数据所有制关系成为法律意义上的关系,巩固和维护正常的经济社会关系与秩序。同时,数权要在法律体系中明确、在现实生活中实现,必然要求数权具有可操作性,它必须是途径明确、内容详细的,人们能从法律条文和案例中解读和判断数权的原意,从而使数权的实现更加符合应然数权的道德主张。

(五)数权法定的困境

数权作为人类生存和发展的一项基本权利,要上升为法定数权,其本身应是正当合理的利益诉求,要符合现实的体制要求与价值取向,因此要受到经济、政治、文化等因素的影响。同时,数权法定是一个动态的过程,面临着许多困境。

在法律制度层面,数权相关法律的构成要素都影响着数权法定的成败。首先,数据资源权益、数据产权等并未有上位法进行明确,仅在一些理论研究、企业实践中有所涉及。其次,数权领域缺乏必要的、专门的法律,按照传统的法律路径进行规范已经显现出很大的局限性。再次,数权缺乏实体法的保护,无法将其进行具体化处理。最后,数权还缺乏程序法的规范,不具备可司法性。这些都成为数权法定过程中的法律制度障碍,阻碍了数权制度的构建。

在思想文化层面,社会的思想文化潮流将会制约着数权法定的进程。虽然大数据时代已经来临,但民众的数据意识、数权意识、数法意识依然有待增强,数据文化的缺乏将阻碍应然数权的形成。同时,人们思维方式"泛政治化"和"官本位化"严重,都将影响数权法定的过程,阻碍其向实然数权的转变。因此,进入数字文明时代,人们必须对人类自身、社会秩序、国家权力与数字文明的关系进行理性的分析,转变思维方式,让数权思维深入贯彻到人类社会的方方面面,推动人类文明的发展进步。

  在社会发展层面,数权法定体现了现有法律文明和社会文明的建设水平。当前数据的价值不断扩大,人类正迈向"数权时代",但由于社会历史的发展局限,数权尚未引起社会各界的重视,故数权法定带有一定的滞后性。但超越社会历史发展阶段、脱离社会发展轨道的法定数权又缺乏现实意义。因此,要真正地对数权进行解读,必须直面当今世界的历史进程,理性分析当前数据社会的建设情况,正确把握数权法制建设的背景,使数权法定更具备现实意义。

第二节　数据所有权制度

数据所有权是对数据享有最完全的支配权，构成了数权制度的核心。数据所有权制度是指从制度层面将数据归依于特定主体，使前者处于后者的支配之下的归属形式。数据所有权制度的构建，既有助于保护数权主体的利益，又能促进数据在整个社会范围内的共享和利用。

（一）所有权的缓和

第一次工业革命之后，非实体化所有权的出现逐渐瓦解了以土地为核心的实体化所有权制度，权利归属不再依赖于有体物的存在。除了土地所有权，著作权、商标权、专利权等开始被纳入所有权领域，形成了"知识产权"，无体物逐渐成为权利的客体。所谓无体物，是指不具有物质形态、只能通过思维抽象的方式认识其存在的事物。无体物的权利一般分为两大部分：一是由法律直接规定的债权、股权等；二是无形产权，它不仅包括版权、著作权、专利设计、商标权等知识产权，还包括具有重要价值的信息所享有的权利。从客体角度看,智力成果、信用信息、个人数据、商业秘密等无体物的权利类型对以有体物为主的传统所有权模式形成了冲击,它们在传统的所有权制度框架下无法获得栖身之地。但是,将无体物融入既有的法律体系中在法典化[1]之初就是存在的,它们主要从两个方面进行了周延的尝试:一是将部分无体物拟制为有体物,纳入物权法进行调整;二是直接借用了所有权的制度形式,将部分无体物扩展为所有权客体。这样,无体物权利就实现了对传统所有权制度的突破。

无体物是对传统法律领域中"物必有体"原则的超越或者突破,相应地要求对传统所有权的封闭排他结构和"一物一权"原则予以缓和。就权利客体的类型而言,传统所有权的封闭排他结构并不完全适合无体物,传统所有权制度强调主体对物绝对性与排他性的支配,必须限定所有权的适用范围,将这种支配限制于有体物范围内。因为对有体物行使权利可以不经过他人的意志,且不需要履行相关的义务。而无体物不具有排他性,因为排他性的属性将会造成所有权主体享有垄断的特权,妨碍资源的有效配置、竞争的自由以及公共福祉的改进。因此,必须扩展所有权的概念,构建适用于无体物的所有权体系[2]。

可以预见,随着数字文明时代生产要素的不断增长,新的权利形态将会不断涌现,权利的价值化与无体化现象将会广泛

---

1 所谓法典化,是指将法律条文化、形成法典的过程。
2 陈晓敏:《大陆法系所有权模式历史变迁研究》,中国社会科学出版社,2016,第111~113页。

地存在于社会生活中。以数据为客体的数据所有权将脱颖而出，与以有体物为客体的传统所有权在权利领域分而治之。对数据而言，设定数据所有权就是为了鼓励数据的共享与利用，保护数据所具有的经济价值、社会价值、主权价值等。与此同时，以数权为主的权利类型将在未来的经济社会生活中占据越来越重要的地位，必须要对数据所有权进行规范。因此，对现有的法律制度体系进行调整成为当前必须要面对和解决的问题，它要求法律提供新的调整工具，以规范和保护数据所有权主体的利益，这也对传统的所有权制度提出了严峻的考验，所有权制度必须予以缓和。

（二）数据所有权的主体与客体

数据所有权的主体是数据利益的所有人，是依法享有数权能力的自然人和法人，乃至企事业单位与国家。他们所具有的资格和权利由国家法律进行规定。数据所有权的主体资格指的是其法律人格，是数据利益承担者成为数权主体的法律基础，因此数据所有权的主体资格是承担数据权利义务的前提。法律不仅要为数权主体确定法律资格，还要根据数权主体的情况制定相应的法律规范。数权法就是调整各所有权主体之间的数据资源权属而形成的法律关系，而数权是这种法律利益的实体化。数据的无形属性和可复制性，使得数据存在多种利益形态。与传统所有权的"一物一权"主张不同，在一个数据集上可以存在多个数据所有权主体，各主体之间并不是对一个数据所有权进行分享，他们各自拥有独立而又完整的数据所有权。因此，数权法需要为数据所有权主体制定相应的组织规范，规制各数据所有权主体之间的行为，化解产生的数据利益冲突和消极外部性等问题。

数据所有权的主体资格既可以在原始取得基础上法定取得，也可以通过继受取得。所谓数据所有权主体资格的原始取得，是指通过数据所有权的第一次产生而取得权利，此时的主体包括约定的当事人、生产者、孳息者、先占者等原始权利人。在这种情况下，数据所有权主体资格的取得必须要以生产、孳息、先占等为基础，以法定取得为条件，要有法律的授权。与传统所有权相较，数据所有权主体资格的原始归属模式有很大区别，当数据资源的投资者与生产者是同一主体时，其权属是确定的；当不是同一主体时，不论是归投资者还是生产者所有，或是两者共有，数据所有权的利益归属都要平衡公共利益与投资者、生产者之间的利益，这是数权法考虑的核心问题。而数据所有权主体资格的继受实质是数据所有权的共享，但由于数据的不可绝对交割属性，继受主体无法完全取得数据所有权资格，因而存在三种情况：一是继受主体只能取得数据所有权中的财产权，不能取得人格权；二是继受主体存在多个，各数据所有权主体控制、使用同一数据并获取收益；三是各继受主体只能在各自的有效区域内行使数据所有权。如果只由原始权利人对数据所有权进行利用，无法发挥数据的最大价值，必须通过数据的流通，借助他人的力量实现数据利益的不断增值，因此数据所有权的继受取得比原始取得更为重要。

数据所有权的客体是独立存在、具有一定使用价值、可交换的特定数据集，它具有非物质性、可复制性和不可绝对交割三种特征。其中，由于数据集不具备物质形态，人们只能以抽象的方式认识其存在，因此非物质性是数据所有权客体最基本的特征。数据集可通过较低的成本进行复制，从而为若干主体同时控制、利用，扩大数据的价值。因此，数据所有权客体的可复制性是其成为权利客体的基础。数据所有权的客体是不可绝对交割的，它无法实现控制状态的完全转移。数据所有权客体与知识产权客体有明显区别，主要表现为：是否具有创造性、是否固定于某种介质、是否经过法律程序认可和是否需要进行公开。因此，不能采用知识产权的路径对数据所有权进行规范。从数据角度观察知识产权的客体，知识产权的客体是知识，它包含了人的创造性劳动成果，是最优化的数据。因此，数据不符合狭义知识产权客体的法定条件。

（三）数据所有权的权能

数据所有权的权能是指由数据所有权主体享有的、构成所有权内容的权利，它是数据所有权自身价值和实在性的体现，是数权的核心，也是数权利益所在。同时，在主体享有与行使数据所有权过程中，它又体现出所有权的功能和作用。数据所有权的权能包括控制权、使用权、收益权和共享权。

控制权是指数据所有权主体对数据所享有的支配权，它使数据处于主体合法控制之下，使得数据控制者拥有了自由行使的权利。人们既可以通过投入相关资源、劳动生产数据而获得数据的控制权，又可通过数权的共享获得数据的控制权。控制是数据所有权主体对数据的一种支配状态，这种状态能够平衡数据自然属性与数权保护之间的冲突，具有对世效力。一方面，数据所有权客体的非物质属性使得传统所有权的占有制度无法适用于数据所有权，只能通过实际的控制来实现数据所有权主体对客体的支配，它既体现了数据所有权控制权能的保护作用，又体现了继续维护控制状态的功能，这种保护与继续使得数据所有权在权利转移、权利推定时产生了效力。另一方面，数据所有权客体的可复制属性使得数据传播的成本很低，数据权益很容易受到侵犯，然而仅通过技术手段实现对数据的控制、降低被侵权的风险，其有效性是极为有限的，必须通过法律对数据控制权进行规定，才能真正地保护数据权益。

使用是利用数据的基本手段，是挖掘数据价值、实现数据利益的主要方式。因此，使用权是指数据所有权主体追求数据使用价值、利用数据实现相应利益的权利。根据数据的自然属性，数据的使用权主要包括处理权、复制权两种类型。其中，处理是使用数据资源的基本方式，通过处理可发现、提升数据的价值，确认数据的存在和意义，因此处理权是使用权的重要部分。处理权可进行共享，但其共享一般是有条件的，使用方只能按照约定的方式处理数据，而不得任意复制共享。然而数据要增值，就必须要扩大数据的规模，让更多的用户使用，由于成本极低，复制成为最重要的手段。因此，复制是利用数据的重要条件、途径和方式，它能完整地再现数据信息，是数据传播的基础，复制权在数据所有权中占有重要地位。

收益权是主体使用、共享数据而获得收益的权利。数据资产化就是一个获得收益权的过程，它是数据所有权在经济上的实现形式，数据只有通过收益权才能实现其价值，表现出外部性、长期性与多元性等特点。外部性是指数据所有权主体使用、共享数据而取得的收益与其付出的成本之比，它决定了数据的非绝对性。因此，必须要对数据收益权做出必要的限制，规定必要的例外，实现私利保障和公益保障的平衡。数据的收益具有长期性，因为数据的价值不可能通过一次使用或消费就能得到全部挖掘，当新的数据资源加入并产生关联时，可能会改变原有数据的价值，带来新的收益。同时，数据具有不可磨损性，可以反复利用、长期收益，数据的价值永远达不到最大，它会随着时间的推移而不断集聚扩大。数据收益具有多元性，由于数据的不可绝对交割性，不可能实现对数据控制状态的完全转移，同一数据之上可以存在多个收益权主体，获取数据的收益。

共享是对数据的最终使用，共享权是权利人对数据进行消费和分享的权利，是所有权的最终体现，是数权的本质。所有权的共享并不会导致所有权主体丧失数据的控制权，而是通过复制在数据之上形成独立的所有权，使得一项数据可以同时为多个所有权主体所控制和利用，而且数权的共享并不会灭失数据的价值，反而扩大了其价值。对于有体物而言，一般是以处分权的形式出现的，对有体物的处分会导致其所有权的绝对或相对消灭，此时处分权决定了有体物的归属[1]。而对于数据而言，传统所有权的处分制度已经不适用于数据的保护和利用，因为数据的价值在于共享，对数据进行控制并不是数据所有权的目的，充分利用数据、发挥数据的价值才是设定数据所有权的初心。因此，数据共享权更多的是着眼于数据的利用，它将数据利用作为人们追求数据价值的形式，提升到与所有权归属同等重要的位置。

（四）数据所有权的约定使用制度

数据所有权客体的自然属性和现代数据生产活动决定了单靠权利人自身对数据的直接利用无法发挥数据的价值，必须要依靠他人对数据的合法利用来扩大其价值。其中，约定使用是数据资源利用的普遍方式，它能尊重双方的意志，保护各方的利益，从而促进数据合理、有效地利用。数据所有权的约定使用制度包括许可使用制度、转让制度等。

数据所有权的许可使用制度是数据所有权主体允许他人在一定条件下使用数据的制度。许可使用时，不仅数据所有权主体要发生变化，各主体之间还存在特定的权利义务关系，这种关系的本质是一种约定关系，因此其效力来源于约定。数据所有权的许可使用实际上是创设了一种独立的数据所有权，使得同一数据之上拥有了多个数据所有权，它们可由不同主体同时使用。从使用

---

[1] 陆小华：《信息财产权：民法视角中的新财富保护模式》，法律出版社，2009，第373页。

主体看，数据所有权的许可使用制度可分为独占许可使用、独家许可使用和普通许可使用。其中独占许可使用是指数据所有权主体授予他人在一定条件下独占地使用数据的权利，任何人（包括自己）都不得使用该数据。独家许可使用与独占许可使用的区别就在于除了被许可主体，数据所有权主体是否可以使用数据，独家许可使用制度可以，而独占许可使用制度不行。而普通许可使用是指数据所有权主体授权两个及以上主体使用数据，且各主体之间不得相互排斥。从这个层面来讲，普通许可使用是数据所有权行使的最佳方式和最广泛的路径，因为数据具有可复制性，只有通过数据的复制传播和普遍许可使用才能不断扩大数据的价值，才能符合现代社会生产活动的需要。

数据所有权转让制度是数据所有权主体将数据所有权转让给他人所有的制度，它可以通过数据交易、赠与、继受等方式完成，从而使转让人和受让人之间产生了特定的权利义务关系。可转让性是数据所有权的内在规定性，与许可使用不同，数据所有权的转让人通过剪切数据将数据所有权的所有权能进行转让，即控制、使用、收益、共享四项权能同时转让，而受让人同时拥有这四项权能，成为新的数据所有权主体。因此，数据所有权的转让并没有使数据之上拥有多个主体，而是一个主体替代另一个主体。如果受让人只获得了控制权、使用权与收益权，不具备共享权，则受让者就不能自由地将数据共享给他人使用，这种不完整的权能转让实际上就是许可使用。从转让的后果看，数据所有权的许可使用仅使得数据所有权主体让渡了部分使用权、收益权，当数据受到侵犯时，数据所有权主体依然承担相关的法人义务；而数据所有权的转让连同相关的法人义务都进行了转让，原数据所有权主体丧失了对转让数据的支配权。

（五）数据所有权的法定使用制度

数据所有权的法定使用是数据利用的特殊方式，它是对数据所有权的一种限制。因为非物质的自然属性使得数据更多地涉及民众利益，必须加以限制，以求得公益与私利的平衡。因此，数据所有权的法定使用制度包括合理使用制度、法定许可使用制度与强制许可使用制度，它们是数据所有权制度受到限制的具体体现。

合理使用是数据所有权最严格的限制方式。所谓数据所有权的合理使用制度，是指在法律规定条件下，他人可以不经过数据所有权主体的许可就使用数据的制度，这种使用不需要支付相关的费用。数据所有权合理使用制度的目的就是维护公共利益，在不损害数据所有权主体根本利益的前提下为民众留下合理使用数据的空间。因为数权既包含了私权属性，又包含了公权属性，如果将公权属性私权化，就会严重损害公共利益。因此，必须要设定数据所有权的合理使用制度，使他人能在出于教育、医疗、慈善、科研等公益目的的情况下合理地使用数据。这样，数据所有权主体就向社会输出一部分数据利益，有效平衡了数据公共利益与私人利益之间的关系，避免因为数据垄断而影响数据的利用和因为没有数据垄断而影响数据的生产两种情况的出现。

数据所有权的法定许可使用制度也是对数据所有权的一种限制制度，但其限制程度要弱于合理使用制度。所谓数据所有权的法定许可使用制度，是指在法律规定条件下，他人可以不经过数据所有权主体的许可以特定的方式使用数据，但这种使用必须要支付相关的费用，同时要尊重数据所有权主体的其他权利。数据所有权的法定许可使用制度赋予了他人一定的数据使用权利，准许了符合法定条件的人使用数据，解除了数据所有权主体对符合条件的人的使用限制，从而达到平衡公益和私利的目的。与合理使用相比，法定许可使用是法定授权，使用者多以营利为目的；而合理使用则是一种意定授权，其使用者并不以营利为目的。

数据所有权的强制许可使用制度是指在法律规定的特定情况下，由相关的主管机构强制性地许可第三人使用数据的制度，它不需要经过数据所有权主体的同意，但必须要支付相关的费用，同时尊重数据所有权主体的其他权利，这是一种非自愿许可，其目的是维护国家和社会的公共利益。与法定许可相较，强制许可是一种特别的限制制度，其行为须由法律规定的主管机构进行衡量，一般情况下都不会执行这种制度，因为用之不当会严重损害数据所有权主体的利益，只有出于国家和社会公共利益的需要才会启动强制许可。强制许可使用针对的是已公布的数据，面向的是特定的使用者，具有很强的灵活性和期限性，其功能在于限制数据所有权主体滥用权利，确保民众可以接触、使用数据，从而促进社会的发展进步。

第三节　用益数权制度

用益数权是为了解决数据的所有与利用之间的矛盾而产生的，是在一定条件下对他人所有的数据进行使用和收益的权利。用益数权制度的建立，是数权从控制走向利用的产物，有助于更好地实现数权的经济价值，它是所有权的一种实现方式。

（一）被限制的所有权

用益数权是对他人所有的数据进行使用和收益的权利，是数据所有权主体授予他人享有数据的权利。用益数权的出现是数据所有权权能分离的结果，它是数据所有权主体将所有权中部分权能予以分离，授予他人享有，从而在他人数据上形成的数权。因此，用益数权是在数据所有权的基础上产生的，其本身就是对数据所有权的限制。但用益数权的设定有助于更好地实现数据所有权的经济价值，是数据所有权在经济上的一种实现方式。用益数权的产生是数权体系从控制向利用发展的产物，可以与数据所有权共存。随着数字文明时代的到来，数据资源的规模不断扩大，用益数权的重要性日益突出。用益数权的设立往往是出于所有权人的意志,在所有权人无法实际利用或无法充分发挥数据的价值的情况下,将自己的数据共享给他人进行使用和收益,才能在经济上充分挖掘数据价值。尽管数据所有权和用益数权联系密切,但两者存在明显的区别,主要表现在以下方面。

权利性质不同。用益数权是一种他数权,而数据所有权是一种自数权。自数权是对自己所拥有的数据的支配权,它是最全面、最完整的数权。在他人所有的数据上设立的数权,就是他数权。因此,用益数权具备了他数权的特性,如有期性、内容受限制性等。

权利内容不同。用益数权是定限数权,而数据所有权是完全数权。用益数权作为一种定限数权,在期限上和权利内容上都是有限制的,其支配的主要是数据的使用价值。而数据所有权则是无期限的、具有全部权能的数权。用益数权人只是享有数据所有权的部分权能,原则上不包括共享权能。而数据所有权是最广泛的支配权,是最完全的权利。

受期限限制不同。从期限性上看,用益数权是有期限的数权,而数据所有权是无期限的数权。数据所有权的存在与数据共始终,只要标的数据存在,数据所有权就存在。而用益数权大多是有期限限制的,超出了期限范围,用益数权将不复存在。

权利客体不同。数据所有权客体的范围非常广泛,包括各类数据集。不管数据集是否具有使用价值,都可以为相关主体所有。而用益数权的客体相对狭窄,作为用益数权的客体,特定数据集必须具有一定的使用价值，从而满足用益数权主体的需要。

权利取得方式不同。数据所有权的取得方式具有多样性，既可通过生产加工数据原始取得，也可以通过继受取得，只要采取合法的方式，都可以取得数据所有权。而用益数权的取得方式具有法律上的限制，只能通过约定设定的方式和法律强制取得。

（二）用益数权的特征

由于用益数权是在他人数据之上成立的数权，与他物权相类似，因此可以称其为他数权。同时，由于用益数权必须在约定的范围内对标的数据加以支配，所以又称为限制数权。用益数权的主体是所有权主体之外的其他主体，所有权人不能成为用益数权的主体。因为用益数权是在他人数据上设立的，所以用益数权主体就是在他人数据之上享有权利的自然人、法人或其他组织。用益数权的客体是数据集，它具有非物质性、可复制性和不可绝对交割等特点，且随着数据利用方式的多样化，特别是由于科学技术的进步和体制机制的创新，数据的价值在不断提高。为了应对数据利用多样化的趋势，提高数据资源利用效率，必须要在其之上设立用益数权，这是数权制度发展的必然趋势。

用益数权的核心是使用权和收益权。一方面，用益数权的主要内容是使用、收益。用益数权主体在行使权利时可以根据数据集的用途、权利设定目的等差异而采取不同的利用方式，有的用益数权侧重于对数据本身的使用，而有的用益数权侧重于对数据进行交易。另一方面，用益数权一般不包括对标的数据的共享权，但权利人依法享有对用益数权本身的共享权。对于用益数权本身进行共享,有利于充分提高数据资源的利用效率。随着人们对数据的利用方式不断创新,科技的不断进步,用益数权的内容也将不断丰富。

用益数权在性质上具有特殊性。主要表现在:首先,用益数权是一种定限数权,而定限数权于时于量皆有一定的限度,不如所有权内容丰富。其次,用益数权原则上是一种主权利,它并不从属于其他数权。用益数权作为一种独立于所有权的数权,它不以其他数权的存在为成立前提,不随其他数权的转让而发生转让,也不随其他数权的消灭而消灭。最后,用益数权是一种有期数权。有期数权是指有明确期限限制的数权。用益数权一般都有明确的期限限制,因为其本质是对数据所有权的一种限制,如果允许用益数权永续存在,则可能导致数据所有权的虚化,甚至名存实亡。

(三)用益数权的内容

用益数权是对他人数据的使用价值加以支配的权利。所谓他人,原则上是数据所有权的主体。用益数权以数据的利用为目的,其内容是对数据使用价值的支配。从法律上看,共享权是数权最为本质的权利,它是将物权与数权相区分的标志。但是,就用益数权而言,其权能不包括对标的数据的共享权,因为用益数权的主要内容是使用、收益。当然,为了有效地利用数据,允许权利人在不妨碍数据的最终权利归属的前提下依法享有对用益数权本身的共享权,这种共享是对权利的共享,而不是对数据本身的共享，对数据的共享应当属于所有权人。具体来说，用益数权的内容包括控制权、使用权和收益权三项。

用益数权主体必须要控制数据，只有这样才能对数据进行使用、收益。所谓控制，就是权利人对标的数据的实际掌控。没有实际的控制，用益数权主体就不可能实际使用。由于用益数权需要对数据进行使用和收益，获取数据的使用价值，这就决定了用益数权人必须要控制标的数据。因为只有控制标的数据，才能获得标的数据的使用价值，没有控制虽然可以抽象地支配，但是无法实际利用。数据之上如果发生了用益数权的冲突，那么主要是指控制权的冲突，因为控制是用益数权设定的先决条件，用益数权主体只有控制他人数据，才能实现对数据的使用和收益，从而获取数据的使用价值。

用益数权是以使用、收益为目的的。使用权是指按照数据的性质和用途，依据法律或相关的约定，对数据加以利用的权利。法律设定用益数权的目的就是使用数据，追求数据的使用价值。收益是指通过使用获取数据的天然孳息和法定孳息。使用权和收益权一般是结合在一起的，因为只有对数据进行使用才能获得数据的收益。因此，用益数权要包括使用权和收益权。一方面，用益数权在法学中的直接意义就是使用权，它是以使用为目的而利用他人数据的数权；另一方面，用益数权主要是对数据的使用价值的利用，通过这种利用满足用益数权主体不同的利益需要，从这个意义上讲，用益数权又包括了收益权。

数据所有权主体不得干涉用益数权主体行使权利。用益数权设立后,它就独立于数据所有权,对数据所有权形成了一种限制。作为独立的数权类型,用益数权主体旨在通过对他人数据的利用行为,实现自己的经济利益或其他目的,这与数据所有权主体所追求的利益必然存在差异。但是这种差异必须得到法律的保护和数据所有权主体的尊重。因此,数据所有权主体负有不得干预用益数权主体行使权利、追求自身利益的正当行为的义务。而且,用益数权是在数据所有权基础上设立的,它虽然是独立的数权,但它也受到数据所有权主体意志的制约,如果没有法律和合同依据,数据所有权主体擅自干预用益数权主体行使权利,用益数权主体的权利就难以得到保障。当然,用益数权主体行使权利也不能损害数据所有权主体的利益。由于用益数权都是基于合同产生的,数据所有权主体只是共享了控制、使用或者收益的权能。因此,用益数权主体在行使权利时,应当限于使用和收益的目的范围。如果用益数权主体损害了数据所有权主体的利益,不仅会造成社会资源的损失和浪费,还会违反设立用益数权的约定。

(四)用益数权的意义

用益数权是数权的基本类型,也是他数权的重要类型之一,其类型将随着现代经济社会生产活动的发展而不断丰富,用益数权的地位也会因此变得更加凸显,对我国经济社会的发展也将起到越来越重要的作用。

用益数权制度是实现公有制与市场经济有效结合的最佳途径。如何实现公有制与市场经济的有效结合,是人类历史上从未有过的伟大实践。而用益数权制度就是实现这种结合的途径之一。政府拥有大量的数据资源，这些资源如果不能进入市场，就无法真正地实现建设市场经济的目标。借助用益数权制度，在不改变数据资源归属的前提下，通过用益数权的设立，使数据能够进入市场自由流转，由国家和集体以外的其他民事主体对数据资源进行广泛利用。因此，用益数权制度对我国具有特殊的意义和价值。

用益数权制度有助于发挥市场在数字经济社会生产活动中的决定性作用，实现数据资源的有效配置。数据所有权的权能分离，既是用益数权产生的基础，也是现代经济有效配置和利用资源的手段。用益数权通过市场机制的作用，实现了数据资源在最有利用需求和利用能力的当事人之间流动，让最有条件和能力的主体利用好数据资源，从而实现数据资源的优化配置与利用，最大限度地挖掘数据资源的价值。同时，数据作为数字文明时代最重要的生产要素，其绝大部分掌握在政府手中。只有通过用益数权制度，才能使这些数据资源进入市场，然后通过市场的手段，使数据资源得到效率最大化的使用。可以预见，用益数权制度将在数字文明时代发挥巨大的作用，其内容也将不断地丰富。

用益数权制度在数据资源的保护和合理利用中发挥着重要作用。在数字文明时代，人们对数据资源的需求日益增长，在数据规模不断扩大的情况下，在一个数据集上的用益数权主体越多，就越能实现对数据的充分利用，更多地获取数据的价值。可以说，用益数权是直接利用数据资源并发挥其效益的权利，它不仅能实现数据资源的合理利用，还能实现数据资源权益的有效保护。因为用益数权制度能够平衡协调个人利益和社会利益、短期利益和长期利益之间的关系，化解各类数权主体因数据资源利用而产生的各种矛盾冲突，从而保护数权利益。

用益数权制度是数权发展的重要趋势。在数字文明时代，数据的有效利用必将上升到与数据归属的同等地位，人们将逐渐放弃传统民法注重支配和归属的做法，转向数据的利用，更加侧重于数据使用的具体形态。在这个过程中，数据所有权的地位将逐渐下降，传统以"所有"为中心的观念将被以"利用"为中心的观念所取代，而用益数权就是这种以"利用"为中心的数权的主要表现，其地位将逐渐上升，主要原因在于：现代生产活动要求数据资源要流转到最有条件和能力利用该数据的人手里，这就必须实现数据资源利用的最优化配置，最大限度地发挥数据资源的效用。可以预见，随着经济社会的发展，用益数权在数权体系中的地位和作用将更为凸显。同时，用益数权具有十分突出的本土性和民族性特点，因为一个国家的用益数权制度是由其基本经济制度决定的，每个国家都有其特色的用益数权制度，其类型和内容都会因历史传统、国情地域不同而不同。

第四节 公益数权制度

作为被让渡的用益数权,公益数权在国内外现有的权利体系中尚没有明确的定义,但就数据的利用和保护而言,界定公益数权是非常必要的,公益数权是行政主体、公共机构、公益组织等为保障和增加社会的公共福利,在公益数据上设定的公法性权利的总称。

(一)公益数据的界定

从法律机理看,用益数权是一种从私权角度对数据资源进行确权、利用和保护的权利。在大数据时代,数据的主体复杂多样。从行为主体看,数据可以分为政府数据、法人数据和个人数据三种类型,而以政府数据为主体的公共数据资源形成了法理基础上的公益数据。公益数据的开发共享效果很大程度上决定了数据资源利用能否实现最大化。因此,对公益数据进行科学、合理的确权,促进政府等公权机构开放共享公共数据资源,是数权制度建构的重要支撑和保障。

公益数据是法理上的公共数据,然而对于公共数据,目前社会上尚未形成统一的定义，国内外也只是做了一些概念上的探索。联合国教科文组织起草的《发展和促进公共领域信息的政策指导草案》把公共数据资源定义为"不受知识产权和其他法定制度限制使用以及民众能够有效利用而无需授权也不受制约的各种数据来源、类型及信息"。[1]美国《田纳西州公共信息法案》认为公共数据是"在法律、法令以及官方事务联系下所收集、组织和保管的信息"。[2]在我国，尚未有官方文件对公共数据进行定义，只是有一些学者在学术上进行了理论辨析。比如夏义堃认为，公共数据是"一种特定的实用型信息类型，它是指所有发生并应用于社会的公共领域，由公共事务管理机构依法进行管理，具有公共物品特性，并能为全体社会民众共同拥有和利用的信息"。[3]霍国庆认为，公共数据是"除了政府信息资源外，还包括政府各部门在共享政府信息资源的基础上，在履行其政府职能时需要政府系统之外的其他个人、组织、社团、社区等来生产、收集、处理、传播或者处置的信息"。[4]杨玉麟等认为，公共数据是"社会组织在公共活动中所产生的各种信息资源的集合，其中政府公务活动所产生的信息构成了其主要部分"。[5]

---

1 转引自夏义堃《公共信息资源管理的多元化视角》，《图书情报知识》2005年第2期。
2 杨玉麟、赵冰:《公共信息资源与政府信息资源的概念及特征研究》，《图书馆建设》2007年第6期。
3 转引自夏义堃《公共信息资源管理的多元化视角》，《图书情报知识》2005年第2期。
4 霍国庆:《我国信息资源配置模式分析》，《图书情报工作》2000年第6期。
5 杨玉麟、赵冰:《公共信息资源与政府信息资源的概念及特征研究》，《图书馆建设》2007年第6期。

从法理上看，凡是能够满足民众的数据需求、与公共利益切实相关的数据资源都可纳入公益数据的范畴。因此，公益数据包括了三个来源：一是政府公务活动产生的政府数据；二是企事业单位向社会公开的数据；三是个人向社会公开的数据。其中，由于政府是社会的重要的控制力量，集聚了社会上80%的数据资源，它们是公益数据最重要的组成部分。公益数据具有公共性和广泛性两大特点。所谓公益数据的公共性，是指公共管理部门为了维护社会的公共利益，促进社会的公平、正义、自由，免费或低价向民众提供的数据资源的服务。公益数据的开放将为社会提供大量的生产资源，同时由于数据的可复制性，公益数据的消费所产生的社会成本极低，且不会导致原有的数据内容受损与影响他人收益。公益数据的广泛性是指其内容和来源十分广泛：每一个社会民众、企事业单位、国家机构都与公益数据产生直接或间接的联系，成为提供公益数据的主体；每一个事物特征和运动状态都可以形成公益数据，维护着公共利益。

从经济属性上看，数据具有私权的特征。但从权利行使的结果和影响来看，数据又会影响公共利益，具有公权属性。因此，数据私权需要受到限制，个人不能"垄断数据"，不能因为保护个人数据权利而牺牲公共利益。如果没有公共利益的平衡，追逐私利就会变成社会导向，数权制度反而成为社会发展的羁绊。在现有法律体系中，公权和私权都受到法律的规制和保护，保障个人数据权利只是其目的之一，更重要的是公共利益的维护，使数据得到充分利用，扩大数据的价值，这是由公益数据的公权属性决定的。个人数据保护往往涉及公权对国家安全、公共安全和数据安全等方面的价值考量,其正当性也存在于公法之上。数权制度的基石就是要在私权和公权的利益之间保持平衡,应通过立法科学配置数据的权利义务,以协调个人私权与公共发展之间的关系,平衡数据权利的各种需求。

(二)公益数权的内涵

公益数权是一种被让渡的用益数权。用益数权主要强调从私权角度确立对数据进行使用、收益的权利。立足公益数据保护和利用,我们提出了公益数权的概念。对于公益数权,在现有的法律研究中,国内外尚没有公益数权的概念及相关定义,但就数据资源利用和保护而言,界定公益数权有着非常重要的意义。一方面,对公益数据的科学确权,有利于推动公益数据的最大化利用;另一方面,公益数据具有天然的公共性和广泛性,但是归根结底来源于个人,对其进行权利主张,有利于保护个人数据人格权和财产权。公益数权是行政主体、公共机构和公益组织等为保障和增加社会的公共福利,在公益数据上设定的公法性权利的总称。

公益数权是数权制度的重要内容。公益数权是与用益数权相对的一种数权类型,主要是指以政府为代表的行政主体、公共机构与公益组织等出于公共利益需要,对公益数据进行获取、管理、使用和共享的权利。从法律属性上看,公益数权是一种被让渡的用益数权,是公民的一项基本权利,它是对不以营利为目的,用于公共事业、公共服务和公共管理的数据权利的新主张,其权利主体从法律上属于全民所有，以政府为代表的行政主体、公共机构与公益组织只是出于公共利益需要代为支配。维护公共利益是公益数权的根本，也是对私权进行限制的一把利剑。公益数权的保护对象是全体公民，其内容会随着公民对公益数权利益的需求变化而发生变化，因此带有一定的不确定性和弹性。但不论大数据如何发展，创设公益数权制度的最终关怀是保障公民平等、自由等基本权利。

公益数权是公权和私权的平衡。公益数据在本质上属于全体公民，应该在保障公共利益的前提下，让其回到人民群众中去，为全体民众所共享。社会生产的数据既有私有部分又含公共部分，很难判定是否属于公益数据。公益数权需要在不损害个人利益的前提下弱化个人对数据的所有权，避免数据垄断。因此，国家需要制定相关的法律，既要对数据的私权进行限制，又要保障数据生产者的创造性，实现两者的平衡。公益数权就是这种平衡的产物，公益数据本身具有公共性和广泛性的特征，使得以政府为代表的行政主体、公共机构与公益组织等作为公益数据的实际管理者，在行使公益数权时要优先保障公共利益，同时又要保障个人权益。因此，公益数权制度在对数据的公权与私权属性进行平衡时必须要以"公正"为尺度，合理合法地为个人数权利益进行补偿，以弥补其为公共利益做出的牺牲。

（三）公益数权的特征

公法性。公法性是公益数权区别于用益数权的根本特征。公益数权是一种公法上的权利，主要体现在三个方面：一是公益数权的主体是包括政府在内的行政主体、公共机构、公益组织等，客体是与公共利益相关的公益数据；二是设立公益数权的目的是保障公共利益，满足民众对公益数据权益的需求；三是公益数据的获取行为、强制保护和在行使公益数权过程中的行政许可、行政处罚都体现了公益数权的公法性特征。

公共福利性。公益数权的客体是公益数据，而公益数据是法理上的公共数据，主要由各类行政主体、公共机构、公益组织等进行管理。公益数权的设立、行使的目的是保障公共利益，增进公共福利，公益数权主体行使其各项权能也要以实现公共利益为宗旨。公益数权的公共利益性决定了公益数权的受益主体既可以是个人，也可以是民众、社会与国家等。由于个人也是民众、社会与国家的一部分，因此公益数权的受益人之间呈现连带关系。可以说，公益数权是一种集体权利，具有公共福利性的特征。

有限支配性。就数权而言，数权是对数据的绝对支配权。但对于公益数权来说，由于其具有公法性和公共福利性的特征，公益数权主体对公益数据的支配性受到了一定的限制。如公益数据在公用期间原则上不得融通；即使个人数据放弃所有权的权利主张，也不得影响公益数据的公用性。

非排他性。公益数据虽然掌握在政府等行政主体手中，但是从权利属性上看，公益数据为民众所有，具有效用的非分割性、使用的非竞争性与受益的非排他性。公益数据虽然为行政主体、公共机构、公益组织等所管理，但从法律属性上看，并不妨碍民众使用公共数据，这表明法律允许民众行使公益数权，任何人都可以使用公益数据，并在一定条件下进行收益。

救济特殊性。公益数权的救济是对民众使用公益数据的权利进行法律救济，包括民事救济、刑事救济和行政救济。其中，民事救济可对公益数权受到损害时予以一定的经济补偿，主要包括停止侵害责任与损害赔偿责任；刑事救济是对公益数权的损害行为进行刑事制裁的措施，主要应对在侵犯公益数权过程中对社会带来严重的危害，这种行为具有犯罪的特征；行政救济是公益数权最有效的救济方式，它包括行政复议、行政诉讼、行政裁决和行政赔偿等，对侵犯公益数权的行为进行纠正和处罚，避免扰乱公共秩序[1]。

（四）公益数权的主体

为了保障数据安全和公共利益，作为公权力代表的政府通过一定技术手段获取政治、经济、文化、社会和生态等各领域的公共数据，并代为管理，掌握着全社会约80%的数据资源，代表国家行使公益数权。因此，政府应当是公益数权的实施主体。在这里，国家实际上可以被视为一种宏观意义上的平台，政府作为平台方负责对国家平台上的客户数据实施管理。同时，大数据的无处不在和其跨行业、跨领域的性质，使得公益数权对数据私权有很强的约束力。也就是说，只有在服从公益数权的管理前提下，个人才能享有行使数据私权的自由。但是在现实中，经常出现数

---

1 陆小华：《信息财产权：民法视角中的新财富保护模式》，法律出版社，2009，第435~443页。

据公权私用现象，从而使得数据私权的安全性存在风险。

关于公益数权的主体，国内外尚无相关研究，仅仅将其主体归集为以政府为代表的行政主体、公共机构和公益组织等具有一定的局限性。一是公益数据虽然归集为以政府为代表的行政主体、公共机构和公益组织管理和使用，但公益数据的公共福利性决定了民众享有使用公益数据的权利，即民众拥有公益数据的知情同意权和使用受益权。二是就公益数权的主体而言，公益数权的主体为行政主体、公共机构和公益组织，这些组织机构代表的是全体民众的利益；就公益数据使用权主体而言，其主体是任何人和组织，只要符合公共利益，都可以进行使用；而就公益数据管理权而言，其主体为行政主体、公共机构和公益组织等。因此，公益数权的主体应包括政府等行政主体、公共机构、公益组织和社会民众等，即公益数权的主体是复合性主体，行政主体、公共机构、公益组织等为公益数权法律上的形式主体，而社会民众则为公益数权的实质主体。

（五）公益数权的权能

从维护公共利益的根本出发，公益数权的权能应包括获取权、管理权、使用权和共享权。民众虽然可以利用公益数据获取相应的收益，但公益数权本身不包括收益的权能，因为民众使用公益数据的实质是在行使公益数据的用益数权，而不是公益数权。只有作为民众代表的行政主体、公共机构和公益组织等才有资格行使公益数权，且在行使公益数权过程中，不得利用公益数据进行收益，故公益数权不包括收益的权能。

获取权。所谓公益数据获取权，是指以政府为代表的行政主体、公共机构和公益组织依据相关的法律规定，通过一定的途径与方式，及时、准确、完整地获取所需要的各种公益数据的权利。这里把公益数据获取权的主体界定为以政府为代表的行政主体、公共机构和公益组织，因为它们代表民众行使公益数权，必须依据法定的职权与方式向其他行政主体、公共机构、社会组织和个人获取其所需要的公益数据。法定的职权和方式要求行政机关在获取公益数据时要遵循合法性、合理性和高效率三大原则。所谓合法获取是指以政府为代表的行政主体、公共机构和公益组织在行使公益数据获取权时不仅要取得相关法律的授权，还要依据其规定行事，其职权、行为和程序都要合法。合理获取一方面要求以政府为代表的行政主体、公共机构和公益组织获取公益数据的行为目的是妥当的；另一方面要尽可能减小对个人数据权益的侵害，实现私益和公益的平衡。高效获取要求以政府为代表的行政主体、公共机构和公益组织在行使公益数据获取权时要用较低的成本取得较大的收益，尽可能给国家、社会、公民带来益处。当然，公益数据获取权的行使必须要受到限制，否则就会造成数据公权的无限度扩张，给国家、社会与民众的权益带来巨大的损害。以政府为代表的行政主体、公共机构和公益组织在行使其公益数据获取权过程中，必须保护数据安全，对国家安全、商业秘密及个人隐私造成损失的，必须要承担相应法律和行政责任[1]。

---

[1] 汪全胜、方利平：《政府的信息获取权初论》，《情报杂志》2006年第10期。

管理权。公益数据的管理是指以政府为代表的行政主体、公共机构和公益组织为了使公益数据实现公共使用的目的而采取的管理行为。而公益数据管理权是指以政府为代表的行政主体、公共机构和公益组织为了实现公益数据公共使用的目的而对公益数据行使的行政管理权。公益数据管理权具有如下特征：一是公益数据管理权的行使是为了实现公益数据的公用目的，保障和增进公共利益；二是公益数据管理权的行使可分为积极和消极两种方式，积极方式是发挥公益数据的公用效益的行为方式，消极方式是消除和制止妨碍公益数据实现公用目的的行为方式；三是公益数据管理权的实质是行政权，公益数据行政权就是以政府为代表的行政主体、公共机构和公益组织执行国家法律、管理公益的权力。从法律性质上看，公益数据管理权是一项法定义务，因为它是以政府为代表的行政主体、公共机构和公益组织为了保障和增进公共利益、履行行政义务而实施的行政权力，公益数据的管理是以政府为代表的行政主体、公共机构和公益组织为保障公益数权而行使的法定义务。因此，公益数权是行政权，具有公法上的约束力，同时公益数据管理权有助于保障民众享有使用公益数据的权利、限制行政机关的恣意行为。

使用权。公益数据的使用是以政府为代表的行政主体、公共机构和公益组织为履行其职能，依据相关法律规定对公益数据加以利用的行为。公益数据使用权是公益数权的核心内容，其目的是对公益数据进行公用，保障和增进公共利益。因此，公益数据使用权是指以政府为代表的行政主体、公共机构和公益组织依法对公益数据加以利用的权利。公益数据使用权的行使必须要遵守一定的原则，否则就会使当事人滥用公益数据的使用权，从而损害公益数据的使用效益和公共利益。首先，公益数据使用权的行使必须符合公益数据设置和公共使用的目的，必须在符合公共利益要求的范围内使用公益数据。其次，公益数据使用权的行使必须遵守相关的法律规定和公益数据使用的客观规律，公益数据的使用是为了保障和增进公共利益，只要在法律允许范围内，公益数据管理机构不能妨碍其他人或组织符合公益数据目的的使用。最后，为保障社会的公共利益和国家安全的需要，以政府为代表的行政主体、公共机构和公益组织可以取消和改变公共数据的公共使用目的。

共享权。所谓公益数据的共享权是指公益数据的管理机构将其管理的公益数据共享给他人使用的权利。这里的他人包括其他的行政机关、公共机构、企业单位和个人等。因此公益数据的共享权可分为两种：一种是狭义上的公益数据共享权，它是指在行政机关内部对公益数据进行共享的权利，被共享后的数据依然是公益数据，被共享的行政机关享有该数据的部分公益数权的权能，可以对该数据进行使用、管理；另外一种是公益数据的开放权，它是指公益数据的管理机构将其管理的公益数据向企业单位和民众个体开放的权利。企业单位和民众个体在取得公益数据控制权后，公益数权转化为用益数权，企业单位和民众个体可以利用该公益数据进行使用和收益。

第五节 共享制度

数权作为人类生存和发展的一项基本权利，其本质是共享权，反映了承担社会责任和享受数据权利的有机统一。当然，数据共享权无法做到自我实现，必须要借助相关的制度，解决各类因数权共享而产生的矛盾分歧，发挥数权的最大价值。

（一）从开放存取到共享经济

从农耕文明到工业文明，再到数字文明，人类社会随着科学技术的发展而不断向前进步，人们的生产活动与生活方式逐渐呈现共享的特征。特别是随着近年来开放存取运动和共享经济的兴起，共享作为一种新的发展理念，已经从科学技术领域拓展到经济社会、思想文化等领域，人们更加清楚地看到共享对于人类共同生活和发展的重要意义。共享已经成为引领人类走向未来的现实追求，共享发展必将成为数字文明时代的核心诉求。

开放存取是一种知识共享模式，它是在20世纪90年代末到21世纪初发起的一项科学运动，旨在促进科研成果的共享。其中，

2001年发布的《布达佩斯开放存取倡议》、2003年签署的《毕士大开放存取宣言》与《关于自然科学与人文科学资源的开放使用的柏林宣言》就是共享发展理念的体现。根据《布达佩斯开放存取倡议》，开放存取是指科学家将研究文献上传到互联网，允许任何人免费阅读、下载、复制、打印、发布、检索，或者设置链接和索引，将其作为软件数据或其他任何合法用途，使民众能从网络中自由获取和使用研究[1]。开放存取运动一方面使科学数据免费向民众开放，打破了知识的价格障碍；另一方面拓展了科研成果的可获得性，突破了科学文献的使用权限障碍。开放存取运动在全球蓬勃发展，影响力与日俱增，共享的发展理念也更加深入人心。

而共享经济作为当前新兴共享形式的代表，其概念最早是由美国得克萨斯州立大学社会学教授马科斯·费尔逊和伊利诺伊大学社会学教授琼·斯潘思提出的，其代表就是美国的 Uber 公司和中国的滴滴、摩拜、ofo 等公司，它们利用共享经济在交通领域掀起了一场颠覆性的革命，变革了全球的汽车和自行车租用行业的竞争格局。共享经济最基本的特征是将拥有资源的机构或个人有偿让渡资源的使用权给他人，让渡者获取回报，分享者利用他人的资源创造价值。从狭义上讲，共享经济是指以获得一定报酬为主要目的，基于将存在物品的使用权暂时转移给陌生人的一

---

[1] 转引自胡波《共享模式与知识产权的未来发展：兼评"知识产权替代模式说"》，《法制和社会发展》2013年第4期。

种商业模式，从而创造新的价值[1]。

开放存取与共享经济都使得所有权和使用权发生分离，在所有权没有发生变动的情况下让渡一部分使用权，共享给他人使用。在传统的经济社会里，所有权和使用权是一体的，只有对物品拥有了所有权才能对其进行使用。开放存取与共享经济打破了这种模式，形成了所有权归自己、使用权归他人的制度设计，让所有权与使用权实现了适度分离，既激发了全社会的创造力，又能不断促进社会共享发展成果，推动人类文明发展与进步。开放存取与共享经济是一种新型复杂的制度形态，它们都是一定社会制度形态的反映，与经济目的、产业体系、所有制体制、产权制度、收入分配制度、社会保障体系、经济评价体系等都有着密切的关系，其制度体系都是围绕共享而设计的，其社会生产活动都是围绕共享展开的，其本质是一种鼓励社会创新、激励经济创造并且惠及全体民众的制度体系与发展机制。它们和与之相适应的价值观问题、信用问题、治理问题以及法律保障问题等共同构成了共享形态的重要基础[2]。

（二）数权共享的提出

传统的物权法律体系是在对物私有的观念基础之上建立的，

---

1 卢德之：《论资本与共享——兼论人类文明协同发展的重大主题》，东方出版社，2017，第135~136页。
2 卢德之：《论资本与共享——兼论人类文明协同发展的重大主题》，东方出版社，2017，第138~139页。

追求对物的独享。物的私有或独享形成了一种有效的激励机制，激发了人们的创造力，促进了物的有效利用。但"物尽其用"作为物权立法目标之一，时至今日都没有得到实现，而开放存取与共享经济改变了对物的利用方式，不由地引发了人们的反思。在传统的物权法律体系中，由于物权"排他性"结构和"一物一权"原则的存在，共享并不被人们充分重视。但通过认真审视物权法体系的历史渊源和当前的发展状况，可以看出共享的理念早已渗透在对物的利用当中，已经成为一种基本的、常态化的利用方式。

那么，数权共享模式如何在制度层面表达？数权共享理念如何在法律规范中体现？未来的数权法该如何与共享理念进行协调？此类问题不一而足，都是我们亟须面对的问题。随着人类社会不断向前发展，生产资料出现了两种变化：一部分生产资料变得越来越富足，而另一部分生产资料则更加稀缺。对于稀缺的生产资料来说，共享是非常必要的，它能提高稀缺生产资料的利用效率，使有限生产资料惠及更多的人，同时缓和人们在稀缺生产资料面前不断增长的欲望。对于富足的生产资料来说，其生产成本将不断降低，甚至变成零成本。这时，对富足生产资料进行独享变得不再重要，而对其进行共享则成为必然。数据就是这样一种富足的生产资料，它可以无限复制、无限产生效益，且不会损害数据的内容，其复制的成本极低，几乎可以忽略不计。因此，对于数据而言，如何对数据进行有效利用才是其最核心的问题，而共享是最重要的途径。

同时，互联网、大数据、人工智能、区块链等新一代信息技术的发展改变了原来以机械与化学为主的技术格局，打破了既有的利益平衡，也给传统的法律制度体系带来了很多问题。一方面，传统的法律制度无法有效应对现有的数据安全问题，人们长期遭受数据侵犯等问题的困扰；另一方面，现有的制度框架制约了数据的规范传播，人们对数据的获取、自由表达等受到了限制，数据的利用效率低下，其价值没有得到有效的释放。人们对现行制度体系的适用性、合理性都存在很大的质疑，也曾通过技术解决了一部分问题。但对于数权问题，技术只是外因，其内因是制度本身的矛盾，传统以占有为核心构建的制度体系已经不适应当前数字文明的发展需要，亟须构建一套以共享为核心的数权制度体系，实现数据的自由、安全、平等的流通，即数权共享制度。

在数字文明时代，最重要的技术是分享和连接，其核心是万物的数据化。数据的积累和计算形成了大数据，但大数据的内涵不是大，而是全面和关联性，只有全面和关联性的数据才能经过算法计算变成人工智能。因此，这是一场从需求和消费开始的技术革命，通过需求创新消费，最后形成数据，使其成为未来最重要的生产资料。当数据作为一个生产资料，驱动着传统的生产关系结构发生变革并重构社会关系时，社会分工不再需要市场交易来分享各自的稀缺资源和劳动贡献，私权制度便失去了价值意义，人类将进入一个数权共享制度建构的社会新秩序中。数权共享制度使得数据的所有权和使用权的分离成为可能，形成了一种"不求所有，但求所用"的共享发展模式。同时，因数据具有"一数多权"的属性，其天然的非物质客体性和多元主体性决定了数据有效利用的前提是对数权进行共享。因此，数权共享制度成为数字文明时代必需的要件。

（三）数权共享的内涵

数权共享将为数字文明社会的构建提供一种公益和私利相平衡的数权观，有助于激发民众参与数字文明社会建设的创造力。数权共享的核心主题是数权利益的平衡分配问题，无论是数权的公益大于其私利，还是数权的私利大于其公益，都有悖于数字文明时代自由、平等、安全、公平等基本法律精神，而这些基本法律精神反映的都是人性中的一种原始本能。因此，数权利益分配的不平衡将会从根本上打击人们创造数字财富的积极性和主动性。数权共享制度对数字文明时代的意义在于，它对传统的"重私利、轻公益"的权利观和数据观进行了颠覆，倡导了一种公益与私利相平衡的数权观，这将从根本上激发民众参与数字文明社会构建的积极性、主动性与创造力。谈到数据的利用，就必须讲到数权的共享，数权共享是数据利用的前提，这既是数字文明社会的根本问题和要求，也是构建数字文明新秩序的本质要义。

数权共享制度是数字文明时代社会基本制度的重要组成部分，它将利他主义作为数字文明建设的原则依据，为打造共享社会奠定了坚实的结构性基础。从社会公平的视角来看，数权公益和私利的分配是数字文明社会的核心问题，也是其基本制度安排的根本问题。数权的公益和私利分配不平衡将会导致数字文明社会缺乏公平可言，这将给数字文明的建设带来巨大的问题和障碍。因此，数权共享制度必须保证数权公益和私利分配的平衡，要体现其制度的公平性。这样就从制度层面理顺了数权主体的公益与私利之间的关系，为数字文明时代基本社会制度奠定了坚实的基础和提供了基本的价值取向。数权的公益和私利分配必须是绝对的、客观的和普遍的，任何人都不能凭主观意志随意约定，任何对数权的公益和私利分配进行主观的、相对的、过度的诠释，都无异于取消和侮辱其公平性。因此，数权共享制度对数字文明新秩序的构建发挥着非常重要的作用，具有非常重大的历史价值和现实意义。

数权共享制度有助于协调不同数权主体之间的矛盾冲突，为化解数权利益危机提供了科学的价值依据。数权共享制度坚持数权公益和私利的平衡，为数字文明社会制度体系的构建提供了基础价值导向，让公平成为数字文明时代基本社会制度的首要价值。根据数权共享制度公益和私利平衡分配的原则，建立化解各数权主体之间矛盾冲突的法律规范，健全各数权主体之间的数权利益协调机制，畅通数权主体表达自身数权利益诉求的渠道，化解由数权利益冲突而引发的各类社会危机，使各数权主体能够"各尽所能、各得其所"。同时，数权共享制度有助于化解当前因数据资源垄断带来的资源分配不均、机会不等、社会不公等矛盾，解决社会公平正义的问题，实现数据资源的最优化配置与零边际成本，增加数字财富，增强人们的获得感，从而促进数字文明时代经济、社会的协调发展。

（四）数权共享制度的构建

从数权共享的公正原则看，构建数权共享制度关键在于培育公平意识、平等意识、共享意识和人文精神。所谓公平意识，就是在调节各数权主体之间的利益关系、处理数权公益和私利的分配关系时要公平、公正，力求各数权主体之间数权利益交换的公平性与公正性。因此，在处理各数权主体利益的重大事项时，要尊重民意，不以自己的意志为转移。平等意识是指在处理数权共享关系时，要实现数权共享的权利义务平衡分配，力求所承担的数权共享义务与享受的权利相对等。对于民众，只有承担了一定的数权共享义务，才能享有相应的权利；要想享有一定的数权共享的利益，必须要承担相应的共享义务。对于包括政府在内的行政主体、公共机构和公益组织等也是如此。共享意识要求全体民众都应具备共生共享的意识和利他主义的精神，从根本上树立共享优先的数权理念。特别是社会精英阶层、数权强势群体，其成功依赖于过多地使用、控制了数据资源，而这些数据来源于全体民众，两者是相辅相成的关系。因此，必须树立数权共享的意识，向社会返还部分利益，并对数权弱势群体进行救助。人文精神是指数权共享的制度设计要秉持"以人为本"的理念，把自由、平等、博爱等人道主义精神贯穿其中，突出人的价值，维护人的尊严与权利，促进人的全面发展。只有这样，才能深刻领会数权共享的精神实质，才能共享数字文明的发展成果，激发各数权主体参与数字文明社会构建的热情与活力，从而创造更丰富的数字财富。

建立数权共享的利益表达机制。数权共享制度承认个体可以合法地享有各自数权利益，但是数权的公权属性与私权属性存在博弈，在一定情况下会对数权的私权利产生侵犯。因此，必须构建数权共享的利益表达机制，了解各数权主体对数权共享的真实想法和需求，从而保证数字文明社会的构建方向不出现偏差。从需求性质看，民众有数权共享的基本需求和非基本需求两种类型。所谓数权共享的基本需求，是指满足民众生存和发展所必需的、必要的、基本的数权共享需求，它对任何数权主体都一样。而数权共享的非基本需求是指满足广大人民群众在生存和发展层面比较高级的需求，它所满足和共享的数权应该按照一定的比例进行平衡，人与人之间可能不一样。这样的数权观对数字文明社会的构建具有十分重要的意义。因为基本需求是社会发展的基础，而非基本需求可以促进社会的增量发展。因此，数权共享的基本需求比非基本需求更为重要，更具有保护的逻辑优先性。故构建数权共享制度，必须建立和完善数权共享的利益表达机制，维护与捍卫民众数权共享的基本需求。

创新和完善数权共享基本保障制度，救助与补偿数权弱势群体。数权共享的精义是公平，核心是给予每个数权主体所应得的权益，关键是数权公益和私利的平衡，这是数字文明建设所必需的结构性基础和思想前提，它将为数字文明社会的构建提供所必需的能量，激发民众参与数字文明建设的积极性和创造力。当前，由于规则的缺失，各国行政主体和各行业的企业出于职责和发展的需要都集聚了大量的数据，在全世界范围内都形成了数据垄断，造就了一个个数据独角兽，它们天生就处于数权的强势地位，很容易对人民群众的数权利益产生侵犯。因此，就数权地位而言，人民群众是居于弱势地位的。但人民群众才是数权的根本主体、最终的数权受益者和数权设立的实质保护对象，人民群众的数权利益神圣不可侵犯，必须保障人民群众的数权利益。因此，构建数权共享基本保障制度，通过共享使各行政主体和企业向人民群众让渡一部分数权利益，保障人民群众的基本数权，尤其是救助与补偿数权弱势群体的数权利益。这就要求在数权根本要素方面选好重点和突破口，夯实数权的基础，从而取得事半功倍的效果。

（五）数权共享的困境

数权共享制度的构建面临两种思维上的阻力：一种是相对主义思维阻力；另一种是既得利益群体的阻力[1]。所谓数权共享的相对主义思维阻力，是指一部分人根据自己的数权利益需要随意解释数权共享的精神，否认数权共享的绝对性，夸大数权共享的相对性，在实践中歪曲了数权共享公益和私利平衡分配的精神，并对其进行抵制，变相执行数权共享的制度要求与规定，使数权共享制度的安排和设计服从他们的利益需要。第二种阻力是既得数权利益群体的阻力。当前的数权利益是以私权为基础建立的，已

---

1 姚轩鸽：《权利视野中的"共建共享"》，《中国发展观察》2007年第5期。

经带来了一定的数据垄断，形成了相当规模的数据寡头，他们是既得数权利益群体。而数权共享强调公益和私利的平衡，对传统的私权进行了一定的限制，这就在一定程度上侵犯了他们的利益。为了维护自身的利益，他们会将数权共享的义务推给别人，在不履行相关义务的基础上享有相关的数权共享利益，从而永久地保有他们的数权。这两种情况都严重违背了数权共享的理念和精神，将会对数权共享制度的构建带来巨大的障碍，必须予以破除。

数权共享制度性嵌入的难度大。要将数权共享的理念落实，必须将数权共享制度化，并嵌入现行的制度体系中。现行的制度体系是以物权为基础建立的，而数权的共享与物权的独占从根本上就是相对立的关系，制度的嵌入必然会产生一定的不适甚至冲突，需要很长的一段时间适应与磨合。因此，数权共享的制度性嵌入既是一个漫长的过程，也是一项艰巨而又复杂的系统工程，它不仅要完成数权公益和私利的平衡分配，还要对现行的基本制度进行创新与安排。将数权共享制度性嵌入现行的制度体系，必然会影响部分人的利益，产生各数权主体之间的利益矛盾与冲突，这些都有可能会对数权共享制度造成巨大的破坏，甚至夭折。因此，数权共享的制度性嵌入既要积极主动有为，还需做好持久战和拉锯战的思想准备，慎之又慎地处理好数权共享制度与现行制度体系之间的矛盾关系，使之与数权共享的理念相适应。

现行权利保障制度对数权共享形成了制约。任何制度的运行都需要相应的制度保障，现行的权利保障制度是以私权为基础进行构建的，强调对权利的占有。因此，该制度保障的是持有者的权益，其运行机制也围绕着持有者而展开。谁拥有"物"谁就有发言权，主体受到客体的支配。但人类社会发展的方向在于利他，数据的价值在于利用，数权的本质在于共享，数权共享制度必须以共享为核心，围绕数据使用者的数权确认和保护进行制度设计、运行。因此，其制度化、机制化、政策化必然受到现行权利保障制度的制约，必须创新现行的权利保障制度，否则数权共享只会停留在理念层面，难以真正地发挥数权共享的价值。同时，创新、完善与数权共享理念保持一致的权利与义务保障制度，让数权共享获得制度性的保障与法律性的支持，让使用者成为数权共享的首要主体。数权共享制度更加注重人的意志，让数据为人服务，突出人的地位，这也是以人为本的重要体现。

第五章

数权法与数字文明新秩序

法律的起源、形成、发展与文明有着密切的联系，而不同的法律与特定时空的文明相对。德国新黑格尔主义法学大家约瑟夫·柯勒曾说："对过去来说，法律是文明的一种产物；对现在来说，法律是维系文明的一种工具；对未来来说，法律是增进文明的一种手段。"[1] 从农耕文明到工业文明再到如今的数字文明，法律将实现从"人法"到"物法"再到"数法"的飞跃。数字文明为数权法的构建提供了文化基础与革新动力，数权法也为数字文明的制度维系和秩序增进提供了存在依据。因此，数权法丰富的意蕴凝结在数字文明的秩序范式之中，并成为维系和增进这一文明秩序的规范基础。数权法是文明跃迁的产物，也将是人类从工业文明向数字文明变革的新秩序。这一次文明的跃迁必将革新一切旧有的生态和秩序，对社会的存在和发展形成颠覆性的改变。

---

[1] [美]罗斯科·庞德:《法律史解释》，邓正来译，中国法制出版社，2003，第37页。

第一节　数权法的价值

根据科林格里奇困境，一种技术的社会后果不能在技术生命的早期被预料到，然而，当不希望的后果被发现时，技术却常常成为整个经济和社会结构的一部分[1]。大数据虽然赋予了人类洞察未来的能力，但网络环境的特殊性给个人数据的保护和数据权利的维护带来了新的挑战。毫无疑问，数权法和其他法律一样体现了法律的平等、自由和秩序等价值目标。同时，作为专门调整数据权属，保护和利用数据资源的法律制度，数权法也具有其更独特的价值。数权法通过确认和保护数权，规范数字社会的秩序和维护数字社会的稳定，是一个国家法治文明的具体体现。

1　Collingridge D., *The Social Control of Technology*, (UK: Open University Press, 1980), p.11.

（一）规则新坐标

人类社会离不开规则。规则是社会中的每个成员应当遵守的规范、准则与法则，不仅可以正确地引导、约束和规范人的行为，同时也可以判断和衡量成员作为个体创造的社会价值。换言之，社会规则体现的是一种"理性"的思考、选择与行动，从而实现的是一种自律与他律的统一[1]。规则广泛地存在于社会的各个方面，其中，法律是最重要的社会规则之一。自人类进入文明社会开始，法律逐渐成为维护社会秩序的重要手段。数权法本身就是定分止争的法律，基于定分止争的功能，数权法确立了一种秩序，在这种秩序的规范和引导下，社会才得以和谐稳定的发展。

数权法维护数字经济发展秩序。恩格斯曾说："在社会发展某个很早的阶段，产生了这样一种需要：把每天重复着的产品生产、分配和交换用一个共同规则约束起来，借以使个人服从生产和交换的共同条件。这个规则首先表现为习惯，不久便成了法律。"[2] 法律具有维护秩序的功能，数权法是化解数据财产纠纷的有效手段。数

---

[1] 甄真：《论社会规则构建的人性基础》，硕士学位论文，西南大学，2014，第14页。

[2] 张文显主编《法理学》（第四版），高等教育出版社、北京大学出版社，2011，第261页。

权法的核心价值在于对数据资源[1]的权属予以确认，对数据资源的利用予以保护，其作用直接体现在定分止争和数尽其用等方面。数据是一种资源，只有确认其所有权，才可以化解纷争。相反，如果数据权属不明，权利界限不清，就可能引发纷争。在数权法的构建过程中，需要全面、清晰、准确地界定数据的权属问题，划定权属界线，明确数据主体对相应数据控制、使用、收益、共享的权利，预防和减少纠纷的发生。以合理的制度规则促进有效的数据竞争，在法律与经济之间找到准确的坐标，实现数据资源的合理配置。

数权法维护数字社会安定团结。人类社会是物质运动的最高形式，是一个复杂的有机系统。人类社会的正常运行需要一个完善的支撑体系。要实现社会发展的稳定、有序和可持续，社会的参与主体需要对自己的行为有良好的预期，这种预期产生的前提是参与主体拥有可支配的稳定财产。在过去法律诞生之前，人们通过单纯的占有实现对财产的利用，由于没有权利保护，这种占

---

1 区别于传统的数据资源，大数据技术及数字经济背景下的数据资源，具有一系列新的经济特征，包括数据载体的多栖性、数据使用的非排他性、数据使用的高盈利性、数据价值的差异性、数据使用方式的差异性、数据具体用途的不可预测性、数据使用效果的外部性。2017年，几起涉及数据竞争的诉讼案件特别引人关注。如美国的HiQ诉LinkedIn案，中国的新浪诉脉脉案、汉涛诉百度案，都涉及经营者在经营过程中所收集的数据信息能否被其他经营者自由抓取，或能否被其他经营者使用、以何种方式使用等问题。除了诉讼案件，2017年，其他一些涉及数据竞争的事件也受到反垄断法的关注。比如，菜鸟与顺丰相互关闭与对方的数据接口，在国家邮政局的干预下，才恢复开放数据接口。以上这些案例，不仅共同凸显了数字经济时代企业对数据资源的重视与争夺，更展示了数据竞争中共同的法律争议、利益冲突与法律关切。

有不具有稳定性和可持续性。在数据资源日益丰富的今天，法律是保护参与主体数据权利和维护其利益的重要工具。数权法的定分是手段，止争是目的，分定则争止，是解决矛盾的一个根本方法。美国法经济学家波斯纳告诫我们："法律越不确定，以谈判解决纷争的比例就越低。"[1]因此，要想解决纷争，首先应当确认权利归属和义务分配。数权法有利于明确数据权利的归属，并保护其作为财产的权益，为社会的稳定和可持续发展提供保障。

数权法是保证数据能够在法律框架内正常、健康、有序流转的前提。数权法首先明确数据权利的归属，其出发点是维护经济秩序和保障数据交易顺利开展。孟子曾说，"有恒产者有恒心，无恒产者无恒心。"从数字经济的发展趋势看，只有通过数权法明确数据的权属，最大限度地保护数权，才能扩展数字经济的发展空间。数权法通过明确数据的权属和数据所有权的界线，推动数据主体更好地利用其数据财产，并最大化地发挥数据资源的价值。数权法不仅维护了数据财产秩序，而且促进了数据资源的优化配置，在安定有序的财产秩序下，发挥数据的最大效用，推动社会生产效率的提升和财富的增长。

（二）治理新范式

治理的原意为引导、操纵和控制，最初来源于古希腊语或古典拉丁文的"掌舵"（steering）一词，特指在某个范围内行使权威。

---

[1] 冯玉军：《律者，定分止争也》，《人民法院报》2010年7月16日，第007版。

社会治理就是对人的需求加以控制和引导，鼓励正当利益诉求，提倡权利、自由、正义，发挥社会治理主体（政府、市场、社会组织、公民）的主观能动性，在主体多元的基础上相互博弈、协商、合作，增强社会发展活力，鼓励公民积极参加社会事务，实现社会组织丰富多样、市场繁荣有序、政府高效廉洁，促进民生逐步改善、矛盾化解渠道畅通、社会公平正义，从而使得社会和谐有序发展的过程[1]。社会治理方式的演变反映了人类文明的发展史，换句话来说，社会治理书写了人类的文明史。在工业社会，依靠法律的社会治理方式与社会取得的各个重大成就密不可分。自近代以来，社会治理的手段主要是依靠法律。因此，如果社会治理没有法律的参与，就不可能有今天的成就。

数权法推动治理手段创新。在人类的发展进程中，制度的发展与社会的发展是紧密联系起来的，不同的制度会对社会发展产生不同的影响，制度创新是治理范式创新的重要推动力。法律是社会治理的稳定器，是社会治理模式得以创新的基础和保障。因此，社会治理模式的创新需要法律作支撑，并在法律的轨道内开展，以实现新型、规范和高效的社会治理方式。人类已经从工业社会进入后工业社会，社会中不断涌现的新问题和新矛盾给法律带来了严峻的挑战。互联网所预示的虚拟世界，不可能依靠原有的法律开展治理，而是需要谋求新的法律路径。所以，我们正处

---

[1] 田萌：《论社会治理中的良法之治》，硕士学位论文，河北师范大学，2016，第8页。

在社会治理变革的进程中，我们需要积极地建构新的治理模式[1]。当今世界，信息革命日新月异，云计算、大数据、人工智能等新一代信息技术所产生的影响使社会治理越来越依赖科学技术，基于大数据的社会治理将成为一种治理新模式，而将大数据应用于社会治理则需要数权法进行规范。在数权法的规范下，结合云计算、物联网、区块链等新一代信息技术，重构社会治理模式，提升社会治理的水平和层次，推动社会治理更加科学、更加高效、更加智慧。

数权法增强制度治理的权威性。作为一部法律，数权法与人类社会的发展进程紧密联系在一起，是适应这个社会的发展需求而构建起来的，甚至可以说是社会发展过程中的一种必然选择。社会治理涉及的主体包括国家权力、地方力量和社会民众等，具有多元化特征，各个主体在其中相互影响。对这种复杂的互动关系需要进行必要的规范和调整，而数权法就是最有效的规范和调整手段之一。一方面，在数字社会中，所有的治理行为都不能突破数权法的法律界限，而必须在尊重数权法各项规定的前提下进行。另一方面，数权法的实施由国家强制力作为保证，在治理实践中可以通过数权法的权威性强化数字经济环境下各方主体行使权利、履行义务、承担责任的法律意识和规则意识，促使社会治理得以高效的开展，社会成员能够得到相应的社会服务，维护其合法利益。

数权法推动治理有序化与给予可预期性。要实现良好的社会

---

1 张康之：《论社会治理中的法律与道德》，《行政科学论坛》2014年第3期。

秩序，不仅需要宗教、习惯、伦理和政策的调控，也需要法律的保障。法律通过国家强制力来实施，在各种错综复杂的社会利益之间进行调和，为维护社会的稳定秩序和控制无序与混乱提供了规范。数权法是调整数据权属，保护和利用数据资源的法律制度[1]。通过规范数字社会的规则和秩序，有助于将数据更好地运用于社会治理中，促使数字社会规范化和秩序化，减少无序和混乱，防止动乱和震荡。通过数权法界定各个数据主体的行为规范，明确各个数据主体的责任与义务，在不同的数据主体之间构建一种法律上的秩序，增加各主体行为的可预期性和安全性。大数据条件下新治理模式将使社会运行更为有序，社会服务更为高效。

（三）权利新主张

权利是法律赋予主体获取其利益的力量，是保障人拥有受法律保护的利益范围或通过一定行为获取某种利益的资格。一项权利的存在，意味着一种让别人承担和履行相应义务的观念和制度的存在[2]。今天，人们对个人财产进行法律保护的意识不断增强，随着数据资源的爆发式增长，数据主体对数据资源享有的权

---

1 大数据战略重点实验室：《块数据3.0：秩序互联网与主权区块链》，中信出版集团，2017，第227~228页。
2 夏勇主编《走向权利的时代——中国公民权利发展研究》，中国政法大学出版社，1999，第2页。

利上升为一种新型权利,其受到国家法律的保护是必然趋势[1]。数据权利是信息和网络技术发展过程中出现的一种新权利,其产生的根源是国家、企业和个人在新一代信息技术的冲击下逐渐虚拟化和数字化。当前,大数据、云计算、物联网等新一代信息技术加速与经济社会各领域深度融合,数据的流动属性和资产属性不断增强,数据资源逐渐融入社会进步和经济发展的重要环节。数据的流转是大数据价值发挥的前提,而如何实现数据在法律的框架下有序、正常、规范的流转,数据权属的界定是关键。在这种情况下,如果不能明确数据的权属和流通的机制,将极大地影响数字经济的健康发展。因此,数权法以保障数据权利为基本任务,以数据最大化利用、发挥最大社会效益和经济效益为主,通过对数权关系的确立,使有限资源得到充分利用,实现利益最大化。

数权法的立法宗旨是保护数权。伯尔曼在《法律与宗教》中指出,法律不只是一整套规则,它是人们进行立法、裁判、执法和谈判的活动。它是分配权利与义务,并据以解决纷争、创造合

---

[1] 与传统实物资源相比,数据资源具有栖息于多个载体、使用上非排他、成本低而收益高、价值和使用方式存在差异、未来用途难以预测、存在外部效应等多方面的经济特征。现有法律制度不能在数据产权安排、数据行为基本秩序、数据行为竞争规则三个层次上很好地发挥作用。迄今为止,人类创造的法律制度,依据各种实物资源的自然属性与经济特征,比较好地解决了各种实物资源的权利配置问题,比如英美法系财产法、大陆法系物权法对于有体物财产权利的安排,以及各国法律对于智力成果的知识产权安排。现在面临的问题是,数据区别于以往各种实物资源,有其特别的物理属性与经济特征,需要特别的法律制度安排。

作关系的活生生的程序[1]。数据是当今世界的一种新型资源,它能为相关的主体带来利益、产生价值,数据已经逐渐被商品化。同时,数据的流通和利用已经引起社会监管部门的广泛关注,数据权属的确定和数据利益的保护已成为公众关切的问题。其中,保护数权成为数权法的基础性问题。数权法通过设立用益数权,将个人数据交给最能发挥其效用的"他人"使用,利用其价值和使用价值实现数据的共享,这种现象表现出数据"一数多权"的属性。虽然数权法并不能直接创造财富,但是当数据的权属界定分明并得到法律的切实保护时,数据主体就可以更好地利用数据资源。

数权法通过保障数权实现数尽其用。大数据时代,数据规模巨大,但利用率普遍不高,解决这个问题需充分发挥数据的使用价值,提高数据的利用率。数据是海量的,人的需求是无限的,如何对数据进行充分利用,从而最大限度地满足人类无限的需求,实现社会福利的最大化。这就在数据和人类之间提出了一个全新的问题,即人类如何更高效地、更便利地使用数据创造价值?科斯第二定理指出,在交易费用大于零的世界里,不同的权利界定,会带来不同效率的资源配置。也就是说,不管是物品的交易还是数据的交易,都存在一定的成本。交易的成本因产权制度的不同而不同,资源配置的效率也会有所差异。因此,为了实现资源的优化配置和效益的最大化,选择合理的产权制度是非常必要的。

---

1 [美]哈罗德·J.伯尔曼:《法律与宗教》,梁治平译,中国政法大学出版社,2003。

数权法是界定数据权属的法律，通过规范数据所有者的权利和义务，使数据主体能够充分发挥数据的使用价值，做到数尽其用，实现数据资源的有效配置。

数权法实现数权的平等保护。自古以来，社会公正一直都是人类追求的美好理想，如西方基督教社会的"千年王国"、康德的"世界公民社会"、马克思的"共产主义"等，又如中国儒家的"大同社会"、道家的"小国寡民"社会等，这种对美好、公正社会的构想在别的民族文化中亦是俯拾皆是。英国学者约翰·洛克有句名言："没有个人物权的地方，就没有公正。"这句话对数权法同样适用，没有数权的地方，就没有公正。数权法通过法律规定程序和方法，保障数据主体在法律规定和许可的范围内对其相关数据行使控制、使用、收益、共享的权利。数权法明确在使用过程中，数权关系的设立、变更和撤销都要以公平为原则，让数据资源得到最充分的利用，创造出最大的经济效益和社会效益，为人类带来最大的数据福祉。

第二节　数权法与其他社会控制力量

人类的发展使得文明得以产生并进步，而文明的发展使得社会控制得以产生。社会控制的本质是为了维持社会秩序，而通过某种社会力量使人们遵从社会规范、维持社会秩序的过程[1]。社会控制有多种类型，法律是其中之一，权力秩序、伦理道德、社会习惯、社会舆论等都是社会控制的重要方式。但伴随政治社会组织的发展成熟，尤其是伴随着当今发达经济社会的发展，代表国家强力与意志的法律已然成为首要与最重要的社会控制力量。在《法律与道德》一书中，庞德明确提出，"在今日，法律秩序已经成为一种最重要、最有效的社会控制形式。其他所有的社会控制方式，都从属于法律方式，并在后者的审察之下运作。"[2] 尽管法律已经成为社会控制的主要力量，但我们也并不能否定其他社会控制力量的作用。作为一部法律，数权法与权力秩序、伦理道德、

1　纪长胜:《法律，社会控制的缰绳》，《人民法院报》2017年7月28日，第007版。

2　杨春福:《论法治秩序》，《法学评论》2011年第6期。

社会习惯和社会舆论等其他社会控制力量之间相互配合、共同对社会发挥着作用（见图5-1）。

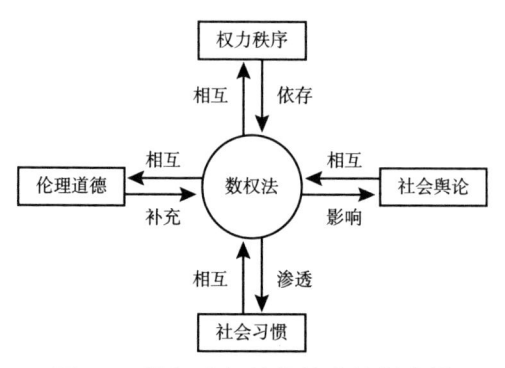

图5-1　数权法与其他社会控制力量

（一）数权法与权力秩序

权力是在人类的社会生产与协作当中，在一定社会的特定的社会环境、生产条件和生活内容的基础上，通过人际协调而得以形成和存在的重要的人际联系乃至社会力量。一定的社会，可以说就是一个特定的生产协作与人际交往的共同体。同时，一定的社会当中，基本上会形成和存在多种不同的权力，及其各自相应的权力关系。人类社会中形成和存在着的各种权力，其本体在于人们的一定的诉求。人类的社会生活，既然客观需要并现实地建立和维系着一定的诉求秩序，那么相应的，一定的社会往往也会建立和维系一定的权力秩序。对于一定的社会而言，其权力秩序的形成或确立往往也就意味着，这个特定的生产协作与人际交往的共同体当中已存在着某种不同的权力，达成了较为确定和较为稳定的相互整合和协调作用的关系[1]。

权力是法律产生的基础，法律是权力存在的重要保障。纵观人类权力发展史，人类要征服疾病、征服自然和征服宇宙，都离不开权力，权力现象贯穿于人类社会始终。权力本身并不是一个坏东西，然而权力与人类欲望相结合便产生了权力肆虐这种最可怕的东西。人类道德以及其他各种人类秩序都是为了避免权力肆虐而产生的，作为人类道德与其他人类秩序的一个部分，法律是权力存在的重要保障，它为控制权力肆虐而生。法律至上，权力必须以法律为准绳，法律是权力的唯一来源，这些已经成为法治时代的真理[2]。从这个意义上来说，在大数据时代，权力也离不开数权法，离开数权法，对权力肆虐的控制在很大程度上会流于形式，难有效果。

数权法与权力两者之间相互依存、密不可分。随着人类文明的发展，数权法与权力之间的关系也在不断地发生改变。未来，数权法与权力之间的关系会如何发展下去，我们无法准确地做出判断，但是至少有一点我们是可以确定的，那就是数权法和权力错综复杂，它们两者之间一损俱损、一荣俱荣，谁也离不开谁。直到目前为止，权力已经在有些国家中屈从于法律，纵然不是绝对，同时在另外一些国家中仍然驾驭着法律，纵然也不是绝

---

[1] 贾敬伟：《〈国家和法治的哲学〉之三：社会的权力秩序和权力机制》，2005年9月28日，http://article.chinalawinfo.com/ArticleFullText.aspx?ArticleId=30820。

[2] 黄克明：《法律与权力关系研究》，硕士学位论文，苏州大学，2005，第3页。

对。这是在相同时间内权力和法律分别在不同的国域之间出现的差异。同样，在不同的社会发展时期，这种关系在相同国域内的差异和变化的趋势越来越凸显。从此种意义上来说，无论是权力驾驭着数权法，还是数权法支配着权力，权力进化及权力与数权法的相互作用必然使权力向着分散与平衡的方向发展。

数权法是权力运作的工具。毫无疑问，通过法律中介来运作权力基本上已经成为现代国家的一种共识。当然，除法律构架起来的权力通道之外，还有伦理道德、社会习惯和社会舆论等。由于数字社会权力具有复杂性，数权法在权力运作过程中扮演的角色也越来越重要，具有不可替代的作用。对于现在来说，数权法是维系数字文明的一种工具；对于未来而言，数权法是增进数字文明的一种工具。而数字文明就是最大限度地展现权力的社会发展。因此，从最根本的意义上来说，数权法是权力运作的工具。当数权法成为权力运作的工具时，数权法与权力方面的冲突就会难以避免，这是权力冲突本身具有不可避免性的结果。

数权法根源于社会生产，反映社会的数权关系。数权法既有社会公信力，也有国家强制力，其不是权力强制社会接受而是社会各界制定和认可的结果。此外，数权法不仅具有强制惩罚和强制实施措施，而且也具有预见和指导性，它对于维持稳定、定分止争、划定界限具有重要作用。正是由于权力自身存在的致命弱点，社会才会需要数权法这种具有价值判断、客观反映社会生产，而且有形、有强制力、稳定的规范加入权力制约之中，为权力设定界限、指导权力的适当行使，通过设定惩罚和追究机制来弥补权力对社会的不当作为[1]。

数权法是有形的规范存在和社会全体的选择。通过数权法来监督和制约权力，确保权力按照既定的规范运作，这不仅能够让社会全体真正地感受到权力运作的有序，而且也能够让其真正地做到按规则来监督和检验权力运作。数权法内部和外部的良好特征，使数权法成为规范数权的良好选择，通过权力法律化，能够确保权力的正常运行，克服其对社会不利的一面，发挥其有利的一面，为全社会造福。由此可见，数权法的特征对制约权力、克服其弱点具有重要的价值和意义。

数权法能够对权力进行规制。众所周知，无论是事物的产生还是事物的发展都绝非偶然，它们都有各自的社会根源。与事物的产生和发展一样，无论是数权法的产生还是数权法的发展，最终都是社会造就了其成为权力制约的核心力量。数权法的产生和发展不仅具有深刻的社会根基，而且也具有特殊的外部形态，这些都是对权力进行制约所必备的特征。数权法在根本上由社会物质生产所决定，社会物质生产是人类社会得以存在与发展的基础。数权法作为一种上层建筑，能够对其本身所在的社会生产进行反映，这表明数权法并没有偏离事实，它也紧跟随社会变化发展而做出改变，并且不断地借鉴典型经验来完善自己。

数权法能够引导和制约权力运行，其根本原因在于它是一种先进的社会意识，能够将先进的社会生产力体现出来。作为法的

---

[1] 刘良玉：《论权力的法律规制》，硕士学位论文，山东大学，2009，第29页。

一种外部形式，数权法本身反映出来的是法的内容，而其形式也取决于法的内容。法的内容就是一种数权关系，这种数权关系取决于人类社会经济生活，其反映的是人们对利益的诉求，它不仅具有价值判断，而且能够经过某种方式上升为国家意志。数权法不只是规范，其背后反映出来的更是与各种利益相关的一种数权关系。数权法不偏向于利益相关的任何一方，它代表的是一种既公平公正又容易接受认可的利益分配，其最终是通过利益相关方多次商讨后达成的产物，这也是数权法能够代表整体，没有成为利益相关方谋夺利益的根本原因，所以数权法能够对权力的任意行使形成制约。

数权法是国家强制力保证实施的特殊行为规范。与一般规范不同，数权法要成为制约权力的工具必须具有强制力，通过强制力对权力进行制约才能达到制约的效果，这也正是数权法能够制约权力的根本所在。作为一种行为规范，数权法不仅具有普遍性、稳定性和规范性，而且也具有利导性和预见性，这些特征既是数权法成为权力制约的必然要求，也是抑制权力侵略性和任意性的良好选择。其中，普遍性特征为权力规制提供保证；稳定性特征为权力运作的连贯性和一致性提供保证；规范性特征为权力运作划定界限；利导性特征要求权力应当以利于社会为运作依据；预见性特征规定权力运作应当具有明确的目标。

（二）数权法与伦理道德

伦理道德是社会调整体系中的一种调整形式，它是人类关于观点、规范和原则,以及美与丑、善与恶、公正与偏私、光荣与耻辱的总和。就人类秩序需要而言,毫无疑问,伦理道德是有价值的,这种价值始于人类社会的起端,在维护社会秩序中扮演着非常重要的角色。作为一种重要的社会控制力量,伦理道德以其说服力和劝导力提高人类伦理认识和道德觉悟,从而使人类自觉遵守伦理道德规范,形成追求高尚、激励先进的良好社会风气。

法律对于一个国家的稳定而言,其所起到的作用无疑是重要的。如果一个国家或一个社会没有法律的话,那么它就无法保持经济发展与社会稳定。同样,没有明确的善恶、美丑、是非和荣辱观念,就无法从根本上维护社会的稳定。法律与伦理道德一样同属于上层建筑,两者之间的关系呈现的是法哲学的整体问题而不是局部问题。凡是法治不及之处,皆是德治用武之地,法治不可能完全取代德治[1]。从这种程度上来说,数权法基本上已经成为一部伦理道德规则汇编。

数权法与伦理道德融合具有必然性。从数权法与伦理道德两者之间的关系上来讲,数权法与伦理道德都是上层建筑现象的重要构成部分,都体现着社会与阶级结合的性质,都是主观能动性与物质制约性的统一。数权法与伦理道德不仅具有共同性,而且还具有根本性质上的一致性。其中,共同性主要体现在指导思想方面,一致性主要体现在数权法与伦理道德的任务、内容、基本原则、社会本质以及内在精神等方面。因此从这个意义上看,数

---

[1] 王馨婧:《论法与道德的关系》,《法制与社会》2009年第9期。

权法与伦理道德的融合不只是一种可能，从某种程度上而言更是一种必然。

从历史唯物主义的角度看，社会发展不因人类的意志而发生改变，但是由于社会发展本身就是人类的发展，所以人类对社会发展的路径会有持续而深远的影响。在社会秩序的治理方面，数权法与伦理道德是社会秩序正常行使而又不可或缺的基本要素。伦理道德是数权法之根本，也是社会秩序存在与发展的基础和前提，其跟随人类发展而做出相应的变化。伦理道德涉及领域较为广泛，对社会行为的约束性较弱，因此伦理道德并不是无所不能的，有些时候它需要通过数权法的强制性约束来维持社会秩序。

从规范作用看，数权法与伦理道德是调整人类行为和社会关系最为重要的工具。其中，数权法通过外部强制来制约人类行为，而伦理道德通过内在良知来制约人类行为，两者共同发挥着调整人类行为的规范作用。从起源上看，自有人类社会即存在伦理道德，伦理道德产生于数权法之前。一般数权法要求和支持的行为，基本上也是伦理道德所推崇和称许的行为；一般数权法禁止和制裁的行为，基本上也是伦理道德所要禁止和谴责的行为。因此，虽然数权法与伦理道德的调整范围并不完全相同，但数权法与伦理道德的结合是人类社会发展的必然要求。数权法是最低限度的伦理道德，其反映出来的只能是伦理道德的基本要求。而崇高伦理道德是人类社会推崇的更高级、更深层次的价值观念，其需要社会主体自发的推行而不可以依附数权法强制。

数权法以伦理道德为精神引领。在数权法正常运转的整个过程中，立法作为第一个步骤，其主要是为有法可依提供解决方案，而执法和司法是在立法基础之上的后续活动，是将已经创制出来的数权法加以贯彻实施与正确适用，唯有所创制的数权法与伦理道德标准相契合，此后才会有良法的遵守、适用和执行。因此，良法的存在是数权法运行的基础，是后续守法和执法以及司法的先决条件。从动态的视角而言，法治建设乃是良法体系的运行过程。在这一过程中，良法的创制具有逻辑开端的意义。而要确保所创制的数权法为良法，就必须以伦理道德价值体系引领数权法之创制，并且努力追求所创制的数权法从形式到实质都具有合道德性[1]。

数权法以伦理道德为精神引领，其主要体现在三个方面：第一，在内容上，数权法主要来源于基础和关键的伦理道德规范。纵观人类法制的发展史，我们会发现这样一个规律：统治阶级在立法的时候，往往会把社会中最为基础和最为关键的伦理道德规范优先筛选出来，然后经过一定的程序上升为法律。第二，数权法规范以先进的伦理道德规范为核心价值目标。换言之，先进的伦理道德价值观念是不同社会形态的法制替换的思想指南。第三，数权法规范的评价主要是通过良好的伦理道德规范来衡量。良好的数权法一定要体现和弘扬人类的美德与良知。通常而言，人们有关善行并且应当努力实现的是愿望道德，而人们必须遵守的道

---

1 刘云林：《法律伦理的时代革命：为法治建设提供道德保障》，《道德与文明》2007年第4期。

德是义务道德,它与数权法密不可分。

数权法和伦理道德的发生都是与特定的社会物质条件相关联的产物,然而,在阶层的互补、分立与交叉上,数权法与伦理道德的产生、发展又同人的多样性和人性紧密关联。人性中的非理性与理性倾向并存,从恶和向善因素共生。伦理道德规范在社会调整过程中扮演着不可或缺的重要作用,但是其在社会调整中并不能完全满足利益格局的发展、巩固和确认,而数权法正好可以满足这种要求,因为数权法是具有国家强制力的调整方式和社会规范。

数权法需要伦理道德提供支持。法律是最重要的社会规范,但在社会中有的领域用法律的手段不能解决或者不适宜用法律来解决。同样,虽然数权法的作用效力大,但其也存在一定的缺陷。一方面,数权法通过其产生的权力威严能够引发人的畏惧感,但数权法无法真实了解人类的内心世界,因此其不能够确保每个人都有知耻之心。伦理道德具有超强的渗透能力,其在生产生活、人心世界等诸多方面都起着制约和调节作用,因此伦理道德可以弥补数权法存在的缺陷。

另一方面,社会事务纷繁复杂,人类行为变化多端,数权法规范不可避免地存在一些模糊性。在一个正常的社会当中,遵守数权法的自觉性强弱和伦理道德水准的高低成正比关系,其根本在于数权法和伦理道德均是维护社会存在的工具,它们均是社会价值的表现形式。人类认同和信仰数权法,是数权法存在的基础,就像一位法学家所说的那样:"法律不被信仰,那就徒具形式。"外部的数权法规范一定要以人类的内心世界为转移目标,这样它才会能够更好地被遵守。

数权法对于伦理道德规范具有积极的促进作用。博登海默曾指出："那些被视为是社会交往的基本而必要的道德正义原则，在一切社会中都被赋予了具有强大力量的强制性质。这些道德原则的约束力的增强，是通过将它转化为法律规则来实现的。"[1]一方面，数权法具有制度性优势。个体伦理道德基本上都是通过社会制度派生而来的，数权法能够进一步促进伦理道德规范的发展与完善，约束和防范不伦理和不道德的行为发生。另一方面，数权法具有强制性。当伦理道德撞上无道德自觉的人时，其往往会变得束手无策，这时数权法的强制性就能够派上用场，并发挥好其积极作用。也就是说，数权法促进伦理道德规范主要体现在伦理道德法律化上面，通过伦理道德立法，以法律的权威确认伦理道德的要求，确保伦理道德的贯彻执行，有利于对伦理道德的倡导和人们的普遍遵循。数权法本质上是通过强制的方式来传播和吸收，以及保护基本伦理道德，并保障其发展[2]。

（三）数权法与社会习惯

社会习惯是人类社会早期的规范，或者说是一种规则和秩序，其客观存在于人类社会的各个阶段。所谓社会习惯通常可被理解为在较长时期的社会生活中，在社会各种既有的制约条件下经由

---

1 廖炼忠：《论当代中国行政伦理制度化的界限》，《哲学研究》2015年第7期。
2 参见陈晓雷《法律运行的道德基础研究》，博士学位论文，哈尔滨工程大学，2013，第25页。

人们的行为互动而逐步形成的行为规则、行为倾向或行为模式[1]。社会习惯既不是天生的，也不是一时形成的，其植根于社会生活的整个过程当中，并最终通过长期的生活、劳作和交往积累而成。在人类的社会生活中，社会习惯也在有效地调整、规范和控制着人类的行为，发挥着与法律极为相似，偶尔甚至是超过法律的效用。

在法律产生之前，社会习惯一直是有序状态的维护者。社会习惯的产生表明一种社会规范系统的形成。随着人类经济与社会的进一步发展，人与人之间的关系越来越复杂化，从而产生了仅依靠社会习惯不能维护其有序状态的社会关系。因此早期的社会习惯已渐渐不能满足人类发展的需要，并迫切需要一种新型的规则来完成对日益繁复的社会关系的调整，此刻，法律应运而生，而社会习惯则是法律的源头。从这以后，社会习惯与法律便共同承担着规范人们生活秩序的重要任务[2]。

数权法与社会习惯相互影响、渗透和制约。社会习惯往往通过间接的方式渗透到数权法领域，使数权法丰富、细致和具体，影响数权法的形式和布局，并且作为背景性制约因素对创制数权法的效果产生各种影响。在特定的社会情况下，数权法往往可能通过多种方式和渠道吸纳、接受和默认社会习惯，但是有时甚至对于其中某些自认为有害的内容也不得不采取妥协的立场。数权

---

[1] 王瑞：《习惯与法律的互动关系》，《法制博览》2012年第8期。
[2] 郭天奇：《浅析当代中国法律与习惯的冲突》，《法制与社会》2012年第3期。

法的运作及其效果受到社会习惯的制约,当数权法奉行的价值观、行为指向明显有悖于社会习惯及其文化观念时,数权法的推行就变得极其艰难、收效甚微。此外,社会习惯也受到数权法的挤压,并发生着改变。数权法对社会习惯不仅仅采取默认、吸收的态度,同时也改变其中某一些传统做法,使社会习惯更加适合当代社会,以更利于习惯的运行。

数权法与社会习惯彼此互动、相互补充。纠纷的解决往往是数权法与社会习惯共同作用的结果,在这一过程中,数权法与社会习惯充分地互动。社会习惯借助于数权法的强制力量以保证其得到贯彻执行,而数权法又常常借助社会习惯灵活的解纠方式以保障其不被民众所规避,或者通过与社会习惯一致或相近而得到民众自发信仰和遵守。从微观层面上看,在具体的数权法运作中,数权法规则往往与社会习惯规则两者分化组合成一种混合规则,即数权法、社会习惯分别承担一个规则的"假定、处理、后果"的一部分。换言之,这种混合规则的"假定、处理、后果"三个要件并非由数权法或社会习惯中的一种规则构成。这更有力地证明了,无论是社会习惯还是数权法都不可能是一种自足法,它们之间是彼此互动、相互补充的。

数权法与社会习惯之间既相互分工又相互竞争。数权法与社会习惯都存在于人类社会中,作为两种重要的社会规范,它们之间不只是相互尊重,或是数权法对社会习惯的简单排斥,而是有着一种内在的相关性。在内容与功能上,社会习惯辅助与补充数权法,同时社会习惯又以其坚固的乡土底子而经常、独立地发挥规范作用。社会习惯由于其社会身份而成为最方便的规范，数权法是构建数字社会秩序、维护数字社会稳定的最后凭借手段。社会习惯中蕴含着风俗和民情，以其顺应自然的规则为人际交往提供有效的调整，为人所认同，并能够在某种意义上建立秩序与实现公正。但社会习惯所包含的部分规则或许同人类社会整体的发展方向不相合，并且社会习惯也由于其自发性而在逻辑结构上存在自洽性不足、缺乏普适性的情况。而数权法在立足于社会实状的基础上，吸收社会习惯内容的同时，也有理性的创建，以达到社会的发展目标。这是数权法从根本上优于社会习惯的地方。

在实际生活中，人们因对数权法概念认知的不确定性，导致了在规范选择上，内生于社会、体现人类行为习惯而为其熟悉并信赖的社会习惯，具有更大的便利和优先性。数权法只有在社会习惯的调整不能获取有效的指引和救济时，才因其威势而被当作最后的救济手段。数权法与社会习惯之间形成一种既分工又竞争的关系。这种分工与竞争，是由现实社会的民族精神气质、思维特点所决定的。数权法的创制一定程度上在改变人类的制度风貌，但这种改变总是存留着传统所铸就的行为规则，不完全忠实于传统伦理，又不完全契合于数权法，体现为一种新的社会习惯，它现实地发挥着一定的规范作用，在某些场合，数权法或被置于最后选择。客观面对现实，就不能排斥社会习惯对数权法构成的竞争。

（四）数权法与社会舆论

维特根斯坦指出："人的目光具有赋予事物以价值的魅力。"当人的目光关注法律现象时，必然从一定的角度出发，对反馈的信息给予相应的评价。评价的方式多种多样，其中，社会舆论是表达这种关注的普遍情形[1]。所谓社会舆论是以人们内心深处的价值体系为标准，由社会公众公开表达的、对某些社会现象所进行的议论和评价，以实现对人们行为进行约束的调控手段。作为社会发展的动力之一，社会舆论不只是消极地反映社会，反映公众集合意识的倾向，而且每时每刻都在影响社会，反作用于人们的思维活动与行为方式。

社会舆论是社会评价在社会层面的运行方式之一。著名社会学家欧阳康教授曾指出：社会评价具有强烈的相对性特点，其一，评价主体与价值事实自我相关。其二，社会评价标准本身蕴涵着较大的个体差异和歧义性。其三，社会评价中合理度的差异[2]。一般来说，社会矛盾的冲突、利害关系的摩擦和思想流派的交锋，是社会舆论产生的土壤和背景。因此，社会舆论的目的是向有关方面或人士施加压力，以影响他们的决策，制约他们的行为，最后达到与社会舆论倾向和要求相一致的实践结果。这就意味着社

---

[1] 赵江水、贾引狮：《社会舆论与法的适用》，《宁夏大学学报》（人文社会科学版）2002年第1期。

[2] 赵江水、贾引狮：《社会舆论与法的适用》，《宁夏大学学报》（人文社会科学版）2002年第1期。

会舆论具有实践意向和诉诸行为的冲动[1]。在法律现象成为社会舆论时，法律的适用是否公正，这一社会关注的热点问题的讨论就不单纯封闭于国家授权的特定机关的法定程序中，而是被迫与不同于法律评价的社会评价相碰撞。

随着现代科技的盛行，社会舆论的力量也随着不同的载体的更新而日渐扩大。研究结果显示，现代社会中，与法律现象相关的社会舆论的发展格局出现了多元化的倾向。历史发展的趋势让我们看到，古代的法律是一元式的命令形式，而现代出现了多元对话的格局。这不可不被认为是社会文明发展的结果，也是人类社会进化的标志。大数据时代，社会舆论对法律现象的关注，有助于对数权法质量本身予以反思，从而弥补立法的不足[2]。

数权法与社会舆论如同支撑社会秩序的两块基石，共同发挥着不可替代的作用。数权法的适用性会受到社会舆论的影响，一方面来自两种评价的社会属性差异，另一方面来自人类对数权法本身的不适应。这是一个挑战与机遇并存的时代，以信息技术为代表的现代科技以前所未有的方式改变着我们生活形态，此前所有类型的社会秩序在互联网时代都在经受着新的冲击，网络化生存已经成为再造人类生活政治结构与面貌的重要方式之一。如果数权法得不到社会的认同，那么，它就不可能被普遍遵守，其权威性也无从树立，终将被淘汰出局。社会舆论的呼声从一个侧面

---

[1] 张理海：《社会评价论》，武汉大学出版社，1999，第208页。
[2] 赵江水、贾引狮：《社会舆论与法的适用》，《宁夏大学学报》（人文社会科学版）2002年第1期。

促使数权法的立法过程不应"闭门造法",而应关注社会民众、民生,关注中国传统法律文化。

数权法与社会舆论之间既相互影响又相互作用。数权法与社会舆论既是解决社会纠纷的渠道,也是一个数字文明与民主程度的窗口。数权法为社会公平正义而生,社会舆论代表着一个社会的道德观,其追求的目标也是实现社会的公平正义,二者共同发挥着激浊扬清和匡扶正义的作用。由此可见,社会舆论监督同数权法之间不是必然对立的,它们之间存在着必要的张力关系。张力关系即两事物主体在保持一定距离的基础上,二者之间产生的相互影响、相互作用的关系状态[1]。数权法对于准确、真实的社会舆论监督要主动吸取,对于偏激、虚假的意见要免受其干扰,因此,社会舆论监督同数权法既要保持各自的立场,又要相互作用,双方不是完全排斥的,需要充分发挥社会舆论监督的正向价值,促使社会舆论公开、合理的监督数权法活动。

数权法与社会舆论在充当社会安全阀的功能上具有互补性。在一个稳态的社会中,人们对稀缺资源的分配包含一定程度的共识,当共识的程度降低,社会成员对当下分配机制提出合法性的质疑时,社会敌对情绪就有可能产生。当社会中敌对情绪可以用社会所认可、所允许的手段向对手表达出来,这样一些手段就属于安全阀制度,例如前工业社会中的决斗和巫术等。同样,数权法与社会舆论也是社会安全阀体系的组成部分,社会舆论是较初

---

[1] 郭卫华主编《网络舆论与法院审判》,法律出版社,2010,第196页。

级的安全阀,而数权法则是较为高级的安全阀[1]。

社会对安全阀的需求程度与社会结构的僵化程度成正比,也就是说,一个社会对于各种对立要求之表达设置的门槛越高,就越需要安全阀来保证社会的正常运行。作为一种较为高级的社会安全阀,数权法无法对非现实性冲突起到直接的缓解作用,诉诸数权法的个人或集体都有具体的利益诉求并明确要求获得某种结果,而不仅仅是表达某种敌意。社会舆论由于其准入的门槛较低且渠道多样,可以表达各种类型的社会冲突,既包括现实性冲突也包括非现实性冲突。值得一提的是,在数字文明时代,数权法扮演着缓解社会现实性冲突的最后一道安全阀的角色[2]。

---

[1] 参见刘李明《社会舆论的司法意蕴分析》,博士学位论文,吉林大学,2012,第 44~45 页。

[2] 参见刘李明《社会舆论的司法意蕴分析》,博士学位论文,吉林大学,2012,第 44~45 页。

第三节　数权法：新秩序，新文明

英国作家查尔斯·狄更斯在其著作《双城记》中写道："这是最好的时代，也是最坏的时代。"这句话同样可以用来描述大数据时代的图景。一方面，大数据无疑创造了一个互联、开放、共享的"最好时代"；另一方面，也带来了某种自上而下的无序，我们面临的或许是一个数据安全隐患不断的"最坏时代"。传统的规则无法真正带来新秩序，数权法应运而生。数权法是社会发展到一定阶段的产物，也将推动人类进入新的文明时代。可以想象，科技智慧与法律理性的结合，将开启人类社会发展的新篇章，引领人类进入发展史上最璀璨的文明新时代。

（一）数智社会

迄今为止，社会的发展进程中，重大变革发生的时间间隔逐渐缩短，人类社会状态的更迭不断加快。伟大的信息理论学家冯·诺依曼指出："技术正以其前所未有的速度增长……我们将朝着某种类似奇点的方向发展，一旦超越了这个奇点，我们现在熟知的人类社会将变得大不相同。"[1]在人类社会,奇点的出现是基于新技术的驱动,进而导致人类社会发生彻底的改变。演化经济学的代表人物之一卡萝塔·佩蕾丝表达了一个观点:"重大的技术变迁不仅意味着一批新产业非同寻常地迅速成长,还意味着在长期内许多'旧'产业的新生。"[2]由于大数据、云计算、人工智能等技术的突飞猛进,人类社会将迎来一个智能化的时代,推动人类进入一个全新的社会——数智社会。在这个新的社会,虚拟与现实、人类与机器的界限将逐渐模糊,人与人、人与社会之间的关系将重构。

数智社会是由数据力和数据关系驱动的社会。生产力和生产关系是人类社会中最重要的关系之一。根据政治经济学理论,生产力和生产关系是对立统一的,历史上任何一种生产关系的诞生都是由生产力发展状况决定的。社会的每一次变革,都以生产方式的变革为标志。进入大数据时代,毫无疑问,也存在数据力和数据关系的问题。数据力是大数据时代背景下人类利用数据认识和改造自然的能力,它既是一种认知能力,又是一种发展能力,其本质是一种数据生产力。由于这种力量的影响,整个社会生产关系被打上了数据关系的烙印[3]。数据力将是人类最重要的生产

---

1 [美]雷·库兹韦尔:《奇点临近》,李庆诚、董振华、田源译,机械工业出版社,2011,第2~3页。
2 王汉华、刘兴亮、张小平:《智能爆炸:开启智人新时代》,机械工业出版社,2015,第6~7页。
3 大数据战略重点实验室:《块数据2.0:大数据时代的范式革命》,中信出版社,2016,第193页。

力,生产力将因数据力而空前提高。生产力与生产关系的矛盾,是推动人类社会发展的根本动力,同样,数据力和数据关系也会推动数智社会加快发展。

数智社会是万物智能的社会。进入工业社会后,分工协作和大规模制造让人类在制造和利用工具方面取得了质的飞跃。当前,新一轮智能化的产业革命正在悄然进行,继狩猎社会、农耕社会、工业社会、信息社会之后,人类最大限度地利用信息通信等技术,融合网络世界和现实世界,迎来了一种新型经济社会形态。电子芯片、物联网、人工智能的全面融合,将万物赋予智能,人类进入下一个发展阶段。数智社会是一个新概念,是一种更为高级的社会形态。这个社会发展阶段一定像人类从农业社会进入工业社会一样,其政治、经济、文化,以及人的思维方式和价值观念都会发生深刻而全面的变革。

共享性。在传统的工业社会,物质产品不可共享,且社会物质产品相对有限,由于存在分配不公和不均的问题,社会斗争不可避免。但是在数智社会,最主要的生产资料是数据。与一般的物质不同,数据可以无限扩散,全人类都可以共享数据。同时,由于各种新技术的诞生,极大地丰富了社会物质产品,人类社会就从争夺资源和物品的斗争转化为共享、合作、共赢,从而建立人类命运共同体,构建一个和谐的世界[1]。

---

1 褚君浩、周戟:《迎接智能时代:智慧融物大浪潮》,上海交通大学出版社,2015,第5页。

连接性。人类社会在本质上具有连接属性，无论是农业社会的依赖阶段，还是工业社会的分工阶段，都存在连接[1]。在数智社会，基于物联网、云计算等新技术将催生一种强连接的社会系统，一旦出现新的连接，将会产生一个现实与虚拟并存的复杂社会系统，推动人类社会进入一个全新的、人机信息互联的新纪元。

智能性。精神是无法通过观感把握的，它也没有一个量化判断的标志[2]。但是，智能恰恰力图实现那些不可名状的精神世界。数智社会与以往社会最大的不同就是将万物赋予"智能"，极大地拓展人的"智能"。当前，智能化的浪潮正朝我们席卷而来，万物智能是社会发展的趋势，智能化技术将改造人类生活的方方面面，智慧交通、智慧医疗、智慧农业、智慧城市等将应运而生。

数智社会下的法律秩序。事物随时随地都在发生从有序向无序或从无序向有序的变化。技术进步驱动社会发展，而人类对物质条件永不满足的需求又驱动技术不断进步，每一次巨大的技术变革都将人类推向一个新的发展阶段。人类社会将迎来一个智能化的时代，不仅影响产业的深刻变革，更将影响整个社会和每一个人的生活。以数字化、网络化、智能化为特征的新一代信息技术得到广泛深入的应用，在大幅提升发展效益和质量的同时，也必然在生产关系、组织形态、社会结构等方面带来由技术驱动引发的新问题、新变化、新挑战。机器人等新型设备和终端的智能

---

[1] 梁海宏：《连接时代》，清华大学出版社，2014，第211页。
[2] 王汉华、刘兴亮、张小平：《智能爆炸：开启智人新时代》，机械工业出版社，2015，第23页。

程度持续提升，从"拟人"到"类人"的进展越来越快，如何定义人类身份、判断人类主体以及如何保护人类不被机器人替代，将成为一个长期的思考难点。物理世界、信息空间和人类社会的分界日趋模糊，法律盲点不断出现，形成一系列复杂的安全隐患，人类正在面临又一次技术海啸和秩序重构。

（二）法律的未来

1. 未来社会的制度构成

新规则的出现是缓慢的，但终究会取代旧规则。对一个社会而言，对新生事物较为稳妥的态度是用既有的制度和规则进行解释和比拟，直到该事物发展成完全不同的物种，以至于无法用旧规则进行管理，这时新规则就会开始逐步取代旧规则[1]。社会的进步是一个不断发生变革的过程，法律是社会产物，每一个过程的路径选择和规则设计，都反映一定时期、某一社会的社会结构和社会秩序。在人类的发展进程中，每一项新技术的出现都会对法律产生一定的影响。一方面，科学技术发展带来的成果，必然拓宽人类活动的领域，催生新的社会关系和权利关系。另一方面，科学技术的进步，必将带来新的法律调整的领域。就法律制度建设而言，如果只是基于技术本身，形成以技术为中心的社会规范，这样的法律是不健全的，存在一定的滞后性。"我们所体验到的那种无能为力并不是个人失败的标志，而是反映出我们的制度无

---

[1] 胡凌：《网络技术呼唤立法思路更新》，《社会科学文摘》2013年第2期。

能为力。我们需要重构我们曾经有过的这些制度，或者建立新的制度。"[1]纵观人类的发展进程和法律的演变过程，人类自工业革命以来的社会形态构建，与工业革命同时代甚至超前的思想启蒙时代的制度构建密切相关[2]。新的文明阶段需要与之同步的社会制度，我们可以预测未来社会的制度构成，应当包括以安全及和谐为核心的多元价值目标、以道德和伦理为先导的社会规范调控体系、以技术和法律为主导的风险控制机制。

以安全及和谐为核心的多元价值目标。人类有各种生活需求，这决定了人类多样化的价值目标。法律的价值目标具有多个维度，其中，安全及和谐是法律的基本价值体现。法哲学家雷加森斯·西克斯言道："如果法律秩序不代表一种安全的秩序，那么就不是一种法律。"[3]法律的价值，不仅包含了理想与现实的对立，也涵盖了实然与应然的统一。法律是一种特殊的存在，既包含一般的价值构成内容，同时也有特殊的价值要素，从而实现其特殊的法律价值。法律理想价值总是高于其实际价值而存在，为法律的演变提供动力。未来，法律的价值不应只是人类理想价值观的体现，同时也要展示哲学范畴中的价值法律化。因此，在多元化价值目标的指引下，法律应当逐渐包含特别的价值内容，即安全、和谐与

1　[英]安东尼·吉登斯：《失控的世界：全球化如何重塑我们的生活》，周红云译，江西人民出版社，2001，第15页。
2　何哲：《网络文明时代的人类社会形态与秩序构建》，《南京社会科学》2017年第4期。
3　[美]E·博登海默：《法理学：法律哲学与法律方法》，邓正来译，中国政法大学出版社，2004，第15页。

创新等。

以道德和伦理为先导的社会规范调控体系。根据系统整体性理论，系统中的各个要素是密不可分的，系统中的一个要素并不能单独地存在，而是需要与其他要素发生关联。要实现整个系统的顺利运行，单个要素就要服从于整体，并与其他要素相互联系。在社会规范调控体系中，法律、道德和伦理都是重要的调控手段，从不同的角度、运用不同的机制、通过不同的方法影响社会的各个领域。从哲学的角度来看，法律道德化或法律伦理化实现了社会规范调控体系中整体的最佳状态和各个组成要素之间的最优配合。因此，在构建社会规范调控体系的过程中，不仅要着眼于法律制度的发展和完善，还应该注重法律与道德、伦理之间的联系和融合。

以技术和法律为主导的风险控制机制[1]。风险控制是指通过运用多种手段，降低风险发生的可能性和风险产生的危害性。风险控制机制是社会理性和科学理性的统一体，不仅涉及对传统法律法规制度的强化和改造，还包括以社会监管为主要组成部分的政策体系，同时涵盖技术手段的法律规制。当前，新技术革命正在兴起，产业的变革和经济的发展不断交汇融合。新技术的发展给传统的法律制度带来了挑战，现有的法律制度和理念根本无法适应技术创新发展的根本要求。如何应对社会不断涌现的新情况？技术规制和完善法律制度是基本要求，这不仅是时代发展的趋势，

---

[1] 吴汉东：《人工智能时代的制度安排与法律规制》，《法律科学（西北政法大学学报）》2017年第5期。

也是国际和本土创新的内在动力。在这种情况下，追求一种技术规制和法律规制相结合的综合治理机制将是一个最好的选择。

2. 算法即法律

在传统的意义上，法律是社会规则的基础，其主要作用是规范人的行为。总的来看，法的演变过程也是其逐渐深入地融入人类生产生活的过程。从汉谟拉比法典到罗马法，从宗教法则到拿破仑法典，从商君之法到大清刑律，从判例法到成文法，从国内法、海商法到国际法，法律变得越来越无所不至。因为法律具有一定的滞后性，所以现有的法律对未来会出现的情况以及法律现象并不能准确地预见。社会的快速发展将推动法律的演变，法律的边界将不断拓展。因此，在社会飞速发展的当下，法律体系可能面临全面重塑。

我们正在进入"算法经济时代"。算法是指通过运用系统的方法来解决问题。现在，算法正以多种方式对人类生产生活造成巨大影响，涵盖了产业发展、企业创新等方面。算法的表现形式具有多样性，既可以是传统的台式电脑、笔记本电脑，也可以是新兴的智能手机和可穿戴设备等。算法可以在极短的时间内分析上千页文件并得出结果，也可以帮助人类更好地理解人与人之间、人与物之间以及物与物之间的关联，甚至是人的行为动机和情感状况。在当下以及未来，当大数据和算法成为社会、企业和个人已经无法忽视的资产时，就会催生一些新型经济模式[1]。毋庸置疑，

---

1 [美]卢克·多梅尔：《算法时代》，胡小锐、钟毅译，中信出版集团，2016，第1页。

算法将成为新经济的新引擎，给社会带来颠覆性的影响。随着计算机技术和算法技术的不断进步，越来越多的物体和设备逐渐智能化，通过与大数据、云计算相关联，推动人类社会进入了一个"算法经济"的新时代。

未来，大量的社会规则有可能被写进人工智能的算法中，法律将变成一堆算法。尤瓦尔·赫拉利曾指出，在未来人工智能将获得统治地位，我们的法律将变成一种数字规则，它除了无法管理物理定律之外，将规范人类的一切行为[1]。在大数据时代，数据及算法变成了新的网络架构，在貌似客观分析海量数据的同时，也将这种描述性的遍历性事实作为一种规范性规则施加给每一个人[2]。"算法"将给我们传统的思维模式带来颠覆性影响，引导人类社会出现无限的遐想，这种预测已经在逐步实现的过程中。世界将被算法量化，人类将通过算法不断完善对社会以及对自我的认识，通过算法和海量的数据分析，人工智能将部分替换人类，而法律将会被算法所取代。

3. 物权法与数权法是数字文明时代的两大法律基础

法律的核心功能之一是维护社会的和谐稳定。无论是规则、制度还是法律，都是针对人们的交往活动而进行的预设和安排。法律是社会正常运转、人们和谐生活的重要保障。人们常说"没有规矩，不成方圆"，这是一个上到国家治理，下到人们的日常

---

[1] [以色列]尤瓦尔·赫拉利:《未来简史》，林俊宏译，中信出版集团，2017，第280~283页。
[2] 胡凌:《网络法的政治经济起源》，上海财经大学出版社，2016，第236页。

生活都需要面临的问题。不管是一个社会、一个国家，还是一个家庭，人与人之间的交流和活动，如果没有法律法规和行为准则，就不能维持一种良好的秩序，人们的人身安全和幸福生活就无法得到保障。因此，法律并不是一种人们生活中可有可无的摆设，而是人们正常工作和生活的基本保障。社会的进步是一个不断发生变革的过程，从农耕文明到工业文明再到数字文明，人类从"人权时代""物权时代"迈向"数权时代"，法律也将实现从"人法"到"物法"再到"数法"的跃迁。

数字文明是继工业文明之后更具优越性的文明类型。相对于工业文明重视理性和规则，以利益最大化为取向的特点，数字文明更像是一场风暴，人类开始对过去的规则进行反思。作为生产要素重要组成部分的数据资源不同于传统的生产要素，由此使数据的生成、收集、使用规则成为新的制度核心。在保护个人尊严和自由的前提下，建立科学合理的规则，实现数据的有效流转和使用已迫在眉睫。在人类进入数字文明的当下，对原有保护规则进行必要的变通是无法阻挡的趋势，绝大多数的法律规范都将发生根本性的变化。数权法是文明跃迁的产物，也将是人类从工业文明向数字文明变革的新秩序。

马克思主义认为，法律属于上层建筑，归根结底，是由经济基础决定并为经济基础服务的。不管是人类的生产和生活，还是人类社会文明的进步，都离不开财产。人类之间的各种社会关系，其本质上就是财产经济关系。物权法从民法的角度确定物的所有人，并进一步确定物的所有人拥有哪些权利，强调对物权的保护，不仅有利于明确财产的所有，而且能够充分发挥财产的效用。数权法界定数据的权属，明确数据利用的规则，是打造一个和谐的法律社会必不可少的原材料。在法律社会，如果没有法律，就没有秩序可言。现有的物权法保护了权利人的物权，明确了物的权属，而数权法则保护了权利人的数权，明确了数的权属。两者的结合为我们勾画了一个充满活力、规范有序、公平共享的未来世界。数权法与物权法是未来时代的两大法律基础，成为构造法律帝国这个"方圆"世界的基本材料。

（三）文明的展望

1. 自然人、机器人与基因人

迄今为止，人类社会已经经历了以蒸汽机为标志的第一次工业革命、以电气化为标志的第二次工业革命、以计算机技术为标志的第三次工业革命。人类社会正在面临以多项技术为代表，覆盖范围广和涉及多个领域的第四次工业革命。回顾已经过去的三次工业革命和正在经历的第四次工业革命，我们会发现一个共同特点，那就是机器在逐渐替代人类的劳动。现代政治哲学的奠基人霍布斯在其著作《论公民》中指出，"对于钟表或相当复杂的装置，除非将它拆开，分别研究其部件的材料、形状和运动，不然就无从知晓每个部件和齿轮的作用。同样，在研究国家的权利和公民的义务时，虽然不能将国家拆散，但也要分别考察它的成分，要正确地理解人性，它的哪些特点适合、哪些特点不适合建立国家，以及谋求共同发展的人必须怎样结合在一起。"[1]在这里，人类社会可以被构想成当时最精巧的机器，人类和机器之间的关系将日益密切。

机器人是技术发展到一定阶段的必然产物。早在1611年就出现了"机械人"一词，是指利用钟表齿轮等技术所制造的自动机械人偶。这种机械人是当时社会想象的产物，虽然不具备真正意义上的智能，却给人们提供了人工智能的思路，让人类意识到，机器是可以模拟人的大脑和身体的。根据美国机器人协会的定义，机器人是一种用于移动各种材料、零件、工具或专用装置的，通过可编程序动作来执行种种任务的，并具有编程能力的多功能机械手。2013年，麦肯锡在其《引领全球经济变革的颠覆性技术》中，指出了2025年将引领生活、商业和全球经济变革的十二项颠覆性技术，其中先进机器人技术居第五位。社会的发展和进步，其核心是劳动力的解放，当用机器部分取代劳动力，人类便进入了工业时代。当机器人彻底解放劳动力，人类将进入智能时代。现在，机器人技术取得了快速的发展，越来越深入地渗透到人类的生活中，机器人的普及将不再久远。

基因人将成为未来社会的新角色。每一次革命的发生，都会创造新物体，每一个新物体的出现，都可以替代人类的某种功能。人类已经迎来了第四次工业革命，在这个时代，不仅会出现比人类功能更强大且能够自主思维的机器人，同时，也会诞生运用基因测序、编辑和激活技术制造的"基因人"。未来的人类社会，很

---

[1] [英]霍布斯：《论公民》，应星、冯克利译，贵州人民出版社，2003，第9页。

可能不仅仅有"自然人",还存在"机器人"和"基因人"等物种。自然人的性格特征和心理态势,也许机器人和基因人都会具有。那时,自然人、机器人和基因人将会在博弈中生存。

以往的历史告诉我们,在每次技术进步后,人类的功能慢慢在退化,从体力到脑力,从主动到被动,从外界到内在,人类交付智能机器什么,自我就退化什么。在这场博弈过程中,智能机器成为人类主人的可能性大大提升[1]。从本质上来看,机器人和基因人的发展都源于人类自身的需求。在不久的将来,如果机器人具有自我学习、不断完善和自主创新的能力,并能汇集人类所不具有的能力,如果基因技术能够创造具有和人类一样能力的基因人,那么,我们将必须重新定义"人"这一概念,人类的中心主义必将被改写。人类将面临一系列的问题,如何界定自然人、机器人和基因人之间的关系?如何区分三者的属性?人类社会将发生什么变革?机器人和基因人是否会超越甚至控制人类?所有这些问题都等待解答,我们的世界观、人生观和价值观将受到巨大的冲击。

2. 文明的融合

在远古时代,早期文明仅在相对狭窄的范围内缓慢前行。随着商品生产和交换的出现,文明之间开始有了融合。当历史之船驶入世界历史的广阔海洋后,文明融合就成为一种常态,成为一种必然和必须[2]。所谓文明融合是指不同文明间相互接触、相互交

---

1 林命彬:《智能机器的哲学思考》,博士学位论文,吉林大学,2017,第2页。
2 商志晓:《人类文明在交流互鉴中发展进步》,《决策探索》(下半月)2014年第10期。

流、不断创新进而不断扩大文化认同的过程。融合体现了文明在互惠和互补关系中寻求平衡的倾向，是文明演进过程中必不可少的环节[1]。纵观世界文明发展史，世界各种文明因为融合才变得更加丰富多彩。无论过去还是现在，任何一种文明，不管它产生于哪个地区、哪个国家、哪个民族的社会土壤之中，都是在同其他文明的融合中发展、演化成今天的形态[2]。

文明融合的目的是对先前文明创新和批判继承的过程，而不是将其融合成简单的另外一种文明。以内容为标准，文明可以划分为三个层次，分别为物质文明、精神文明和制度文明。文明融合正是体现了不同文明间在物质文明、精神文明、制度文明上的交流和渗透，文明融合的过程就是不同文明互相习得的过程，其最终结果是弱势文明向强势文明的逐步接近[3]。例如新一轮科技革命的兴起，大数据、人工智能等新一代信息技术的广泛传播和利用，使得具有不同文明的人的生产方式、生活方式日渐靠拢。

数权法推动人类社会迈入以文明融合为重要特征的数智共享社会。共享是人类文明融合发展过程中不可抵挡的潮流，从线上到线下渗透到我们生活的每个角落。所谓共享，自古就有。无论是孔子的"大同社会"，还是柏拉图的"理想国"，还是孙中山的

---

1 于光胜:《文明的融合与世界秩序》，博士学位论文，山东大学，2009，第23~24页。

2 卢德之:《论资本与共享——兼论人类文明协同发展的重大主题》，东方出版社，2017，第215页。

3 于光胜:《文明的融合与世界秩序》，博士学位论文，山东大学，2009，第24页。

"天下为公",以及毛泽东的"为人民服务"等,都贯穿了共享的思想[1]。大数据时代,共享是数字文明融合发展的重大成果。这个时代,数据具有无限可复制性,数据所有人可以对复制的数据拥有现实、直接的控制。正因如此,人们亟须转变社会形态,推动数据共享。而数权法倡导数据共享,它是通过法律手段确定的一种数字社会的伦理意识,其最终目的是让数字社会的每个成员都能充分享受新一代数字技术带来的美好生活。当前,大数据技术下的社会形态正在从私权利社会向共享形式的有机社会转变[2]。与此同时,数权法推动人类社会迈入以文明融合为特征的数智共享社会。

数权法是大数据时代文明融合发展的产物。随着经济一体化的不断发展,文明融合成为世界性的潮流,东西方法律理论、法学理论的融合同样处于这个潮流之中,特别是大陆法系与英美法系的融合更是成为潮流中的小浪花。所谓大陆法系与英美法系是目前对全球影响最为深远的两种并列法律传统,这两种法律传统虽然在立法体制、司法制度和法律理念及实践等方面具有不相同的特征,但是两种法律体系一直都在融合中不断发展。进入大数据时代,世界各种文明融合的进程加快,以大陆法系与英美法系为代表的东西方法律理论、法学理论在多方面的融合发展趋势越

---

1 卢德之:《论资本与共享——兼论人类文明协同发展的重大主题》,东方出版社,2017,第214页。

2 吴伟光:《大数据技术下个人数据信息私权保护论批判》,《政治与法律》2016年第7期。

来越凸显，大数据等新一代信息技术的发展，使数权法成为这个时代东西方法律理论、法学理论融合与实践的结合点。数权法最大限度地融合了大陆法系与英美法系的优势。从某种意义上来说，它标志着东西方法律理论、法学理论融合与实践的一个发展趋势。

3. 未来的文明

人类社会的演变和进步是一个漫长的历史过程。在诞生之初，人类直接从自然界中获取食物、建造居所。渐渐地，人类不满足于对自然的汲取，为了更好地满足自身的需求，人类开始研究和探索自然中的生物和植物，并运用有限的技术对获取的资源进行改造。世界经历着工业文明和信息文明转向智能时代的剧变，人类已经开始试图探寻自然界和社会中存在的内在逻辑，并打造先进的智能系统。人类正面临前所未有的变革，所有旧故事分崩离析，至今也还没有新故事足以接续。当然，人类对未来的预测从来都不准确，而今天要做预测又比过去更为困难。一旦技术让我们能够设计人类的身体、大脑与心智，所有的肯定都会被推翻，就连过去以为永恒不变的事物也不例外[1]。

人类社会的明天会是什么样子？诚然，我们可以在想象的空间里任意驰骋，勾画人类的未来。随着人工智能、物联网等技术的不断发展，未来的人类社会将不只属于自然人，除了机器人、基因人，或许还会出现奇点人、生化人，人类社会将变得复杂而

---

[1] ［以色列］尤瓦尔·赫拉利：《今日简史》，林俊宏译，中信出版集团，2018，第252页。

有趣。对于人类而言，自然界蕴含丰富的资源，不仅有生物基因库，还有文化基因库，这些资源将给人类的进步带来源源不断的灵感。人类运用先进的技术研究自然界中获取的资源，同时不断回归自然以打造一个自然王国和人造王国的统一体。生物与机器之间的界限将逐渐模糊。生物变得机器化，不再是传统意义上的生物，而是变成被非生物逻辑改造过的生物。机器变得生物化，不再是原来的机器，是被赋予生物逻辑的人类创造物并且会拥有自己的自治力和适应性，最终改变原有的秩序。

正如史蒂芬·科特勒所言，"生命是狡猾的运动——也是这个故事的情感核心，这也是我们不能重新把潘多拉放回盒子里的真正原因。当你抛开一切，技术的承诺无非是一个更简单的未来。它是希望的承诺，你怎么能阻止希望？"[1]未来，随着各种生物形态的出现和多样生物功能的发展，机器人、基因人以及奇点人[2]和生化人诞生，将产生很多法律监管问题和伦理道德问题，对人类社会的整个法律体系造成巨大的冲击。数权法的诞生，将为人类与机器人、基因人的和谐共处营造更好的社会环境，实现人造与天生的完美联姻，推动人类进入一个崭新的文明时代——数字文明时代。文明的每一次进步都丰富了人类的知识储备，都促进了

---

1 [美]史蒂芬·科特勒：《未来世界：改变人类社会的新技术》，宋丽珏译，机械工业出版社，2016，第1页。

2 根据美国未来学家雷蒙德·库兹韦尔的理论，2045年，人类将迎来技术奇点，会形成新物种"奇点人"，将超越和淘汰人类。"奇点"是指人类与其他物种（物体）的相互融合，"奇点人"是电脑智能和人脑智能融合后形成的新物种。

生产力的提高，都推动了人类前进的步伐。数字化、科技化和智能化推动的数字文明时代已经到来，这是继石器文明、农业文明、工业文明之后的一个崭新的文明，将开启人类社会发展的新篇章，推动人类进入发展史上最璀璨的文明新时代！

术语索引

C
财产权
财产秩序
超数据时代
处理权
传播权
重混
重混时代
重混文化

D
道德权利说
道德人
第一代人权
第二代人权
第三代人权
第四次工业革命
点数据

电脑时代
定分止争
定限数权

F
法定数权
法定孳息
法律权利说
法人数据
非排他性
复合性主体
复制权

G
个人数据
个人数据权
公共产品
公共福利性

公共数据
公共数据集
公权力
公益数据
公益数权制度
功利人权观
共享经济
共享权
共享社会
共享文明
共享制度

H
合工时代
混沌理论

J
机器人
机械人
基因人
价值互联网
经济人
救济特殊性

奇点人

K
科林格里奇困境
控制权
块数据
块数据范式

L
利己主义
利他主义

P
排他性
平等权

Q
权力秩序
权利客体
权利类型
权利权能
权利让渡
权利属性

R

人格权

人脑时代

人权

人性来源说

S

删除权

商业秘密说

熵增定律

社会规范调控体系

社会控制力量

社会权利说

社会人

实然数权

收益权

数尽其用

数据爆炸

数据被遗忘权

数据财产权

数据财产权说

数据采集权

数据的公权属性

数据的私权属性

数据的主权属性

数据发展规划权

数据赋权

数据关系

数据交易

数据聚合

数据控制权

数据跨界

数据垄断

数据权利

数据权利化

数据权属

数据人

数据人格权

数据商品化

数据失序

数据使用许可权

数据所有权制度

数据修改权

数据拥堵

数据有价

数据整合

数据知情同意权
数据主权
数据组合
数权
数权法定制度
数权共享制度
数权客体
数权内容法定
数权制度
数权种类法定
数权主体
数智社会
数字经济
数字空间
数字社会
数字文明
数字秩序
私权利
私人数据
私人性
私主体
所有权法定许可制度
所有权合理使用制度

所有权强制许可制度
所有权许可使用制度
所有权转让制度

T

他数权
天赋人权观
天然孳息
条数据

W

无边界共享
无形物
物必有体
物权
物权法

X

小数据时代
新型人格权说
信息互联网
虚拟财产

Y

一数多权

一物一权

意思自治

隐私权

应然数权

用益数权

用益数权制度

有期数权

有体物

有限支配性

云脑时代

Z

政府数据

政治人

支配权

知识产权说

秩序互联网

秩序需求

准动产

自发性秩序

自行裁判权

自然权利说

自然人

自然状态

自数权

自卫权

自由权

参考文献

[1] 连玉明:《大数据的未来——在贵阳市领导干部读书会第二期读书活动上的主题演讲》,2017年3月26日。

[2] 陈刚:《在〈块数据4.0〉〈块数据5.0〉交流座谈会上的讲话》,2017年5月22日。

[3] 欧洲议会:《一般数据保护条例》,2016年4月14日。

[4] 第十届全国人民代表大会:《中华人民共和国物权法》,2007年3月16日。

[5] 京东法律研究院:《欧盟数据宪章——〈一般数据保护条例〉GDPR评述及实务指引》,法律出版社,2018。

[6] [美]阿尔文·托夫勒:《未来的冲击》,黄明坚译,中信出版集团,2018。

[7] [美]阿尔文·托夫勒:《权力的转移》,黄锦桂译,中信出版集团,2018。

[8] 大数据战略重点实验室编、连玉明主编《大数据新时代》,团结出版社,2018。

[9] 大数据战略重点实验室:《中国数谷》,机械工业出版社,2018。

[10] 大数据战略重点实验室:《块数据4.0:人工智能时代的激

活数据学》,中信出版集团,2018。

[11] 连玉明主编《大数据蓝皮书:中国大数据发展报告 No.2》,社会科学文献出版社,2018。

[12] [以色列]尤瓦尔·赫拉利:《今日简史》,林俊宏译,中信出版集团,2018。

[13] [美]戴维·温伯格:《新数字秩序革命——万物皆无序》,李燕鸣译,山西人民出版社,2017。

[14] 连玉明主编《大数据蓝皮书:中国大数据发展报告 No.1》,社会科学文献出版社,2017。

[15] 大数据战略重点实验室著、连玉明主编《重新定义大数据》,机械工业出版社,2017。

[16] 大数据战略重点实验室:《块数据3.0:秩序互联网与主权区块链》,中信出版集团,2017。

[17] 大数据战略重点实验室编、连玉明主编《大数据》,团结出版社,2017。

[18] [美]本杰明·戈梅斯-卡塞雷斯:《重混战略》,徐飞、宋波、任政亮译,中国人民大学出版社,2017。

[19] [美]尼古拉斯·克里斯塔基斯、[美]詹姆斯·富勒:《大连接》,简学译,中国人民大学出版社,2013。

[20] 崔文星:《民法物权论》,中国法制出版社,2017。

[21] 卢德之:《论资本与共享——兼论人类文明协同发展的重大主题》,东方出版社,2017。

[22] 大数据战略重点实验室:《块数据2.0:大数据时代的范式

革命》，中信出版社，2016。

[23] [以色列]尤瓦尔·赫拉利:《未来简史》，林俊宏译，中信出版集团，2017。

[24] [美]凯文·凯利:《必然》，周峰、董理、金阳译，电子工业出版社，2016。

[25] 段凡:《权力与权利:共置和构建》，人民出版社，2016。

[26] 陈晓敏:《大陆法系所有权模式历史变迁研究》，中国社会科学出版社，2016。

[27] 张曙光等:《价值与秩序的重建》，人民出版社，2016。

[28] 魏振瀛主编《民法》(第六版)，北京大学出版社、高等教育出版社，2016。

[29] [英]李约瑟:《文明的滴定》，张卜天译，商务印书馆，2016。

[30] 胡凌:《网络法的政治经济起源》，上海财经大学出版社，2016。

[31] [美]史蒂芬·科特勒:《未来世界:改变人类社会的新技术》，宋丽珏译，机械工业出版社，2016。

[32] [意]诺伯托·博比奥:《权利的时代》，沙志利译，西北大学出版社，2016。

[33] [美]卢克·多梅尔:《算法时代》，胡小锐、钟毅译，中信出版集团，2016。

[34] 大数据战略重点实验室著、连玉明主编《DT时代:从"互联网+"到"大数据×"》，中信出版社，2015。

[35] 白桂梅主编《人权法学》，北京大学出版社，2015。

[36] 王广辉主编《人权法学》，清华大学出版社，2015。

[37] ［美］塞萨尔·伊达尔戈:《增长的本质》，浮木译社译，中信出版社，2015.

[38] 齐延平:《人权观念的演进》，山东大学出版社，2015。

[39] 曲相霏:《人权离我们有多远》，清华大学出版社，2015。

[40] ［美］雷·库兹韦尔:《奇点临近》，李庆诚、董振华、田源译，机械工业出版社，2011。

[41] 褚君浩、周戬:《迎接智能时代：智慧融物大浪潮》，上海交通大学出版社，2015。

[42] 王汉华、刘兴亮、张小平:《智能爆炸开启智人新时代》，机械工业出版社，2015。

[43] ［美］埃里克·布莱恩约弗森、［美］安德鲁·麦卡菲:《第二次机器革命：数字化技术将如何改变我们的经济与社会》，蒋永军译，中信出版社，2014。

[44] ［美］彼得·戴曼迪斯、［美］史蒂芬·科特勒:《富足——改变人类未来的4大力量》，贾拥民译，浙江人民出版社，2014。

[45] 迪莉娅:《大数据环境下政府数据开放研究》，知识产权出版社，2014。

[46] 梁海宏:《连接时代》，清华大学出版社，2014。

[47] ［英］维克托·迈尔－舍恩伯格、［英］肯尼思·库克耶:《大数据时代：生活、工作与思维的大变革》，周涛等译，浙

江人民出版社,2013。
[48] [美]凯文·凯利:《技术元素》,张行舟、余倩译,电子工业出版社,2012。
[49] 中央编译局:《马克思恩格斯选集》(第2卷),人民出版社,2012。
[50] 郭瑜:《个人数据保护法研究》,北京大学出版社,2012。
[51] 张杰:《公共用公物权研究》,法律出版社,2012。
[52] 张文显主编《法理学》(第四版),高等教育出版社、北京大学出版社,2011。
[53] 谢在全:《民法物权论》(上册),中国政法大学出版社,2011。
[54] 王广辉:《比较宪法学》,武汉大学出版社,2010。
[55] 郭卫华主编《网络舆论与法院审判》,法律出版社,2010。
[56] 许崇德主编《宪法》,中国人民大学出版社,2009。
[57] 陆小华:《信息财产权:民法视角中的新财富保护模式》,法律出版社,2009。
[58] 孙进己、干志耿:《文明论——人类文明的形成发展与前景》,黑龙江人民出版社,2007。
[59] [美]E·博登海默:《法理学:法律哲学与法律方法》,邓正来译,中国政法大学出版社,2004。
[60] [英]彼得·罗素:《地球脑的觉醒——进化的下一次飞跃》,张文毅、贾晓光译,黑龙江人民出版社,2004。
[61] 孙宪忠:《中国物权法原理》,法律出版社,2004。

[62] 王利明:《人格权法研究》,中国人民大学出版社,2004。

[63] 齐爱民:《个人资料保护法原理及跨国流通法律问题研究》,武汉大学出版社,2004。

[64] [古希腊]亚里士多德:《形而上学》,苗力田译,中国人民大学出版社,2003。

[65] 李步云:《法理探索》,湖南人民出版社,2003。

[66] [英]霍布斯:《论公民》,应星、冯克利译,贵州人民出版社,2003。

[67] [美]哈罗德·J.伯尔曼:《法律与宗教》,梁治平译,中国政法大学出版社,2003。

[68] [美]罗斯科·庞德:《法律史解释》,邓正来译,中国法制出版社,2003。

[69] 周林彬:《物权法新论:一种法律经济分析的观点》,北京大学出版社,2002。

[70] [英]亚当·斯密:《国富论》,杨敬年译,陕西人民出版社,2001。

[71] [美]杰克·唐纳利:《普遍人权的理论与实践》,王浦劬等译,中国社会科学出版社,2001。

[72] 夏勇:《人权概念起源:权利的历史哲学》(修订版),中国政法大学出版社,2001。

[73] 王泽鉴:《民法物权》(第1册),中国政法大学出版社,2001。

[74] [日]大须贺明:《生存权论》,林浩译,法律出版社,

2001。

[75] [英]安东尼·吉登斯:《失控的世界:全球化如何重塑我们的生活》,周红云译,江西人民出版社,2001。

[76] [英]弗里德利希·冯·哈耶克:《法律、立法与自由》(第一卷),邓正来、张守东、李静冰译,中国大百科全书出版社,2000。

[77] 江平:《民法学》,中国政法大学出版社,2000。

[78] 史尚宽:《物权法论》,中国政法大学出版社,2000。

[79] 姚顺良、杜志新主编《马克思主义哲学原理》,国防大学出版社,1999。

[80] 夏勇主编《走向权利的时代——中国公民权利发展研究》,中国政法大学出版社,1999。

[81] 梁慧星主编《中国物权法研究》,法律出版社,1998。

[82] 梅仲协:《民法要义》,中国政法大学出版社,1998。

[83] [英]达尔文:《人类的由来》,潘光旦、胡寿文译,商务印书馆,1997。

[84] 沈宗灵、黄楠森主编《西方人权学说》(下),四川人民出版社,1994。

[85] [德]康德:《法的形而上学原理——权利的科学》,沈叔平译,商务印书馆,1991。

[86] [美]约瑟夫·熊彼特:《经济发展理论》,何畏、易家详等译,商务印书馆,1991。

[87] 佟柔主编《中国民法学:民法总则》,中国人民公安大学

出版社，1990。

［88］ 郑玉波:《民法总则》，三民书局，1988。

［89］ 王春晖:《GDPR 个人数据权与〈网络安全法〉个人信息权之比较》，《中国信息安全》2018 年第 7 期。

［90］ 李爱君:《数据权利属性与法律特征》，《东方法学》2018 年第 3 期。

［91］ 陈璞:《论网络法权构建中的主体性原则》，《中国法学》2018 年第 3 期。

［92］ 程啸:《论大数据时代的个人数据权利》，《中国社会科学》2018 年第 3 期。

［93］ 徐海涛:《大数据营销背景下消费者个人数据权利探析》，《法制与经济》2018 年第 3 期。

［94］ 周汉华:《探索激励相容的个人数据治理之道——中国个人信息保护法的立法方向》，《法学研究》2018 年第 2 期。

［95］ 姬蕾蕾:《数据产业者财产赋权保护研究》，《图书馆建设》2018 年第 1 期。

［96］ 高奇琦、张鹏:《论人工智能对未来法律的多方位挑战》，《华中科技大学学报》(社会科学版) 2018 年第 1 期。

［97］ 于志刚:《"公民个人信息"的权利属性与刑法保护思路》，《浙江社会科学》2017 年第 10 期。

［98］ 肖冬梅、文禹衡:《在全球数据洪流中捍卫国家数据主权安全》，《红旗文稿》2017 年第 9 期。

［99］ 贾翱:《物权法中的共享观念与制度探讨》，《重庆社会科

学》2017年第6期。

[100] 吕廷君:《数据权体系及其法治意义》,《中共中央党校学报》2017年第5期。

[101] 吴汉东:《人工智能时代的制度安排与法律规制》,《法律科学(西北政法大学学报)》2017年第5期。

[102] 梅夏英:《虚拟财产的范畴界定和民法保护模式》,《华东政法大学学报》2017年第5期。

[103] 何哲:《网络文明时代的人类社会形态与秩序构建》,《南京社会科学》2017年第4期。

[104] 朱雁新:《国际法视野下的网络主权问题》,《西安政治学院学报》2017年第1期。

[105] 徐明:《大数据时代的隐私危机及其侵权法应对》,《中国法学》2017年第1期。

[106] 梅夏英:《数据的法律属性及其民法定位》,《中国社会科学》2016年第9期。

[107] 邹沛东、曹红丽:《大数据权利属性浅析》,《法制与社会》2016年第9期。

[108] 吴伟光:《大数据技术下个人数据信息私权保护论批判》,《政治与法律》2016年第7期。

[109] 郑戈:《在鼓励创新与保护人权之间——法律如何回应大数据技术革新的挑战》,《探索与争鸣》2016年第7期。

[110] 张毅菁:《数据开放环境下个人数据权保护的研究》,《情报杂志》2016年第6期。

[111] 龙卫球:《我国智能制造的法律挑战与基本对策研究》,《法学评论》2016年第6期。

[112] 徐俊峰、葛扬:《马克思社会共享思想及其当代价值》,《学习与实践》2016年第6期。

[113] 张阳:《数据的权利化困境与契约式规制》,《科技与法律》2016年第6期。

[114] 冯凡彦:《作为文明秩序之根据的价值秩序——舍勒对价值秩序的现象学揭示》,《哲学动态》2016年第5期。

[115] 林奇富、贺竞超:《大数据权力:一种现代权力逻辑及其经验反思》,《东北大学学报》(社会科学版)2016年第5期。

[116] 温世扬:《民法总则中权利客体的立法考量——以特别物为重点》,《法学》2016年第4期。

[117] 刘建刚:《数据权的证成》,《北京政法职业学院学报》2016年第4期。

[118] 张里安、韩旭至:《大数据时代下个人信息权的私法属性》,《法学论坛》2016年第3期。

[119] 陈筱贞:《大数据权属的类型化分析:大数据产业的逻辑起点》,《法制与经济》2016年第3期。

[120] 赵满华:《共享发展的科学内涵及实现机制研究》,《经济问题》2016年第3期。

[121] 齐爱民、祝高峰:《论国家数据主权制度的确立与完善》,《苏州大学学报》(哲学社会科学版)2016年第1期。

[122] 段昱晨:《大数据时代背景下我国人格权保护的立法趋势探讨》,《科技创新导报》2015年第35期。

[123] 秦珂:《大数据法律保护摭谈》,《图书馆学研究》2015年第12期。

[124] 吴贤静:《生态文明的法律表达》,《南京工业大学学报》(社会科学版)2015年第3期。

[125] 周跃辉:《经济新常态的本质是增长动力的转换》,《行政管理改革》2015年第8期。

[126] 张茉楠:《构造大数据时代国家安全战略》,《服务外包》2015年第7期。

[127] 刘铁光、吴玉宝:《大数据时代数据的保护及其二次利用侵权的规则选择——基于"卡-梅框架"的分析》,《湘潭大学学报》(哲学社会科学版)2015年第6期。

[128] 肖冬梅、文禹衡:《数据权谱系论纲》,《湘潭大学学报》(哲学社会科学版)2015年第6期。

[129] 邓灵斌、余玲:《大数据时代数据共享与知识产权保护的冲突与协调》,《图书馆论坛》2015年第6期。

[130] 周汉华:《论互联网法》,《中国法学》2015年第3期。

[131] 陶鹏:《虚拟社会治理中公权与私权的冲突与调适》,《甘肃理论学刊》2015年第3期。

[132] 孙南翔、张晓君:《论数据主权——基于虚拟空间博弈与合作的考察》,《太平洋学报》2015年第2期。

[133] 常海涛:《浅析权力与权利的关系》,《青年与社会》2014

年第 22 期。

［134］胡开忠:《论重混创作行为的法律规制》,《法学》2014年第 12 期。

［135］商志晓:《人类文明在交流互鉴中发展进步》,《决策探索（下半月）》2014 年第 10 期。

［136］麻锐、李建华:《私权概念的私法逻辑》,《河南社会科学》2014 年第 9 期。

［137］阙天舒:《在虚拟与现实之间——论网络空间公共风险的消解与控制》,《天津行政学院学报》2014 年第 3 期。

［138］陈红岩、尹奎杰:《论权利法定化》,《东北师大学报》（哲学社会科学版）2014 年第 3 期。

［139］张康之:《论社会治理中的法律与道德》,《行政科学论坛》2014 年第 3 期。

［140］李晓辉:《信息产权:知识产权的延伸和补充》,《电子知识产权》2013 年第 11 期。

［141］魏波:《社会共享机制初探》,《中国特色社会主义研究》2013 年第 5 期。

［142］王利明:《论人格权商品化》,《法律科学（西北政法大学学报）》2013 年第 4 期。

［143］王利明:《论个人信息权的法律保护——以个人信息权与隐私权的界分为中心》,《现代法学》2013 年第 4 期。

［144］胡波:《共享模式与知识产权的未来发展:兼评"知识产权替代模式说"》,《法制和社会发展》2013 年第 4 期。

[145] 文庭孝、刘璇:《戴维·温伯格的"新秩序理论"及对知识组织的启示》,《图书馆》2013年第3期。

[146] 胡凌:《网络技术呼唤立法思路更新》,《社会科学文摘》2013年第2期。

[147] 曹磊:《网络空间的数据权研究》,《国际观察》2013年第1期。

[148] 王瑞:《习惯与法律的互动关系》,《法制博览》2012年第8期。

[149] 王利明:《论个人信息权在人格权法中的地位》,《苏州大学学报》(哲学社会科学版)2012年第6期。

[150] 刘召成:《部分权利能力制度的构建》,《法学研究》2012年第5期。

[151] 戴圣鹏:《试论马克思恩格斯的文明概念》,《哲学研究》2012年第4期。

[152] 傅克谦、屈庆平、孙浩:《权利的应然与实然》,《河北学刊》2012年第3期。

[153] 郭天奇:《浅析当代中国法律与习惯的冲突》,《法制与社会》2012年第3期。

[154] 胡卫萍:《新型人格权的立法确认》,《法学论坛》2011年第6期。

[155] 荣云:《论西方自然法的演进》,《法制与社会》2010年第22期。

[156] 张银巍:《论社会舆论与法律的相互关系》,《湖南农机》

2010年第4期。

[157] 张康之、张乾友:《论复杂社会的秩序》,《学海》2010年第1期。

[158] 王馨婧:《论法与道德的关系》,《法制与社会》2009年第9期。

[159] 吴英:《马克思的文明理论》,《山东社会科学》2009年第6期。

[160] 臧得顺:《从波兰尼到格兰诺维特:"社会人"对"经济人"假设的反拨与超越》,《甘肃行政学院学报》2009年第6期。

[161] 张建云、毛文龙:《"经济人"与"社会人"的逻辑关系及当代意义》,《经济研究导刊》2009年第6期。

[162] 王玉樑:《论人的价值》,《理论导刊》2009年第4期。

[163] 白淑英:《论虚拟秩序》,《学习与探索》2009年第4期。

[164] 廖哲韬:《论权利的实现》,《河北法学》2009年第3期。

[165] 赵宗亮:《浅论人权与主权的关系及其解决路径》,《内蒙古农业大学学报》(社会科学版)2008年第4期。

[166] 杨玉麟、赵冰:《公共信息资源与政府信息资源的概念及特征研究》,《图书馆建设》2007年第6期。

[167] 姚轩鸽:《权利视野中的"共建共享"》,《中国发展观察》2007年第5期。

[168] 刘云林:《法律伦理的时代革命:为法治建设提供道德保障》,《道德与文明》2007年第4期。

[169] 蒋乐蓉:《秩序需求是中国当前的瓶颈需求》,《湖南人文

科技学院学报》2007年第2期。

[170] 王利明:《物权法定原则》,《北方法学》2007年第1期。

[171] 汪全胜、方利平:《政府的信息获取权初论》,《情报杂志》2006年第10期。

[172] 杨静:《"经济人"假设的反思与评判》,《上海经济研究》2006年第2期。

[173] 徐显明:《和谐权:第四代人权》,《人权》2006年第2期。

[174] 郑成思、朱谢群:《信息与知识产权》,《西南科技大学学报》(哲学社会科学版)2006年第1期。

[175] 朱志勇、吕彗萍:《人的价值与物的价值的同步增值——关于"以人为本"何以可能的思考》,《社会科学战线》2005年第4期。

[176] 刘雪斌:《法定权利的伦理学分析》,《法制与社会发展》2005年第2期。

[177] 夏义堃:《公共信息资源管理的多元化视角》,《图书情报知识》2005年第2期。

[178] 卢黄熙:《物的价值二重性与可持续发展》,《学术研究》2004年第5期。

[179] 李步云:《论人权的本原》,《政法论坛》2004年第2期。

[180] 陈林林:《从自然法到自然权利:历史视野中的西方人权》,《浙江大学学报》(人文社会科学版)2003年第2期。

[181] 齐延平:《论普遍人权》,《法学论坛》2002年第3期。

[182] 赵江水、贾引狮:《社会舆论与法的适用》,《宁夏大学学

报》(人文社会科学版)2002年第1期。

[183] 郑也夫:《信任与社会秩序》,《学术界》2001年第4期。

[184] 徐显明:《人权的体系与分类》,《中国社会科学》2000年第6期。

[185] 霍国庆:《我国信息资源配置模式分析》,《图书情报工作》2000年第6期。

[186] 魏光峰:《网络秩序论》,《河南大学学报》(社会科学版)2000年第6期。

[187] 张恒山:《论人权的道德基础》,《法学研究》1997年第6期。

[188] 谢鹏程:《论权利与秩序》,《政治与法律》1992年第6期。

[189] 沈宗灵:《人权是什么意义上的权力》,《中国法学》1991年第5期。

[190] 文正邦:《有关权利问题的法哲学思考》,《中国法学》1991年第2期。

[191] 龙荣远、杨官华:《数权、数权制度与数权法研究》,《科技与法律》2018年第5期。

[192] 韩恺:《利己性、利他性及其与幸福感关系研究》,硕士学位论文,武汉大学,2017。

[193] 林命彬:《智能机器的哲学思考》,博士学位论文,吉林大学,2017。

[194] 甄真:《论社会规则构建的人性基础》,硕士学位论文,西南大学,2014。

[195] 刘李明:《社会舆论的司法意蕴分析》,博士学位论文,吉林大学,2012。

[196] 陈吉彦:《个人信息财产化研究》,硕士学位论文,西南政法大学,2011。

[197] 刘良玉:《论权力的法律规制》,硕士学位论文,山东大学,2009。

[198] 光胜:《文明的融合与世界秩序》,博士学位论文,山东大学,2009。

[199] 黄克明:《法律与权力关系研究》,硕士学位论文,苏州大学,2005。

[200] 中国国际经济交流中心网络空间治理课题组:《网络空间治理需把牢数据主权》,《光明日报》2016年10月12日,第16版。

[201] 王利明:《我的人格权情结与思索》,《光明日报》2015年12月14日,第10版。

[202] 苗圩:《大数据:变革世界的关键资源》,《人民日报》2015年10月13日,第7版。

[203] 刘仲敬:《秩序是文明的关键词》,《中国出版传媒商报》2015年10月9日,第10版。

[204] 李国杰:《数据共享:大数据时代国家治理体系现代化的前提》,《中国信息化周报》2014年第32期。

[205] 冯玉军:《律者,定分止争也》,《人民法院报》2010年7月16日,第007版。

[206] 梁慧星:《物权法的作用——定分止争 物尽其用》,《人民政协报》2007年4月23日,第B04版。

[207] 周汉华:《个人信息保护:公民的一项基本权利》,《人民法院报》2005年3月21日,第03版。

[208] 纪长胜:《法律,社会控制的缰绳》,《人民法院报》2017年7月28日,第007版。

[209] 任晓宁:《"互联网+"时代下,大数据需要著作权保护》,2017年7月20日,http://www.cflac.org.cn/xw/jishixinwen/201707/t20170721_372382.html。

[210] 单寅:《欧美达成〈隐私盾〉协议引发的博弈思考》,2016年10月19日,http://www.cnii.com.cn/wlkb/rmydb/content/2016-10/19/content_1788298.htm。

[211] 孙伟:《正确区分网络主权与数据主权》,2016年7月5日,http://www.cssn.cn/zx/201607/t20160705_3098529.shtml。

[212] 连玉明:《数权法奠定了从数据时代走向数权时代的基石》,2018年6月4日,http://www.cbdio.com/BigData/2018-06/04/content_5728442.htm。

[213] 杨建辉:《关于"数据垄断"的几点思考》,2017年6月20日,http://www.ftchinese.com/story/001073068?Archive。

[214] 连玉明:《"数权法"构建数字文明新秩序》,2017年5月26日,http://www.gz.xinhuanet.com/2017-05/

26c_1121042978.com。

[215] 吴韬:《法学界四大主流"数据权利与权属"观点》,2016年10月24日,http://www.sohu.com/a/117048454_481893。

[216] 王建敏:《辩证看待公权力与私权利》,2015年4月7日,http://www.qstheory.cn/laigao/2015-04/07/c_1114893237.htm。

[217] 最高人民法院:《最高人民法院关于审理利用信息网络侵害人身权益民事纠纷案件适用法律若干问题的规定》,2014年10月21日,http://www.court.gov.cn/Zixun-xiangqing-6777.html。

[218] 何怀宏:《论恻隐之心》,2014年8月14日,http://www.cssn.cn/zhx/zx_llx/201505/t20150518_1939077.shtml。

[219] 阮传胜:《公权力与私权利的边界》,2012年11月12日,http://theory.people.com.cn/n/2012/1112/c49152-19553545.html。

[220] 林喆:《何谓人权?》,2004年3月1日,http://www.china.com.cn/chinese/zhuanti/xxsb/545694.htm。

[221] 贾敬伟:《〈国家和法治的哲学〉之三:社会的权力秩序和权力机制》,2005年9月28日,http://article.chinalawinfo.com/ArticleFullText.aspx?ArticleId=30820。

[222] 高富平:《物权制度的功能——从社会角度分析》,2004

年 6 月 25 日,http://www.doc88.com/p-7836112823656.html。

[223] Ethan Zuckerman, *Rewire: Digital Cosmopolitans In The Age Of Connection*, New York: W.W.Norton & Company, 2013.

[224] Collingridge D., *The Social Control of Technology*, UK: Open University Press, 1980.

后记

2017年3月26日，大数据战略重点实验室主任连玉明教授在贵阳市第二期干部读书会上首次提出了"数权法"的设想，正式公开对"数权""数权制度""数权法"等概念进行了系统阐释。5月22日，时任贵州省委常委、贵阳市委书记陈刚同志与连玉明教授座谈交流，对数权法提出一系列重要观点，并要求大数据战略重点实验室与中国政法大学加快开展合作研究。6月6日，贵阳市人民政府与中国政法大学签署共建大数据战略重点实验室中国政法大学研究基地协议。7月6日，中国政法大学批准成立我国第一个数权法研究中心。

随后，大数据战略重点实验室相继发布了系列重大理论成果，"数权法"成为重要议题。其中，《块数据3.0：秩序互联网与主权区块链》提出，从数据到数权，是人类社会迈向数字文明的必然产物。像人权、物权一样，我们还拥有数权。当互联网、大数据、区块链与法律联姻,这个世界就真的不同了。在《重新定义大数据:改变未来的十大驱动力》一书关于数权法的论述中,提出了从农耕文明到工业文明再到如今的数字文明,人类从"人权""物权"迈向"数权"时代,法律完成了从"人法""物法"再到"数法"的巨大转型的重大论断。《大数据蓝皮书:中国大数据发展报告No.1》从法理角度阐释数权法的正当性与可能性,进而指出,在我国现有立法体系中,大数据处于法律和监管的"灰色地带",这源于数权法理基础的薄弱,尤其是对数权的时代背景缺乏动态诠释、对数权理论体系缺乏系统构建、对数权价值秩序缺乏立法规制。《大数据蓝皮书:中国大数据发展报告No.2》探讨了数权的基础理论,初步提出了数权制度的基本构想,进一步对数权法的立法框架提出了设想和展望,提出共享权定义重混时代新生活,数权法重构数字文明新秩序。《块数据4.0:人工智能时代的激活数据学》结合激活数据学理论从数权法对云脑时代的重要性方面进行了论述,数权法成为构建网络空间人类命运共同体的法律基础。在对数权法持续系统研究的基础上,全国科学技术名词审定委员会在2017中国国际大数据产业博览会上首次审定发布了"大数据十大新名词","数权法"入选其中。自此,"数权法"一词正式被认定,进入官方用语并迅速走红。

《数权法1.0:数权的理论基础》对数权进行了全面论述,重点讨论数权法的理论逻辑、价值逻辑与法理逻辑,也就是数权的法哲学问题。本书以数权、数权制度和数权法为主线,在"重混论"

语境下以"人权论""物权论"为参照探讨数权的基础理论，并通过与人权、物权的比较，揭示数权在法哲学上的正当性依据，从而论证数权制度创设的可能性、必要性和必然性。本书认为，数权是人人共享数据以实现价值最大化的权利，其本质是共享权。从法律特征上讲，数权是人格权与财产权的综合体。数权的主体是特定权利人，客体是特定数据集。数权突破了"一物一权"和"物必有体"的局限，往往表现为"一数多权"。数权具有私权属性、公权属性和主权属性。数权制度主要包括数权法定制度、数据所有权制度、公益数权制度、用益数权制度和共享制度。数权法是调整数据权属、权利、利用和保护的法律制度。数据与法律的联姻，开启了数字文明时代新秩序。数字文明为数权法的创生提供了价值原点与革新动力，数权法也为数字文明的制度维系和秩序增进提供了存在依据。数权法是文明跃迁的产物，也将是人类从工业文明向数字文明变革的新秩序，与物权法一起共同构成数字文明时代的两大法律基础。

本书是在块数据理论研究基础上推出的又一重大创新成果。由大数据战略重点实验室组织大数据领域专家学者以及数权法理论研究者进行讨论交流、深度研究和集中撰写。在本书的研究和写作过程中，连玉明提出总体思路和核心观点，并对框架体系进行了总体设计。由武建忠、宋希贤、龙荣远、虎静细化提纲和主题思想，主要由连玉明、朱颖慧、武建忠、张涛、宋青、胡海荣、宋希贤、周猜、龙荣远、张俊立、虎静、张龙翔、邹涛、陈曦、罗立萍、翟斌、杨官华、王倩茹、田润、罗荣、郑婷、陈威负责撰写。陈刚同志为本书提出了许多前瞻性和指导性的重要观点。他认为，数权是一种新的权利客体、新的权利类型、新的权利属性、新的权利权能，这四"新"为本书奠定了理论基础，进一步丰富了本书的思想体系和理论体系。北京市人大常委会副主任闫傲霜，贵州省委常委、常务副省长李再勇，贵州省委常委、贵阳市委书记赵德明，贵阳市委副书记、市人民政府市长陈晏，贵阳市人大常委会主任李忠，贵阳市委常委、市委秘书长、市委统战部部长聂雪松，贵阳市委常委、市人民政府常务副市长徐昊，贵阳市人民政府秘书长刘本立，中国政法大学科研处处长栗峥教授，浙江大学互联网金融研究院院长贲圣林教授，山西大学法学院王继军教授、孙淑云教授等为本书贡献了大量前瞻性的思想和观点。特别是天池君泰律师事务所合伙人、律师刘生国博士认真审读全书，提出许多专业性建议和意见。

2018年6月30日，由中国政法大学、北京国际城市发展研究院、贵阳创新驱动发展战略研究院主办，大数据战略重点实验室中国政法大学研究基地承办的"数字中国智库论坛数权法第一次研讨会"在中国政法大学召开。中国政法大学科研处处长栗峥教授主持会议。中共中央党校教授金成波，中国社会科学院法学研究所研究员谢海定，清华大学法学院党委副书记、教授程啸，清华大学法学院教授张建伟，北京大学法学院教授陈永生，中央财经大学法学院院长、教授尹飞，北京航空航天大学法学院院长、教授龙卫球，中国政法大学资本金融研究院副院长、教授武长海，中央财经大学法学院教授陈华彬，中国政法大学学报副主编、教授陈景善，中国政法大学民商经济法学院教授薛克鹏，中国政法大学社会法研究所所长、教授赵红梅，中国政法大学传播法研究中心主任、副教授朱巍，中国政法大学法学院副教授黎敏参加会议并提出了许多具有远见卓识的建设性意见。专家们一致认为，本书创造性地提出了"数权法"这一概念，是中国乃至世界第一本以数权法命名、以数权为研究对象的著作，意义非同一般，具有划时代意义。

2018年7月19日，由浙江大学互联网金融研究院、北京国际城市发展研究院、贵阳创新驱动发展战略研究院主办，大数据战略重点实验室浙江大学研究基地、浙江省前景大数据金融风险防控研究中心承办的"数字中国智库论坛数权法第二次研讨会"在浙江大学召开。浙江大学互联网金融研究院副院长、浙江大学光华法学院副院长李有星教授主持会议。浙江大学光华法学院教授钟瑞庆，浙江大学计算机科学与技术学院副教授、阿里巴巴－浙江大学前沿技术联合研究中心副主任黄忠东，浙江省人民政府法制办立法处副处长张晋，北京观韬中茂（上海）律师事务所高级合伙人王渝伟，浙江农林大学法学院副教授张永亮，蚂蚁金服战略部高级总监齐新宇，浙江大学管理学院副教授董望，上海数据交易中心风控总监梁偲，浙江大学光华法学院博士生朱悦，诸暨步生莲健康产业集团总经理周凌荣等参加会议并发言。专家们一致认为,"数权法"概念的提出必将成为法学领域的创新与突破。可以说,本书是数权法领域研究的开山之作。对于数权,不管承认还是拒绝,它都已融入我们的生活。数权、数权制度、数权法都还是一个新事物,很多问题亟待探讨和解决,但未来的前景是光明的。

2018年7月31日,由全国科学技术名词审定委员会、北京国际城市发展研究院、贵阳创新驱动发展战略研究院主办,大数据战略重点实验室全国科学技术名词审定委员会研究基地承办的"数字中国智库论坛数权法第三次研讨会"在北京召开。全国科学技术名词审定委员会原专职副主任刘青主持会议。首都经济贸易大学原校长、教授文魁,北京市哲学社会科学规划办公室副主任张庆玺,首都经贸大学城市群系统演化与可持续发展决策模拟研究北京市重点实验室主任、教授段霞,知识产权出版社知识认证平台运营中心主任、编审刘睿,北京大数据研究院院长助理邓攀,北京大学信息科学技术学院副教授常宝宝等参加会议并发言。专家们对数权法的提出给予充分肯定和高度评价。一致认为,数权法的研究着眼于现实,更着眼于未来;关注物理空间,更关注虚拟空间,对正在或即将到来的重混时代具有重大意义。特别是专家们对本书提出的"数据人"假设、数权保护、共享权等重大问题提出了许多建设性意见。

未来已来,我们面临的却是20世纪的法律和21世纪的现实。数字时代的法律回应势必成为一个紧扣时代且叙事宏大的法学命题。数权法研究是一项具有开创性、划时代的工作，是后人无论如何都绕不开的社会或学术之重大问题，即使我们现在不去触碰，后人也必须要去研究。我们只是先人一步，愿意成为第一个"吃螃蟹"的人。在此，需要特别感谢的是，社会科学文献出版社的领导和编辑们。谢寿光社长以前瞻的思维、独到的眼光和超人的胆识对本书高度肯定并提供出版支持。分社社长邓泳红亲自组织多名编辑精心策划、精心编校、精心设计，才使本书如期与读者见面。当然，这仅仅是我们研究的第一步。我们将继续推出《数权法2.0：数权的制度设计》《数权法3.0：数权的立法前瞻》《数权法4.0：共享权与隐私权》《数权法5.0：数权观与新伦理》，以期进一步完善数权法理论体系。我们现在所做的工作只是一个学理的探索，仅仅为学者们提供了一个可能的法学命题或一些研究的思想资源。一本300页的小书，并不能回答所有人心中的问题，但是引人思考比给出答案更重要。在编著过程中，我们尽力收集最新文献，吸纳最新观点，以丰富本书内容。尽管如此，由于水平有限，学力不逮，书中难免有疏漏差误之处，特别是对引用的文献资料及出处如有挂一漏万，恳请广大读者批评指正。

大数据战略重点实验室

2018年8月于贵阳

图书在版编目（CIP）数据

数权法1.0：数权的理论基础／连玉明主编．－－北京：社会科学文献出版社，2018.12（2020.3重印）
ISBN 978-7-5201-3688-4

Ⅰ．①数… Ⅱ．①连… Ⅲ．①科学技术管理法规 – 研究 Ⅳ．①D912.170.1

中国版本图书馆CIP数据核字（2018）第234087号

数权法1.0：数权的理论基础

著　　者／大数据战略重点实验室
主　　编／连玉明

出 版 人／谢寿光
项目统筹／邓泳红　郑庆寰　吴　敏
责任编辑／郑庆寰　张　媛

出　　版／社会科学文献出版社·皮书出版分社（010）59367127
　　　　　地址：北京市北三环中路甲29号院华龙大厦　邮编：100029
　　　　　网址：www.ssap.com.cn
发　　行／市场营销中心（010）59367081　59367083
印　　装／三河市东方印刷有限公司

规　　格／开　本：787mm×1092mm　1/16
　　　　　印　张：10.5　字　数：225千字
版　　次／2018年12月第1版　2020年3月第3次印刷
书　　号／ISBN 978-7-5201-3688-4
定　　价／59.00元

本书如有印装质量问题，请与读者服务中心（010-59367028）联系

▲ 版权所有 翻印必究

N